Майя Кучерская
Татьяна Ойзерская

"Сглотнула рыба их..."

Майя Кучерская
Татьяна Ойзерская

"Сглотнула рыба их..."

Беседы о счастье

РЕДАКЦИЯ
ЕЛЕНЫ ШУБИНОЙ

Издательство АСТ

Москва

УДК 821.161.1-31
ББК 84(2Рос=Рус)6-44
К95

Художественное оформление и макет Андрея Бондаренко

Кучерская, Майя Александровна.

К95   "Сглотнула рыба их…" : беседы о счастье / Майя Кучерская, Татьяна Ойзерская. — Москва : Издательство АСТ : Редакция Елены Шубиной, 2016. — 444, [4] с. — (Кучерская: настоящие истории).

ISBN 978-5-17-096081-1

В книге "Сглотнула рыба их…" известный прозаик Майя Кучерская знакомит читателя с новыми своими рассказами и задает практикующему психологу Татьяне Ойзерской самые актуальные семейные вопросы: Как не состариться в ожидании суженого? Как найти *своего* человека? Как быть *любимой* и не потерять себя? Интереснейший симбиоз прозы и диалога с психологом-практиком.

УДК 821.161.1-31
ББК 84(2Рос=Рус)6-44

Оглавление

ЧАСТЬ III. ЗАТАЕННАЯ БОЛЬ

ПРОЛОГ

Счастливые
Сценка

Действующие лица:

ТАТЬЯНА БОРИСОВНА (Т. Б.), психолог, в очках с тонкой оправой, узком черном пальто, длинном красном шарфе, слегка напоминает завуча.

МАЙЯ КУЧЕРСКАЯ (М. К.), писательница, в куртке, шарфе в цветную полоску, похожа на пытливую старшеклассницу.

Действие происходит в городском парке.
Золотая осень.

Широкая аллея ведет к пруду, вдоль аллеи растут кусты и деревья — в осенних нарядах. Слева, чуть поодаль от аллеи, высится большой крепкий дуб, покрытый сияющей медью листвы. В ветвях дуба сидят ТАТЬЯНА БОРИСОВНА и МАЙЯ.

Обе приземлились сюда случайно и видят друг друга впервые.

Солнечно, легкий ветерок, порхают листья. По земле прыгают воробьи, по аллее идет парочка влюбленных. Останавливается. Он и она смотрят друг на друга, улыбаются, дурачатся, корчат рожицы, смеются, снова шагают дальше.

м.к. *(задумчиво)*. Люблю счастливых. Так весело на них смотреть. Улыбаются, смеются, вроде бы без причины. Но причина есть — они счастливы!

т. б. И от этого так похожи на детей.

м.к. Потому что испытывают полноту бытия. Как и дети. Когда человек счастлив, он действительно снова юн — всё в нем оживает, всё поет. Мир вокруг точно умытый. И люди, даже чужие, вдруг родные. Всех он любит. Хотя существует мнение, что счастье, земное счастье во всяком случае...

т. б. Недостойная человека цель?

м.к. *(удивленно)*. Именно. Мол, не для счастья единого рожден человек, а для достижения иных, высших целей, как раз для полета, для звуков сладких и молитв... Но вы-то откуда это знаете?

т. б. Я? Ну, я же психолог.

м.к. Психолог? Это как?

т. б. Так. Всё время разговариваю с людьми. И всё время о счастье. Разбираемся, что мешает быть счастливыми.

м.к. Да разве в этом возможно разобраться? Тем более в России! По-моему, это вот уже лет сто пятьдесят как наше национальное женское заболевание — несчастье. Какую женщину ни возьми — несчастная. *(Декламирует.)*

Ключи от счастья женского,
От нашей вольной волюшки
Заброшены, потеряны
У Бога самого!
Отцы-пустынножители... *(Сбивается.)*

Забыла. Дальше там про рыбу.

т. б. Как же — Некрасов. Помню этот отрывок еще со школьных времен. Сейчас. *(Припоминает и декламирует неторопливо.)*

Отцы-пустынножители,
И жены непорочные,
И книжники-начетчики
Их ищут — не найдут!
Пропали! думать надобно,
Сглотнула рыба их...

м. к. Вот-вот. Сглотнула! По-моему, с некрасовских пор мало что переменилось.

т. б. Не думаю. Счастливых сейчас гораздо больше.

м. к. Да? *(Саркастично.)* Может, как раз благодаря психологии? Психологи — это же тесты, типы, да? Ответьте на десять вопросов и... Но знаете, что я вам скажу?

т. б. Пока нет.

м. к. Да то, что люди — совершенно разные, нет двух одинаковых на земле, и не было за всю историю существования человечества. Так скажите мне, как можно людей классифицировать, загонять в таблицы, пытаться посчитать? Человек — тайна.

т. б. Тайна, и люди — разные, но подчиняются общим законам. Поэтому, заболев, идут к врачу, хотя у каждого свои неповторимые легкие или, там, форма черепа.

Тут громко каркает большая черная ворона, садится рядом на ветку, склоняет голову, подбирается все ближе и ближе. т. б. достает из кармана синий мешочек, развязывает, вынимает сушку и протягивает вороне. Ворона жадно хватает сушку и улетает. м. к. громко каркает ей вслед и машет руками.

т. б. *(проницательно).* А вы, я вижу, человек творческий.

м. к. Опять угадали! Писатель я, пишу книжки. Сушки — только воронам?

т. б. Как раз хотела вам предложить.

м. к. *(с аппетитом поедая сушку).* Хорошо, значит, психолог, как врач. ОК, допустим. Только врач лечит тело, а психолог — душу, так? Как ни оберни, получается, психолог — это практически эксперт по счастью?

т. б. Скорее, проводник. Знает тропы и помогает ими пройти, чтобы обрести гармонию — с собой, близкими, да всем миром, если угодно.

Пауза.

м.к. *(внезапно подскакивает, встает на ноги, умело пружинит на ветке, делает несколько восторженных жестов).* Придумала!

т. б. *(с легкой иронией).* Что же?

м.к. Давайте напишем про это книжку! Как двигаться к счастью, в каких морях, на каких широтах ловить эту чудо-рыбу? И как заставить ее выплюнуть заветный ключик! Давайте?

т. б. *(скучно).* Нет. Книжку писать я не буду.

м.к. Но почему?! Это будет просветительская книга. Практически научпоп. Но не про черные дыры или там египетских фараонов, а про счастье.

т. б. Да кто ее будет читать?! Но дело даже не в этом.

м.к. Ее прочтут миллионы! Хорошо, не миллионы — тысячи несчастных, прочтут и поймут, что им делать, чтобы стать счастливыми. Не знаю, может, это и недостойная человека цель, но, по-моему, в самый раз для отдельно взятой человеческой жизни. *(Садясь.)* Зачем нам вообще счастье? Знаете? Я много про это думала.

т. б. Придумали?

м.к. Да. Счастье противостоит тоске, энтропии, смерти. Счастье превращает мир в целое. Счастливый щедр, ему со всеми хочется поделиться тем, что внутри. И счастливый гораздо добрее, чем тот, кто бродит одинокий-потерянный под проливным дождем.
Напишем книжку — и сделаем человечество счастливей. *(Задумывается.)*

т. б. Нет, все человечество ее точно не прочтет.

м.к. Почему?

т. б. Мужчины таких книг не читают. Так что от человечества остается только половина.

м.к. Зато лучшая… *(Улыбается.)*

т. б. И все же писатель у нас вы, я мастер разговорного жанра.

м.к. Вот и поговорим. Мы будем не писать, а разговаривать. Я буду задавать вам вопросы, умные и не очень, вы будете рассказывать поучительные истории. Иногда, кстати, я согласна просто кивать.

т. б. Не знаю, получится ли. Но попробовать можно... Я согласна! Еще сушку?

Поднимается ветер, листья летят по воздуху и земле.

м.к. *(радостно).* Какие сушки? Вы согласны! *(Запрокидывает голову, мечтательно.)* Значит, будем сочинять книжку. Предлагаю рухнуть. И обсудить ее план на земле. Самое загадочное, по-моему, как обыкновенный человек, тем более живущий в России, может довериться психологу. Очень уж это непривычно, нет такой традиции.

т. б. Не было. Вы правы. Но всё меняется...

Начинает тихо-тихо звучать "Осень" Вивальди.

м.к. и т. б. спархивают с дуба, мягко приземляются на лиственный ковер, идут по аллее, оживленно разговаривая. Навстречу им новые и новые пары, семейные, с детьми, пожилые и совсем юные.

Вивальди звучит крещендо.

ЧАСТЬ I

ДО СЕМЬИ

Глава первая
СТРАХ ОСТАТЬСЯ ОДНОЙ

————

1. МАГИЯ СЛОВА

м.к. Всё меняется, и всё стремительнее, но некоторые аксиомы человеческого бытия удивительно живучи, хранятся из века в век, я бы даже сказала, из тысячелетия в тысячелетие.

т.б. На то они и аксиомы! И какую вы сейчас вспомнили?

м.к. "Нехорошо человеку быть одному". И чтоб не скучал, Господь подарил ему зверей, пташек, бабочек там, лягушек, но всё это было не совсем то, так что в конце концов Он сотворил ему помощницу. Жену. С тех пор каждый знает: без жены скучно. Тем более без мужа. Какой самый главный, ледянящий кровь не страх — ужас всякой порядочной девушки?

————

т. б. Какой?

м. к. Вдруг я так никогда и не выйду замуж?! Тыдыды. Девочек пугают этим с самого детства — мама, бабушка, обычно по очереди. "Вот неряха, не будешь убираться в комнате — кому ты такая будешь нужна?" "Опять не причесалась! Вечно всё торчит! Не станешь следить за собой — замуж никто не возьмет…" С юных лет девочке грозят этой жуткой карой — остаться в девках. Это подается как несомненный жизненный крах. Естественно, что девушки, воспитанные в подобном духе, еще недавно — почти все в нашей стране — мечтают выйти замуж побыстрее.

т. б. Выскочить.

м. к. Именно. Заодно сбежать от бабушек и мам подальше, чтобы уже не терзали, чтобы убедились: всё в порядке. Поэтому так часто девушки соглашаются выйти замуж не по любви, а из одного лишь страха. "Мне исполнилось 25, 28, 30 лет, я вовсе не была от него без ума, но он сделал предложение, и я согласилась". Что наступает дальше, известно. К кому-то всё же приходит любовь, уже после свадьбы, но гораздо чаще — такая семья обречена. Если не на разрушение, то на серое, беспросветное терпение друг друга — "ради детей".

Вот и моя бабушка все время повторяла: "Выходи замуж, пока учишься. Потом все разбегутся". И оказалась права, с одной стороны: после университета кто-то уехал в другой город, кто-то в другую страну, кому-то просто стало не до встреч, и вскоре наша веселая компания распалась. Что, впрочем, не помешало мне выйти замуж за бывшего однокурсника. Несколько лет спустя.

т. Б. Страх не выйти замуж — как и любой страх — разрушителен, если находиться под его гнетом долго. Страх сжимает человека, корежит его изнутри. Мешает расправить крылья, отдаться потоку жизни — полететь.

Предчувствие любви, предощущение счастья томит душу, и хочется, как Наташе Ростовой, взмыть в небеса. Но грубый окрик — "Неряха!" — ударяет замечтавшуюся девочку, пригибает к земле.

Другая напасть — звучащие как проклятье слова: "Никто тебя замуж не возьмет!" Это и есть проклятье — по сути. По формуле:

высказывание + энергия злости = проклятье

м. к. Хотя мать и не думает проклинать, наоборот, она хочет предупредить любимую дочь об опасности!

т. Б. Конечно! Но почему тогда дочери так больно? Почему эти слова буквально хлещут ее? Мать выкрикивает их в гневе, и энергия злости впечатывает в девичью душу материнское "пророчество". Ведь кто пророчит? Самый близкий, самый родной человек! Разве мама не хочет ей добра? Разве можно ей не верить? И страшная кара с пожизненным сроком наказания — остаться в девках — воспринимается как *справедливая*, да и "уголовный кодекс", по которому девочку судят, ей неизвестен.

Не кажется ли вам странным, что матери, пережившие сами этот мучительный период девичества — а в том, что и для них он был таким же, можно не сомневаться, — вместо того, чтобы поддерживать, ставят на дочках эмоциональное клеймо: "Ты никому не нужна"?

Чаще всего мать — даже вполне культурная и образованная — просто воспроизводит в гневе речи своей матери, которые слышала от нее в детстве. Довольно часто родители используют угрозу "Замуж никто не возьмет!" в своих целях, чтобы добиться от дочери желаемого поведения. Но иногда мать озвучивает свой страх — а вдруг доченька не выйдет замуж? Надо же как-то вмешаться в это! Припугнуть ее, например, чтобы не расслаблялась. Но страх — заразителен. И дочь начинает бояться тоже.

Но бывает, что родители ощущают совершенно иррациональную, бессознательную тревогу по поводу замужества дочери, уходящую корнями в прошлое. Во все времена выдать дочерей замуж означало снять с себя обузу — необходимость дочек кормить.

м. к. К тому же многие родители просто не хотят дочку отпускать, даже не отдавая себе в этом отчета. Выйдет она замуж, и они останутся одинокими стариками, а не родителями взрослой дочери, которой всё еще нужны.

т. б. Семья — это система, в которой действуют две силы: центростремительная, обеспечивающая сохранение семьи как целого, и центробежная, под действием которой происходит "отпочкование", отделение от родительской семьи повзрослевших детей. В детстве ребенок находится в большей степени под действием центростремительных сил, а в юности должен быть перевес сил центробежных, чтобы отрыв от семьи стал возможным.

В наше время процесс отделения детей от родителей может быть внутренне очень противоречивым. Дети хотят и не хотят покидать родительский дом, а родители и хотят, и не хотят отделения своих детей. Балансируя на этом "хочу и не хочу" одновременно, матери могут создавать очень серьезные проблемы для своих детей, если не осознают своей мотивации. Например, они могут думать, что хотят, чтобы у детей была самостоятельная жизнь, но бессознательно боятся этого — дом опустеет, с мужем говорить будет не о чем.

м. к. Значит, они будут мешать детям уйти из дома?

т. б.   В замаскированной форме. В противоречивых высказываниях, например. Мать может говорить дочери: "Ты никуда не ходишь, нигде не бываешь. Так и замуж не выйдешь". Но при этом требует, чтобы дочь после института сразу же шла домой. А если дочь задерживается, звонит ей беспрестанно: "Ты где?", "Когда придешь?". Или ругает ее за опоздание: "Ты же знаешь, я спать не могу, когда тебя дома нет! А у меня же давление!" Некоторые матери пытаются не выпустить дочерей из симбиотических отношений совсем, другие дают своим дочерям установку "сходить замуж", чтобы вернуться в лоно семьи с "прибылью" — внуком или внуками.

м. к.   Получается, страх не выйти замуж не органичен, не естественен, как, например, страх перед темнотой, не продиктован самой природой — не выйду замуж, не смогу участвовать в продолжении рода, нет, его *внушают*?

т. б.   В общем, да. Часто страшная мысль или чувство приходят к нам извне, мы впускаем их внутрь себя, как троянского коня, не заметив опасности. Не сознавая их чужеродности, мы позволяем им хозяйничать внутри нас и нас разрушать. И вот что удивительно: каким-то образом фраза "ты никому не нужна", которой девочку заклеймили, переписывается ею. Претерпевает малозаметное, но чрезвычайной важности изменение — *Ты* в ней заменяется на *Я*. Теперь она произносится уже от первого лица. И эта фраза, и связанное с ней самоощущение становятся "кирпичиками" внутреннего мира девочки. "Я никому не нужна!" буквально написано у нее на лбу. А окружающим ничего не остается, как, "прочитав" это послание, согласиться: "Ну, не нужна так не нужна!" — потому что разубедить девушку невозможно.

м.к. Не могу поверить, чтобы такую девушку нельзя было расколдовать! Сколько фильмов про это. Про преобразившихся Золушек или дурнушек.

т. б. Вы правы, конечно. Причем избавление от клейма во многих случаях происходит как бы само собой. Блестящая иллюстрация этого есть в воспоминаниях Натальи Петровны Бехтеревой. Она рассказывала:

"Огромную роль во всех моих «комплексах» сыграла мама. Мой ум она превозносила до небес, но что касается внешности и разных женских достоинств — о, тут шел другой разговор. Помню, как я танцую под папин аккомпанемент, а мама, склонив набок голову, говорит: «Все хорошо, но ножки — полноваты… полноваты ножки. Неплохи, но — полноваты». И так придирчиво разбирала меня по частям, что сформировала стойкий комплекс уродины. Дело доходило до абсурда — вы не поверите — в двадцать лет я могла часами рассматривать себя в зеркале и думать: «Право же, если бы я твердо не знала, что ужасно некрасива, то сочла бы себя хорошенькой!» Когда подружки хвалили мою внешность, я думала, как они ко мне хорошо относятся… А потом — уже зрелой женщиной, по страстной, сильной любви — я вышла замуж и все думала: «Ах, он говорит мне комплименты по доброте душевной, насколько же он меня любит, если я, такая страшненькая, кажусь ему красавицей». В тридцать четыре года я поехала в Англию, в Бристоль, на научную конференцию. И в кафе услышала, как за моей спиной меня обсуждают две буфетчицы: «Какая красивая эта русская, какие у нее замечательные ноги и эффектная фигура». Они меня видели первый и последний раз в жизни и не догадывались, что я понимаю каждое слово. Я сразу бросилась к ближайшему зеркалу, посмотрела на свое отражение и тут же безоговорочно поверила: да, да, они правы, я же красавица!»

Пример этот вполне мог бы войти в учебники — так точно Наталья Бехтерева описала классику формирования комплекса, а главное — избавления от него. Хвалебные высказывания "заинтересованных" людей практически не меняют сложившейся в детстве оценки внешности или себя. Они кажутся предвзятыми, утешающими. А точкой опоры, способной перевернуть мир, оказывается мнение совершенно чужого человека, воспринимаемое как беспристрастное, а потому объективное. Вот почему таким "расколдовыва-

---

ющим" эффектом часто обладает слово психолога, психотерапевта.

м.к. Хорошая история, но она всё же про внешность человека, про то, что видимо. Внутренний мир, его красоту или тайные искажения в нем человеку постороннему различить гораздо сложнее!

т.б. Да в том-то и дело, что если даже с внешностью всё обстоит так непросто — у девушек, например, страдающих анорексией, уж не телосложение, а теловычитание, кости, обтянутые кожей, как у узников Бухенвальда, а они "видят" себя в зеркале толстыми, — то что же говорить о мире внутреннем?!
Но внутренние искажения тоже могут быть обнаружены и исправлены. Например, с помощью техники, которую использовал ранний Фрейд, еще до психоанализа. Фрейд называл этот прием "прочисткой труб": пациентки "погружались" в ситуацию, в которой получили эмоциональную травму. Где это было?.. Как?.. Вот мама произносит в гневе: "Посмотри на себя! Кому ты нужна — такая?!" Девочка смотрит на себя мамиными глазами — маленькая, сжавшаяся в комочек, жалкая... Обида, жалость к себе и страх — вот основная палитра, которой написана эта картина. И ощущение бессилия, беспомощности. Разве она может противостоять этой силе — *маме?*

Так вот, страх и есть тот крючок, на котором держится "заклятье". Чтобы разрушить его, надо сделать мысленно — там, в пространстве воспоминаний — то, что девочка не смела сказать или сделать, будучи маленькой. Выразить — виртуально — те чувства, которые живы в ней до сих пор. И освободиться от них. Чтобы погружение в ситуацию было полным, Фрейд использовал гипноз, однако в дальнейшем выяснилось, что применять гипноз вовсе не обязательно. Прием все равно работает. О том, что слово обладает силой, люди знали всегда. Скандинавские ниды, магические ритуалы, ругательства — примеры сознательного использования разрушительной силы слова. К сожалению, люди зачастую говорят слова, не отдавая себе отчета, как они могут подействовать, а потому наносят вред непреднамеренно. Очень красноречива в этом плане история Илюши.

Мама привела Илюшу на консультацию, когда ему исполнилось тринадцать. Крупный, красивый мальчик. Без мамы один никуда и никогда. Илюша страдает тиками, как выражается его мама. Он держит голову так, как будто отворачивается от чего-то. А тело время от времени корежится в конвульсиях, как будто его выворачивает наизнанку.

Илюшу дразнят в школе. Считают слабоумным. И мама в том числе. Однако с интеллектом у мальчика все в порядке, а вот его эмоциональное развитие — на уровне дошкольника.

"Тики" начались, когда Илюше было пять. Он второй ребенок в семье, где мама "ударилась в православие" и, как все неофиты, очень ревностно следила за всеми внешними проявлениями благочестия. Не только своего, но и всех домашних. А тут — Пасха. Возможности пойти на ночную службу в храм не было, и мама смотрела праздничную службу по телевизору. Квартирка маленькая, тесная — Илюше деться некуда, а мама не позволяет играть, когда идет служба. Сидеть на месте, как и всякий нормальный ребенок, он не может. Вертится, мешает маме умильно созерцать происходящее на экране. Одно замечание — "Сиди смирно!", другое — "Да не вертись ты!". На минуту Илюшу хватает. Не больше. Наконец, мама не выдерживает. "Да что это такое?! — в ярости восклицает она. — Бес в тебя, что ли, вселился?!"

Илюша в ужасе представил себе — буквально увидел, — как что-то темное, злое, гадкое вселяется, вползает в него, и в ужасе, пытаясь не допустить это, непроизвольно сделал движение, обратное глотательному. Лицо его исказила гримаса, глаз стал дергаться.

История эта закончилась благополучно. Вернувшись с моей помощью в ту пасхальную ночь, Илюша смог увидеть и выразить — виртуально — "застрявшие" в нем чувства. С тех пор он больше у них не на крючке.

м.к. С вашей помощью, в том-то и дело! Самостоятельно эти задачки решаются с трудом. Среднестатистического советского ребенка родители тюкали всё детство, годы, и как ему вспомнить ту самую "проклятую" минуту? Тем более она была наверняка не одна!

т. б. Отмотать клубок воспоминаний самостоятельно действительно нелегко. Болезненное переживание практически всегда вытеснено в подсознание, и его связь с симптомами, в которых оно себя проявляет, у человека утеряна. Человек, как мифический Тезей, должен сделать три вещи: *решиться* спуститься в подземелье — в собственное подсознание, *найти* Минотавра и *победить* его. А чтобы сделать это, нужно быть уверенным, что конец этой нити кто-то держит…

м. к. Опять намек на то, что без психолога не обойтись? Думаю, читатели его заметили…
Но не все же родители такие крокодилы, не все запугивают своих дочек. Тем не менее страх "остаться в девках" знаком чуть ли не каждой.

т. б. Обычно такие чувства посещают девушку, когда образование уже получено, карьера складывается. А личной жизни нет. Подруги многие уже родили или собираются родить. Да и интересы уже у них другие, общение не ладится. Вечерами тоскливо, а уж про выходные и праздники и говорить нечего. Да еще мама всё время вздыхает: "Когда же ты, доченька, порадуешь меня внуками?" У родственников первый вопрос о замужестве. Соседи, и те интересуются: "Замуж не собираешься?" И девушка начинает ощущать нечто, что можно назвать групповым давлением. Как оно действует? Вот вам пример.

В лифт заходят несколько человек, из которых один — подопытный, остальные — знают условия эксперимента. В какой-то момент все мужчины одновременно снимают шляпы. Подопытный — после секундного замешательства — снимает шляпу тоже. Затем участники эксперимента поворачиваются синхронно налево — испытуемый после паузы тоже.

Почему он это делает? А вы попробуйте, находясь в храме, остаться стоять, когда все дружно становятся на колени, и вы узнаете почему.

м.к. Стадное чувство!

т. б. Все бегут, и я бегу! Мы испытываем внутреннее неудобство, когда резко отличаемся от окружающих, действуем с ними не в такт. И поступая "как все", испытываем облегчение — я такой же, значит, со мной всё в порядке!

м.к. Взмыть над ситуацией действительно трудно, не снять шляпу, не торопиться замуж. Но некоторым удается.
Вот вам сказочка к случаю.

———

Сказочка

Жила-была царевна Несмеяна. В детстве Несмеяна была девочка как девочка, играла, прыгала, смеялась, даже звали ее по-другому, а как подросла, сделалось царевне скучно. Стала она плакать, точнее, ныть. И всё об одном: "Замуж хочу, ой, замуж! Скучно мне, выдайте меня поскорее замуж!" В это время ее и прозвали в народе "Несмеяна", а прежнее имя забыли.

Царь с царицей сбились с ног: полцарства женихам предлагали, жуткими казнями грозились, устрашающие указы провозглашали — ничто не помогало. Одни женихи и под страхом смертной казни не желали идти за такую депрессивную плаксу, от других воротила нос сама царевна. А тут еще, как назло, все подружки начали приглашать ее на свадьбы. Сначала Василиса Премудрая, вслед и Марья Моревна. Даже кроткая Крошечка-Хаврошечка, из лучших Несмеяниных горничных, подалась туда же. На свадьбы их Несмеяна, само собой, не ходила, но от таких огорчений проплакала еще три месяца.

Наконец устала она и плакать. И решила передохнуть денек-другой-третий. Утерла глаза батистовым платочком, умылась, нарядилась повыразительней и поехала к подружкам в гости, поглядеть, как они там устроились.

Приезжает к Василисе Премудрой, а у той — пир на весь мир. Только Василиса ничуть не веселая, потому что пир-то в их царстве, оказывается, каждый день, Ваня ее только и знает, что мед-пиво пить с утра и до ночи, ничем больше не интересуется, в Василисину сторону почти и не смотрит. С горя Василисушка даже в детство стала впадать, играть в свою давнюю детскую куколку и горько ей жаловаться на свою судьбу.

У Марьи Моревны муж и вовсе полным дурачком оказался, не зря так его с детства и звали; двор Иванушка превратил в зверинец, тут у него и птицы заморские, и обычные наши вороны, и кобылиц столько, что ни шагу ступить, и зайчата, и белочки. Даже львицу завел для разнообразия. О Марье Моревне и думать забыл, на Несмеянин визит вовсе не прореагировал, так и провозился со зверями, пока она у Марьи Моревны гостила и перемывала ему косточки. По-человечески Иванушка уже и не разговаривал, все больше мычал, кивал да улыбался. Одно слово — дурак. Про Крошечку-Хаврошечку и говорить нечего — муж держал ее в черном теле, обращался с ней как со служанкой, помыкал, попрекал, поколачивал, словом, проявлял себя, выражаясь помягче, как полный козел.

Воротилась Несмеяна домой и как начнет смеяться. Замужем-то одно горе-горькое! Хорошо, когда муж добрый, а если пьяница? Или убогий? Или тиран жестокий? А я-то завидовала. Просмеялась царевна так три дня и совершенно утешилась.

Села она в своем высоком тереме у резного окошечка, песни поет, колокольчики с ромашками вышивает. Птиц хлебушком кормит, нищим милостыню подает. Тут все и вспомнили ее настоящее имя — Дарья она от рождения называлась, Дашенька.

На ту пору и добрый молодец на коне мимо скачет. Смотрит: ба, да какая же наверху красавица, а как поет! Птички к ней так и слетаются. Да видать, не только что добрая, но и работящая — с пяльцами сидит, нить с иголкой в пальчиках так и мелькают.

— Выходи-ка ты, девушка, за меня замуж. Буду тебе мужем добрым да ласковым. Ничем тебя не обижу, — проговорил добрый молодец.

Поглядела Несмеяна вниз — а что? вроде годится.

— Колечко-то снимешь с пальчика? Доскочишь до меня? — спрашивает.

Добрый молодец — прыг! И доскочил, стянул с пальчика колечко.

— Согласна, — говорит царевна, — выйду.

И не прогадала.

Живет она с мужем очень долго и счастливо, умрет наверняка в один день, но до этого еще далеко. Всех подружек своих Даша с мужьями помирила, научила любить суженых, какие есть, после этого и мужья размякли, одумались, стали своих жен холить и лелеять. Дни напролет тетешкает баба Даша на пару с дедом внучек и внучиков и рассказывает им сказки, одна другой забавнее и диковинней.

————

2. КАК ПОБОРОТЬ СТРАХ?

> Пытаясь уйти от судьбы, мы вступаем на дорогу, которая и приведет нас к ней.
>
> *Мультфильм "Кунг-фу панда"*

м.к. Наверняка должны существовать и другие пути избавления от страха остаться в девках, не только сказочные. Страхи — это же как раз по части психологии. И законы для разных страхов действуют, вероятно, общие, неважно, чего именно человек боится. Что помогает преодолеть этот ужас-ужас?

т.б. Здесь несколько важных моментов. Первое и, возможно, самое главное — *принять* то, чего мы боимся или чего не хотим. Много лет назад мой внук — четырехлетним ребенком — показал мне, как это сделать. Поняв, что настоять на своем он не может, нашел замечательное решение, позволяющее ему подчиниться силе и при этом сохранить лицо. "На «нет» я *согласен!*", — произнес он фразу, ставшую для меня "формулой приятия".

Когда мы хотим избежать того, что нас страшит, внутри нас звучит: "Нет-нет, только не это!.. Этого нельзя допустить!.. Я не могу позволить, чтобы…" И пытаясь не допустить "ужасное", мы напрягаемся. В прямом смысле. Физически.

Но понимаем, что усилий наших может оказаться недостаточно, что многое от нас не зависит. Силенок у нас маловато, чтобы заставить мир подчиняться. И понимание, что мы *бессильны*, только увеличивает наш страх.

А если я говорю: "Ну, не выйду я замуж! Не пропаду! Живут же другие! Вот Наташка ни разу замужем не была, а весела и счастлива. Двоих девчонок от разных отцов родила, оба ей помогают!", — мое согласие с нежелательным исходом избавляет меня от внутреннего напряжения, в тисках которого я нахожусь, пытаясь не допустить "ужасное".

Из того, что девушка соглашается с *возможным* будущим безбрачием, вовсе не следует, что оно будет. Наоборот — программа, управляющая девушкой с помощью страха, теряет над ней власть. И вот что удивительно — принимая *мирно*, без страха и борьбы свое настоящее и свое будущее, человек обнаруживает, что мир начинает идти ему навстречу.

Второе. Оно напрямую связано с первым. Чтобы перестать бояться или не поддаться страху, надо расслабиться. Пока человек напряжен, избавиться от страха он не может. Расслабление — ключ. Физическое, *мышечное* напряжение удерживает нас в лапах страха. О том, как научиться снимать мышечное напряжение, можно прочесть в книге Анатолия Алексеева "Система АГИМ". Автор книги — спортивный психолог, работавший со спортсменами из Высшей лиги, чемпионами мира в разных видах спорта, которым именно система АГИМ помогла добиться выдающихся результатов.

Третье. Надо учиться *управлять* своим эмоциональным состоянием. Система АГИМ может помочь и в этом.

Поддерживать мир в душе необходимо любому человеку в любом случае. Душевное равновесие — важнейший критерий, *признак* того, что мы в гармонии с миром. Вот мы говорим: "Я расстроена", то есть мой внутренний строй нарушен. Значит, надо этот строй восстановить. Нас этому никогда специально не учили. Но научиться может каждый. Ведь не умели же мы когда-то ходить, кататься на велосипеде, на лыжах, а это требует ежесекундного сохранения равновесия. Отвлекся — упал. Сегодня мы удерживаем равновесие, не задумываясь об этом, на "автопилоте", а когда-то приходилось отслеживать это сознательно.

И вот что важно — пытаясь не допустить "ужасное", человек старается от него заслониться, перекрывая тем самым поток жизни, в котором вероятность не выйти замуж существует вместе с вероятностью замуж выйти. В жизни, если мы ей открыты, масса возможностей. И мы можем выбирать, куда двигаться. Что-то принимать, что-то обходить стороной. В том числе выбирать, чем наполнить свою жизнь.

———

М.К. Хотите ли вы сказать, что система АГИМ, мышечное расслабление и смирение с судьбой, снимающее внутреннее напряжение, помогают освободиться от страха и стать… счастливым?!

Т.Б. Счастье строится из разных "кирпичиков", и избавление от страхов — один из них. Можно сказать, что это не кирпичик, и даже не фундамент счастья, а площадка, на которой счастье строится. Человек, который боится, счастливым быть не может.

М.К. Совет "принять свою судьбу", "смириться" — из христианской литературы, наполненной императивами и, как правило, не дающей объяснений, *как* это сделать.

Мне кажется, дорога к приятию незамужней жизни лежит через понимание, чем и как я могу наполнить свое существование, если не выйду замуж, если у меня не будет того, с кем я могу разделить свою жизнь. Помимо простых житейских соображений (муж — в хозяйстве вещь полезная), есть еще одна причина, которая толкает нас к замужеству.

С любимым человеком мы можем обрести полноту бытия. Если мы не выбирали путь сознательного одиночества — мысль о том, что *этого* никогда не будет со мной, невыносима. Ее не могут выдержать даже верующие, у которых есть хотя бы вера в то, что "на всё воля Божия".

Чем утешаться людям, не имеющим и такой опоры, — совсем уж непонятно. Как принять свое одиночество, как с ним быть, почему и его тоже не следует бояться?

т. б. Потому что бояться не следует ничего. И одиночества тоже. Но о нем мы еще обязательно поговорим.

———————

3. КАК НЕ СОСТАРИТЬСЯ В ОЖИДАНИИ СУЖЕНОГО?

м.к. Хорошо, расслабились, смирились. Сняли напряжение, что зря дергаться, дерганьем делу не поможешь. Живем год, шестой, двенадцатый. Типа мне всё равно. Но одним глазком всё же посматриваем по сторонам, в окошко выглядываем, мало ли что случится. Может, кто по дороге мимо проедет. Но он всё не проходит. И сколько так ждать своего человека? Не до седых же волос!

т. б. Ждать *своего* человека — суженого, как говорили раньше, можно всю жизнь. И не дождаться. Если образ его, как прокрустово ложе, — жесткая рамка для "измерения" потенциальных претендентов на руку и сердце. Такого, как мы себе представили, может быть, и в природе-то нет.

———————

Поэтому вопрос, сколько можно и нужно ждать, не может иметь однозначного ответа.

Но что значит *ждать*?

Не соглашаться выходить замуж за того, кто тебе не мил? На мой взгляд, это правильно. "Умри, но не давай поцелуя без любви!" — писали романтичные институтки подругам в альбомах. Поцелуя! А не то что всего тела! О том, каково ложиться в постель с не милым сердцу мужчиной, знают только те, кому доводилось. "Постылый!" — таким словом называют женщины нелюбимого мужа, с которым вынуждены жить. В таких отношениях женщина сама стынет, эмоционально умирает.

А если ждать — значит верить, что суженый непременно когда-нибудь свалится с неба: "я знаю, ты придешь однажды...", то ждать-то тоже надо уметь. Моя бабушка говорила: "Ждать и догонять — труднее всего".

А как же быть с историей Ассоль? Вы помните эту прекрасную сказку?

м.к. Кто ж ее не помнит, в моем детстве она входила в обязательный список внеклассного чтения.

т. б. Мне бы очень хотелось процитировать ее здесь, чтобы передать всю прелесть интонации, с которой Грин ее рассказывает. Но воздержусь. Суть этой истории можно изложить совсем коротко. Еще девочкой Ассоль встретила бродячего собирателя песен и сказок, который предсказал ей, что однажды на корабле под алыми парусами за ней приплывет прекрасный принц.

Предсказание бродячего сказочника — по сути, такое же *внушение*, как и проклятье "никто тебя замуж не возьмет". Но в отличие от него — это программа позитивная. Антипроклятье, то есть *благословение*. По формуле:

благое слово + энергия любви = благословение

Добрые слова, сказанные добрым человеком ласковым голосом и подтвержденные авторитетом отца, западают в детскую душу, укореняются в ней. Уверенность, что пророчество сбудется, защищает Ассоль, помогает спокойно переносить насмешки окружающих, считающих несбыточной ее мечту.

Проходят годы, и Ассоль превращается в очаровательную девушку. И вот однажды молодой красавец, капитан Грэй, случайно видит ее из окна таверны. Ему рассказывают, посмеиваясь, что девушка "не совсем в себе" — бредит принцем, который приплывет к ней под алыми парусами, и *не выйдет замуж ни за кого другого*. Грэй понимает — он может завоевать девушку, только сделав ее сказку былью. И две тысячи метров алого шелка по самой высшей цене идут на сооружение ее мечты.

А дальше все произошло именно так, как предсказывал незнакомец. Огромный белый корабль под алыми парусами вошел в гавань.

м. к. Капитан Грэй подверстал свои действия под пророчество, по сути, воспользовался доверчивостью наивной девушки для достижения своей цели. Ну не проходимец?

т. б. Да, любой человек, который оснастил бы свой корабль алыми парусами, был просто обречен на успех — Ассоль восприняла бы его как суженого. Но не каждый готов так потрудиться ради девушки.

Мне думается, эта трогательная история не такая уж сказка. Как всякий романтик, Грин — по законам жанра — поэтизировал реальность, лишь усиливая, делая более выпуклым то, что имеет место в жизни. Яркий образ, созданный Грином, помогает увидеть, что доброе слово, вовремя сказанное — позитивное программирование, — защищает человека от деформации личности, помогает верить в себя и переносить невзгоды жизни, приподниматься над обыденностью. Что вера — мир тебя любит — делает девушку красивой. Что мужчина должен сделать невозможное для той, которую любит. Ну не совсем невозможное, но на пределе своих сил.

Я вспомнила эту историю еще и потому что ожидание Ассоль — образец правильного ожидания. Во-первых, на ней нет клейма "Никто тебя замуж не возьмет", а значит, нет и страха. Она спокойна и приветлива. Она занята делом. И не тоскует, жалея себя, в мучительном ожида-

нии, когда же приплывет обещанный корабль.
Она *верит*.
Вы помните? "Вера твоя спасла тебя!" — говорит Христос. Не говорит — "Я спас". Говорит — твоя *вера*...

м.к.   Опять сплошное внушение. Внушили, ждала, дождалась. Но в этой сказке существовал опознавательный знак, явное свидетельство, что прибыл тот самый принц, — алые паруса. Вот бы и в жизни так, где-нибудь под правым ушком у принца, которому ты предназначена, таился бы маленький значок, тот же парусник или просто шрамик. Хотя нет, эта история точно не про меня — маленький я бы не разглядела. Для близоруких пусть будет видимый только им огонек, желатльно во лбу! То потухнет, то... вы понимаете, что я хочу сказать? Узнать, *он* ли это, тем более когда ты сам еще неопытен и лет тебе, например, девятнадцать — не так просто.

т. б.   Да, определить, *он* ли это, в общем-то, нелегко, но можно. Часто девушки думают, что всё должно произойти, как у Татьяны Лариной: "Ты лишь вошел, я вмиг узнала. Вся обомлела, запылала..." Именно такие ощущения — смущение, волнение, сердце, готовое выпрыгнуть из груди от одного взгляда только что встреченного нами, незнакомого еще совершенно человека, — мы принимаем за несомненное свидетельство того, что это *он*.

———

Представление, что любовь непременно должна "нагрянуть", а не родиться в результате развития отношений с мужчиной, чрезвычайно распространено.

Конечно, чем-то мужчина должен "зацепить" девушку, чтобы она захотела продолжить знакомство. Но считать ощущения, которые мы испытываем, свалившись в любовь ("упасть в любовь" — английский аналог нашего "влюбиться"), доказательством истинной любви было бы неправильно.

Разница между "полюбила" и "влюбилась" заключается в том, что в первом случае чувства, которые девушка испытывает, пришли к ней не сразу. Тот, кого она полюбила, завоевал ее сердце. Значит, было за что его полюбить. А в случае влюбленности девушку настигают чувства прежде, чем она успевает узнать человека, который в ее ощущениях становится самым главным человеком в жизни. Затмевает собой весь мир.

Влюбленная девушка обнаруживает себя поглощенной этими чувствами, неспособной им сопротивляться. Она буквально идет у них на поводу.

То, что девушку "несет", в ее восприятии означает — эти чувства *свыше*.

Но если "крылья ангелов", легкость, с которой мы вступаем в отношения, идем навстречу мужчине, вовсе не является критерием того, что это суженый, — где же этот критерий?

м.к. Остается только погадать с зеркалом, свечой — в зеркале является, говорят, иногда именно он — потом можно сверить.

т. б. Конечно, во все времена девушки старались узнать свою судьбу, выпытать у нее, что им суждено, найти тот самый критерий "неподдельности" суженого. И да, гадали на картах и с зеркалом, смотрели в воду, кидали башмачок. С готовностью признать суженого в первом встречном.

Но есть и подлинный критерий. Он дается девушкам в сказках. Суженый — тот, кто сможет рассмешить царевну Несмеяну, разгадать все хитроумные загадки, придуманные ее папашей, достать кольцо со дна моря, победить Чуду-юду. Тот, кто в лепешку расшибется ради любви принцессы. Но и в природе так — самцу надо побороться за самку, доказать, что он самый сильный. Этот критерий есть и в Библии. Суженый — тот, кто готов семь лет работать, чтобы получить девушку в жены, как Иаков ради Рахили. И еще семь, если надо, — получив в жены Лию вместо Рахили, Иаков "отмотал" еще один срок.

м.к. Ой. Да где же такие суженые прячутся? Кто готов четырнадцать лет работать ради любимой сегодня? Но и раньше, думаю, таких было примерно один, вот он и вошел в историю, причем Священную! Слишком высокая планка. Если бы девушки следовали только этому критерию, демографическая ситуация у нас складывалась бы еще хуже. Ведь всё это — метры шелка, годы рабства ради любимой, победа над Чудом-юдом, даже с допущением, что это только образы верности и любви, — предполагают масштаб личности. Где сегодня такие богатыри? Поэтому я бы всё же сдвинула эту планочку пониже, поближе к грешной земле. Одна моя подруга говорила так: "Выходить замуж можно лишь за того, кто тебя замуж прямо позвал. Кто *вслух* сделал тебе предложение". Вот — критерий. И не так уж это наивно, между прочим! Действительно, часто замуж идут обходя стороной этот простой и важный пункт пути: собственно, предложение руки и сердца. Он должен сознательно его сделать. Она сознательно его принять. И слова соответствующие должны быть произнесены, они как расписка. Я знаю многих, у кого этого не было. Кто так и не услышал: "Выходи за меня замуж, будь моей женой". Так как-то все бочком, бочком, вот мы уже и в загсе, вот уже и семейная жизнь покатилась. Но нельзя упускать ни одного звена, ни одного священнодействия, иначе пирог получится — получится всё равно, но чего-то в нем будет не хватать: соли, лимонной кислоты или что там еще в них кладут?

т. Б. Предложение, конечно, должно быть. Как можно выйти замуж за того, кто тебе этого не предлагает? Но до предложения должно быть и испытание мужчины, его готовности к "подвигам" ради любимой. То, что легко досталось, не ценится. Конечно, история Ассоль невероятно завышает планку, но суть от этого не меняется. Девушка должна ценить себя, чтобы ее ценил избранник. Сколько среди моих пациенток женщин, которые приходят к мужчине провести с ним ночь, а потом пытаются заставить его занять вакансию суженого. Отдавшись "за пятак, а чаще просто так", они начинают "заламывать цену" того, что уже случилось между ними. Но мужчина эту цену платить не собирался. Не собирался вкладываться в отношения — взял то, что само в руки шло. Да и какие к нему могут быть претензии, если "сладку ягоду рвали вместе мы"?

м.к. Хорошее выражение, приму к сведению. Жаль, как жаль тех, кто вот так, за пятак, но часто это от одного отчаяния, потому что непонятно, когда уже начинать тревожиться о своем одиночестве или даже о своей нецелованности — после пятнадцати, после двадцати? Или можно потерпеть и до двадцати восьми, но тогда уж точно принимать самые активные действия? Когда уже можно сказать себе: он не пришел, на белой лошадке за мной не приехал, парусов не сшил. Значит, лягу под любого. Или — чуть более мягкий вариант: выхожу замуж за первого, кто позовет. За соседа, Василь Петровича, он давно намекает. Двадцать лет разницы — да ерунда!

т. б. Вы спрашиваете, возможно, не всерьез, но я ответу серьезно.

Тревожиться не следует ни до двадцати восьми лет, ни после. А вот активные действия надо предпринимать гораздо раньше, еще в школе. Если у девушки нет претендентов на ее внимание и любовь, нет выбора, значит, что-то с ней не так. Что именно? И что с этим делать? Ответ ищите в книге Шерри Шнайдер "Правила". А чтобы не расшибить себе лоб, стремясь эти правила соблюсти, прочтите рассказ Леонида Андреева "Правила добра".

м. к. Ну а если девушке всё же прям приспичило, вот надо замуж и всё. Поскорее. Быстренько выйти и уже снять эту проблему с повестки дня!

т. б. Снимет эту, поставит на повестку другую — посерьезней. Но если девушке приспичило, она начинает *стараться*. Обратить на себя внимание, понравиться. Но старание как раз и вредит делу. Она может даже насиловать себя ради этой цели — заискивать, угождать, соглашаться на то, на что соглашаться не следует. Впрочем, об этом уже достаточно много всего было сказано.

м. к. Подождите, протестую! Насилие над собой вредит делу. Но стараться обратить на себя внимание так ли плохо? Не лобовыми методами, разумеется, а тонко, незаметно. Улыбнуться лишний раз, подставить чашку с чаем, поглядеть попристальнее… Словом, направить свое внимание на объект, как же иначе? А если объекта нет, тоже не вижу дурного в том, что девчонки молодые, да и не очень молодые, хотят хорошо выглядеть: прическа, маникюр, приветливая улыбка и аккуратная, легко считываемая надпись на лбу: "я готова, я заинтересована, и да, я стараюсь". Хуже, когда наоборот, и вид у девушки такой, что надпись прочитывается совсем другая: "оставь надежду навсегда".

т. Б. Конечно, доброжелательная и внимательная к людям девушка, которая еще и о внешности своей заботится, привлекательна. Ухаживать за собой, заботиться о себе надо непременно! А вот *стараться* понравиться, на мой взгляд, вредно! Старание напрягает, лишает человека естественности. Вводит в состояние ученика, который хочет заработать хорошую отметку. Это принижает человека — он не может быть *на равных* с тем, кому очень старается понравиться, чье внимание надеется заслужить.

Что же касается старания привлечь внимание, я сместила бы акцент — надо быть внимательнее к *людям*. И чашку с чаем подвинуть не для того, чтобы понравиться, а просто так — по-дружески. Вместо сосредоточенного внимания к своей особе.

м. к. Договорились. Будем внимательны к людям и не будем оспаривать тот факт, что мужчины — тоже люди. Ну, и под занавес главы, рассказик от нашего стола.

Нежно-розовый "Сапсан"

Больше всего на свете девочка Ника любила читать, глотала книжку за книжкой, забывая о пище и сне. Родители, как могли, пытались противостоять дочкиной одержимости, но добились лишь того, что от чтения под одеялом с фонариком Нике пришлось выписать очки.

Однажды любимая Никина подружка с дачи, Полина, совсем не такая любительница чтения, принесла ей старую пыльную книгу с оторванной обложкой. "Ты вроде такое любишь". Книжку Полина нашла среди полешек, Полинина бабушка собирались растапливать ею печку.

Книжка оказалась про Ассоль и Грэя. Много сказок и волшебных историй прочитала Ника и до того, но отчего-то именно эта пленила ее воображение. Ника читала ветхую книгу снова и снова, из нее уже стали выпадать страницы, а Ника все перечитывала, все мечтала, как однажды к ней тоже приплывет спокойный и широкоплечий человек под алыми парусами. Мужественный и благородный капитан. Ее не смущало, что жила она в центре большого и совсем не морского города под названием Москва, а на даче до ближайшего пруда нужно было ехать на велосипеде минут сорок. Целые дни Ника рисовала корабли и лодочки под ярко-красными, а когда красный ломался — розовыми парусами. В конце концов она совершенно убедила себя, что так всё и будет: приплывет, восхитится, похитит.

Ника выросла, по настоянию родителей стала экономистом, складывала, делила и подсчитывала проценты, вставляя в таблицы циферки, — о своих детских фантазиях давно позабыла.

Всё переменил случай. Ей срочно понадобилось попасть в Питер, на свадьбу к Полине, той самой, дачной, причем прямо завтра днем. Ника в ужасе поняла это накануне вечером. Ей запомнилась совсем другая дата, но Полина неожиданно прислала эсэмэску: "до завтрашней встречи". Ника проглядела в почте старые письма — боги! Свадьба была не 17-го, как ей запомнилось, а 15 октября! Полина — подруга детства, полжизни не разлей вода — не поехать было нельзя!

Ранним утром Ника бросилась на вокзал.

Билетов на "Сапсан" уже не было, проводницы сурово качали головами, Ника обреченно шагала от вагона к вагону и спрашивала каждую — без толку, пока не добрела до кабины машиниста. Машинист как раз вышел выкурить перед стартом сигаретку. В синей форме, фуражке он поглядывал на утреннее октябрьское небо, размытую по небу розовую дымку, скопище крыш, пока взгляд его не уткнулся в Нику.

Ника произнесла несколько жалобных слов, всхлипнула, и машинист растаял — ему понравилась ее робкая и отчаянная интонация, выражение глаз, слезы и вообще она сама — симпатичная! несчастная! ситуация же и в самом деле складывалась не очень...

———

В Питер Ника ехала в кабине машиниста по имени Гриша, всю дорогу они болтали без умолку, пожилой и усталый помощник им почти не мешал.

Ну что, сказать, что в этой истории было самое удивительное?

Нет, вовсе не то, что Ника с Гришей через три месяца поженились, подумаешь, дело молодое. Удивительно, что в кабине Гриши висел календарь одной известной строительной фирмы с ее же логотипом во всю ширь — парусником под когда-то красными, но сильно выгоревшими на солнце за длинный год нежно-розовыми парусами.

Глава вторая
НЕРАЗДЕЛЕННАЯ ЛЮБОВЬ

1. В ПОИСКАХ УТРАЧЕННОГО РАЯ

М.К. Самое время, преодолев все тревоги и страхи, поговорить о чувстве. Влюбившись, человек словно пробуждается от долгого сна — и вот уже девушка, которую он встречал каждый день, но не замечал, или этот молодой человек, который несколько раз мелькал в большой компании, оказываются необыкновенными. Может, он и не красавец, но зато какой взгляд, а тембр голоса! И вот уже всё тебе в нем мило, даже оттопыренные уши, даже руки-клешни, всё кажется совершенным. Ни единого недостатка! Крыша полностью снесена и унесена ураганом прочь. Влюбленность как исток отношений, как бурное, но неизбежное их начало — правильно я ее описываю, так все и бывает? Озарение, взрыв, тяга.

Т. Б. Возможно, вас удивит утверждение, что силой, притягивающей друг к другу влюбленных, является не столько стремление к продолжению рода, сколько желание — каждым из них — симбиотического единства, пережитого когда-то в полноте с собственной матерью.

Эмоциональная связь с матерью оставляет в душе ребенка неизгладимый след. Для младенца мать олицетворяет весь мир. Она — источник жизни. Не только в том смысле, что в ее теле зародилась его жизнь, что она питала его своими соками, пока он был в утробе. Но родив его, мать и дальше обеспечивает младенцу выживание, удовлетворяя его жизненные потребности. От любви и заботы матери в буквальном смысле зависит жизнь ребенка. Никакие другие отношения *никогда* не будут такими тотально значимыми для нас, как отношения с матерью в первые дни, недели и месяцы нашей жизни.

И этот первый — бессознательный — опыт любви, хранящийся в нашей памяти на самой ее глубине, будет оказывать на нас влияние всю нашу жизнь. Абсолютное, безусловное приятие, которое давала нам мать, когда мы были еще ее частью и в первые, самые важные недели нашей жизни, — вот образец любви, к которой мы будем стремиться. Всю жизнь будем искать в отношениях ту полноту слияния с другим, которую когда-то уже испытали. Будем надеяться, что это возможно. А несбыточность этой надежды будет порождать разочарование в том, кто не смог нам такую любовь дать…

Воспоминания об этом райском периоде жизни хранятся в нашей памяти не в словах, а в ощущениях, поэтому так трудно до них добраться и тем более изменить их власть над нами.

м.к. Может, и так, но как это проверить? Наверняка про это существуют исследования, но с колоколенки полного профана замечу: если влюбленность — это тайная мечта о симбиотическом единстве с матерью, мы должны бы влюбляться в женщин, годящихся нам в матери? С подростками, кстати, это постоянно случается — и школьники, и школьницы влюбляются в своих учителей. Но с годами ситуация меняется. Есть, конечно, тип мужчин, которые предпочитают женщин старше себя, и тут можно разглядеть что-то похожее на то, о чем вы говорите. Есть и женщины, любящие молодых людей, которые их заметно младше, хотя этот механизм, пожалуй, сложнее. Но чаще в семью соединяются женщина и мужчина старше ее. В основе таких отношений, думаю, как раз инстинкт продолжения рода, а вместе с тем желание обрести друга, помощницу, вторую половину, что там еще нам подсказывает язык, которая хорошо бы любила нас, как мать, но желательно лучше, чем мать. Материнская любовь часто слепа, не так уж много матерей мудрых, помогающих своим детям расти, раскрыться, а не душащих их своей заботой. Но правильная жена должна помогать мужу расцвести. Как и хороший муж должен помочь жене расцвести, достичь полноты — человеческой, социальной, карьерной, всякой.

Т. Б. Влюбляться в женщин, годящихся нам в матери, означает стремление найти *замену* первичному объекту. И такое тоже бывает. Но все же в норме человек стремится не вернуть *объект*, а воспроизвести *образец любви*. И человек противоположного пола в каком-то смысле более пригоден для полного слияния, по крайней мере, в моменты физической близости. Поэтому, наверное, мужчина и женщина и могут — в перспективе — стать той самой одной плотью, о которой говорил апостол Павел.

Что касается материнской любви, то ни одна на свете мать не может дать растущему ребенку той любви, того слияния, которое было у них в первые недели жизни. И чувства по отношению к матери дети в процессе взросления испытывает разные, иногда даже ненавидят ее. Но их бессознательное хранит образец любви, который они получили в первые дни своей жизни. Это *импринтинг*.

В своих попытках обрести этот недостижимый идеал любви человек неизбежно проходит то, что называется влюбленность безответная.

2. КАК В КАПЛЕ ВОДЫ

м.к. Предположу: одна из самых частых причин об-
ращения к психологу — безответное чувство.

т. б. И не ошибетесь! И вот одна из таких историй.

Диана — худенькая, миловидная девушка лет двадцати, — влюблена в парня, который ей давно нравился,
но никогда не обращал на нее внимания. Она проявила
инициативу в знакомстве, завязав переписку по интернету. Какое-то время они общались в виртуальном
пространстве, затем встретились, но после нескольких
встреч парень оборвал отношения и стал избегать любого контакта с ней. Диана караулила его у подъезда, но
он проходил мимо, даже не взглянув на нее. Звонила по
телефону, но он не брал трубку. Писала душераздираю-
щие эсэмэски — всё безуспешно. Тогда Диана вступила
с ним в интернет-связь под каким-то выдуманным ни-
ком, "втемную".

История повторилась — вначале они перепи-
сывались недолго, потом стали говорить по телефону,
причем голоса Дианы парень не узнал. Однажды Диана
прочла ему по телефону написанный ею рассказ. Он
слушал. Долго. И ей показалось, что этот рассказ стал
ниточкой, протянувшейся между ними. Теперь парень
уже хотел, чтобы "Тюльчатай показала личико". Но
Диана боялась открыться и, сколько могла, тянула время.
Парень настаивал, и, не зная, как быть, Диана пришла
к психологу.

———

м.к. Двойная жизнь Вероники — да и только. Вообще у виртуального пространства столько возможностей, в нем спрятано столько сюжетных ходов, впрочем, использованных во многих фильмах. А может быть, эта Диана — просто писательница, не осознавшая своего призвания? Придумала персонаж, да еще и убедительный, парень вон сразу поверил, потом и рассказ сочинила, видимо, тоже цепляющий — парень сразу захотел увидеть автора. Точно писательница. Я бы пригласила ее на литературные курсы. Во всяком случае она явно с творческим началом. Но что же вы ей ответили?

т. Б. Эту историю рассказал мне мой друг и коллега. Хотя я и сама могла бы рассказать таких десятки. Если не больше. Историй под названием "безответная любовь". Вернее, влюбленность, которая *не может* перерасти в любовь.

м.к. Любопытно, что вы рассматриваете любовь как неизбежное продолжение влюбленности. Хотя часто влюбленность ни во что не перерастает: совместный взлет — и… обрыв отношений без продолжения. Сплошь и рядом такое случается. Но в данном случае, почему у Дианы нет шансов от влюбленности перейти к любви?

т. Б. Нет-нет, влюбленность не перерастает в любовь с неизбежностью. Она представляет собой зародыш любви, *шанс* любовью стать. А почему в случае с Дианой этого не происходит, попробуем не спеша разобраться.

Итак, она влюблена и хочет взаимности — того самого симбиотического единства, всепоглощающей любви. Но парень *не* хочет. Ему такая степень близости, такое слияние — по крайней мере с Дианой — не нужны. Девушку это не останавливает. Ее выгоняют в дверь, она — в окно. Притворилась другой, назвалась чужим именем и вступила в отношения под маской. И на вопрос психолога: "Чего же вы от него хотите?", Диана отвечает вполне хрестоматийно: "Хочу быть нужной". И сама в это верит. Но быть нужной — значит удовлетворять какую-то нужду, отвечать какой-то потребности. Парню же от *нее* ничего не нужно. Но девушка настаивает: "А я хочу, чтобы было нужно!"

Фактически, пытаясь *заставить* парня принять то, чего он не хочет, Диана насилует его.

м.к. Как-то безжалостно. Страсти — они ж такие. Не мытьем, так катаньем, не прямым нападением, так осадой. Да может быть, если цель все же будет достигнута, она и в самом деле составит счастье этого парня? Во всяком случае, ей же удавалось его развлечь, рассказом вот на ночь… И "хочу быть нужной" — естественно, всякий влюбленный этого хочет.

———

т. б. Но здесь все наоборот, это *он* ей нужен. *Его* внимание, *его* любовь. Хорошо бы, чтобы девушка это в себе увидела, но говорить с ней об этом еще рано. И "принимая на веру" убежденность Дианы, что движет ею только желание *давать*, психолог спрашивает: "Действительно хочешь? А *можешь* ли? Ну вот, например, твои рассказы — единственная ниточка, протянувшаяся между вами, — похоже, они ему могли бы быть нужны. Можешь ли — как Шахерезада — развлекать его 1001 ночь?" И девушка вынуждена признать: "Хотела бы, но не готова". И это — *хочу, но не могу давать* — первое, лежащее практически на поверхности, противоречие, которое всегда имеет место в сложно сплетенной паутине безответной влюбленности.

м.к. Да почему "не могу давать"? Не могу в таком масштабе, 1001 ночь — нет, но сто-то — запросто. У каждого своя мера. Возможно, этому парню хватило б и десяти ночей. Психолог назвал заведомо неисполнимую задачу, она честно ответила. Но мы и не в сказке — за ночь строить дворцы.

т. б. Соглашусь — психолог допустил преувеличение, потому что некоторые вещи на полутонах незаметны. Прием этот помогает Диане взвесить, оценить способность осуществить декларируемую ею готовность быть нужной. Причем именно этому человеку, чтобы в иллюзиях на свой и его счет не пребывать. Это необходимо, но не достаточно, ведь остается то, что может быть еще важнее для незрелой личности — потребность *получать*. И тут второй внутренний конфликт из той же серии — *хочу, но не могу получить*, не могу добиться.

Но принять свою неспособность давать легче, чем согласиться с тем, что тот, от кого ты ждешь любви, тебе ее дать не может. Или, что еще хуже, не хочет.

м.к. Это и в самом деле обидно, когда тебя не любят, не хотят. Так и хочется надуться, как в детстве, крикнуть "я так не играю!" и обидеться на весь мир. Может, хоть тогда этот мир опомнится и полюбит меня обратно?

т. б. Идея *добиться* любви, то есть получить то, чего тебе не дают добровольно, действительно уходит корнями в детство. Ведь в детстве мы *иногда* получали внимание, ласку, утешение — как результат наших действий. И мы понимали: "Вот, не зря я старался! Любви *можно* добиться!"

Почему же поведение, построенное на основе сделанного в детстве умозаключения, не меняется, когда человек взрослеет?

Дело в том, что у безответной любви есть и свои преимущества, свои "выгоды".

———

3. ВЫГОДЫ БЕЗОТВЕТНОЙ ЛЮБВИ

м.к. Как безответное чувство может быть выгодно?

т. б. Безответная влюбленность — по-своему гени-
альное бессознательное *решение*, найденное человеком в попытке обеспечить удовлетворение
одновременно всех его противоречивых потребностей, осознаваемых им и неосознаваемых.
Найденный им компромисс.
Безответная влюбленность соответствует точке
в центре "паутины" потребностей, и некоторые
люди застревают в ней на всю жизнь — раз за
разом они будут выбирать для своих романтических чувств объект, который их никогда не полюбит.

м.к. В этой логике получается, что человек, который
всегда ищет неразделенной любви, боится, что
его полюбят. Не могу себе вообразить, существуют люди, которые не хотят быть любимыми?

т. б. Хотят. Но боятся.
Существует, как это ни странно, и страх любви. Ведь любить — значит открыться. Не только
всему положительному в этом мире, но и всему
отрицательному, что в результате этой откры-
тости может произойти и принести нам боль,
страдание и печаль. И в глубине души прячется
ужасный неотвязный вопрос: не уничтожат ли

нас эти новые отношения? Любовь несет с собой обостренное понимание того, что у нас уже не может быть никаких гарантий безопасности. Ведь любить безоглядно — значить рисковать потерять всё.

Головокружительные перепады страха, тревоги и радости являются неотъемлемым свойством любви. А пронизанная тревогой радость не сводится к вопросу о том, ответят нам взаимностью или нет. Парадоксально, но бывает так, что тревога влюбленного усиливается как раз тогда, когда ему отвечают взаимностью, а не тогда, когда его чувства остаются без ответа. Потому что настоящий спор — идти вперед навстречу любви или остановиться — идет внутри самого человека.

м.к. Еще один страх, не позволяющий распахнуть ворота крепости, наверное, страх, что он умрет? И этого я уж точно не переживу.

т. б. Как ни странно, да, страх смерти. Связь между любовью и смертью становится наиболее явной, пожалуй, когда у человека появляются дети.

м.к. У меня есть про это любимая цитата из Толстого — о любви Лёвина к его ребенку, младенцу, вот собственно: "Что он испытывал к этому маленькому существу, было совсем не то, что он ожидал. Ничего веселого и радостного не было в этом чувстве; напротив, это был новый мучительный страх. Это было сознание новой области уязвимости. И это сознание было так мучительно первое время, страх за то, чтобы не пострадало это беспомощное существо, был так силен, что из-за него и незаметно было странное чувство бессмысленной радости и даже гордости, которое он испытал, когда ребенок чихнул".

Т. Б. Страх перед смертью испытывали люди всегда. Мы, люди XXI века, меньше защищены от этого всеобщего страха, поскольку утратили веру в бессмертие, которой были вооружены наши предки. Соответственно, мысли о смерти в наше время усиленно подавляются. Но человек не может заблокировать ни один важный аспект своего существования, не заплатив за это эквивалентным количеством внутреннего беспокойства. И если имеет место одержимость человека чем бы то ни было, то мы можем обнаружить за этим какое-то подавление. Куда направляется энергия, порожденная подавлением страха смерти? В нашу неотвязную зацикленность — на сексе, на деньгах, на здоровье, на чистоте, на порядке и... на объекте неразделенной любви.

Неотвязная зацикленность отвлекает человека от факта, что с каждой секундой своей жизни он приближается к смерти и что смерть — единственная неизбежность в нашей жизни — может случиться в любой момент.

———

м.к. В слове "зацикленность" мне слышится осуждение. Зацикленным быть плохо! Ну да. Но как еще-то от нее, от женщины в белом и с длинной косой, оборониться? Может, конечно, и не надо. Помня о том, что она неизбежна, жить себе спокойно, глотая черешню и поплевывая косточки прямо под дулом пистолета, как один известный персонаж на дуэли. Но это все же трудно. Вера в бессмертие, конечно, несколько облегчает дело. И влюбленность, пожалуй. Хотя любовь еще больше.

т. б. Влюбленность взаимная и безответная защищают человека от страха смерти, страха *небытия* по-разному. При взаимной влюбленности тот, в кого мы влюблены, стоит между нами и пропастью. Мы знаем, что бездна есть, но не видим ее, пока любимый заслоняет ее собой. Но как только он делает шаг в сторону, бездна открывается, и мы в панике требуем, чтобы он стоял там неотлучно. А вдруг любимый сам упадет в пропасть, если двинется с места? Женщины, которые беспрестанно звонят мужу, спрашивая, где он, с кем, что делает, на самом деле проверяют — на месте ли их любимый или его уже поглотила пропасть. При влюбленности безответной мы стоим на краю обрыва, спиной к пропасти, а возлюбленный перед нами. Мы знаем, что пропасть за нами, поэтому не можем сделать назад ни шага. Мы пошли бы вперед — от пропасти, но тот,

в кого мы влюбились, не подпускает. Нам страшно, больно и обидно одновременно. Но тем не менее мы переживаем нашу привязанность как спасительную. Мы "зацепились" за возлюбленного взглядом и не можем отвести его ни на минуту, чтобы поискать более подходящую "зацепку", из страха свалиться в пропасть.
Безответная влюбленность содержит в себе все проблемы и все страхи, свойственные человеку вообще, так же как в капле воды проявляются все присущие ей свойства.

м.к. Получается, не так уж это тяжко любить безответно. Безответная любовь не так безнадежна, как это кажется на первый взгляд. По крайней мере, вовсе не бессмысленна.

т. б. Конечно. Безответная любовь позволяет человеку не делать то, что ему не под силу, на что у него нет внутренних ресурсов. В детстве, подростковом возрасте и юности безответная любовь — норма. Это "детская болезнь", которой все должны в свое время переболеть. Но если, становясь старше, человек не взрослеет, эта "болезнь" может стать хронической, принять злокачественное течение. И вот вам история про это.

Лиде — шестьдесят. Никогда не была замужем. Детей нет. Всю жизнь, как она утверждает, мужчины не отвечали ей взаимностью. А в тех немногих случаях, когда любовные отношения все же были, мужчины бросали ее.

Впервые Лида влюбилась на первом курсе. В актера театра. Конечно, он был хорош собой и популярен. Лида ходила на все его спектакли. И мечтала о нем по ночам. За все годы учебы в МГУ Лида не пропустила ни одного спектакля своего кумира, но ни разу не решилась подойти к нему, даже с букетом цветов. Он так и остался в ее жизни недостижимым объектом безответной любви.

Однажды, еще молодым специалистом, Лида оказалась в командировке в городе, который был крупным культурным центром за Уральским хребтом, и по рабочей надобности пришла в театр. На прогон спектакля перед премьерой. А там увидела *его* — артистичного, с библейской внешностью молодого режиссера — и поняла, что пропала.

И начался сумасшедший — с ее стороны — роман с режиссером. Она летела к нему с апельсинами, когда он лежал с депрессией в больнице, мчалась по первому его зову, когда он хандрил и нуждался в очередной инъекции восхищения, которым Лида щедро его одаряла. Она дошла до Министерства культуры, устраивая его на работу, когда его выгнали из театра. Она подружилась с его мамой и даже женой, старалась стать для него незаменимой.

Их отношения долго были платоническими. Близость однажды случилась, но Лида была неопытна и зажата, и их отношения вновь стали бесплотными. Но не прекратились — неизменное восхищение, преданность и бескорыстность Лиды были для режиссера важнее, чем ее женские прелести, — так его никто никогда не любил. Даже мать.

———

Виделись они редко. Летать за Урал было накладно, а в Москве режиссер бывал три-четыре раза в году. Но Лиде этого было почти достаточно. Она любила необыкновенного человека!

Отношения оборвались резко и очень болезненно для Лиды. Как-то режиссер прилетел по делам театра в Москву, и они встретились. Лида шла, держа режиссера за руку, не чувствуя под собой земли. Ей казалось, что никогда еще она не была так счастлива. Но тут выяснилось, что ее надежды провести вместе ночь напрасны. Долгие месяцы ожидания встречи и вот — облом. И Лида, не в силах сдерживать себя, впервые — за все годы их знакомства — обрушила на любимого всю свою накопленную годами обиду. И тогда режиссер тоже закричал, и крик его показался Лиде ударом плети по лицу: "Я тебе что-нибудь обещал?! Я не люблю тебя!!! Я тебя не хо-чу!!!"

Выйдя из Соловьевки, Лида пыталась по совету врачей наладить "для здоровья" сексуальную жизнь, но это не получалось.

Ее следующий роман был тоже с режиссером. И тоже из Сибири. Режиссер был женат, и долгое время их отношения также были платоническими. Но все же переросли в настоящий роман, в котором Лида не сразу, но все же испытала взаимную страсть. Это были самые яркие и самые важные, длиною почти в десять лет, отношения в ее жизни. Режиссер расходился и сходился с женой, вступал в новый брак, а Лида оставалась преданной и верной, любящей и ничего не требующей, готовой примчаться по первому его зову, чтобы провести с ним хотя бы одну ночь. Она была согласна на всё, только бы режиссер ее не бросил, позволял ей себя любить.

Но наступила перестройка, и режиссер уехал за кордон. Так закончилась и эта история Лидиной любви.

Были еще и другие романы. Мельче. Пошлее. Скоротечней. Сердце ее уже никто не смог завоевать. Все попытки выйти замуж и как-то устроить свою жизнь были безуспешны.

И вот Лида сидит передо мной в кресле и спрашивает: "Почему? Почему мне так не везло с мужчинами? Мне что, не положено счастья? Чем я хуже других? Я хочу понять — надо ли мне смириться с такой судьбой и уже ни о чем не мечтать или еще можно попытаться судьбу изменить".

м.к. Вы остановили этот рассказ, хотя конец его тоже интересен. Знаете, писателей часто спрашивают о его героях как о живых людях: а что с ними случилось потом? Как там у Петруши Гринева и Маши Мироновой — много было детей? Как, Майя, сложились судьбы ваших героев из романа "Бог дождя"? Обрела ли счастье тетя Мотя? Я обычно отвечаю: плотный занавес падает на сцену действий одновременно с поставленной в конце романа точкой. Герои навсегда исчезают из поля зрения автора, и вместе с читателями ему тоже остается только гадать, куда они двинулись дальше. Но тут другой случай. Что с Лидой произошло потом?

т. б.   Знаете, она смогла переписать свой сценарий, и в ее жизни случилось много перемен. Она похудела. Научилась плавать, преодолев панический страх воды. И замуж вышла. За итальянца. Удачно.

————————

4. БЫТЬ НЕЛЮБИМОЙ — НЕ НЕСЧАСТЬЕ

м.к.   Переписать свой сценарий. Эта Лида — явно героическая женщина, ей удалось! О том, как переписать свой сценарий, я еще вас спрошу. А пока продолжаю тему: безответная любовь бывает просто служением, чистой и желанной для любящего жертвой, а значит, подлинной любовью без примесей. В вашей копилке есть такие истории? Или их героини к психологам не обращаются, они же почти идеальны?

т. б.   Обращаются. Но не в связи с безответной любовью. Светлана, например, пришла потому, что панически боялась публичных выступлений, а ей предстояло выступить с защитной речью в суде.

Светлана вышла замуж на третьем курсе. Не так чтобы по большой любви, уж очень он ее добивался. После

————————

института их с мужем распределили на режимное предприятие довольно далеко от Москвы. Когда родился сын, Светлана уехала жить к родителям, а муж поступил в очную аспирантуру МГУ. Спустя год Светлана узнала, что муж изменил ей с какой-то аспиранткой. И хотя он утверждал, что любит только ее, что связь с этой девушкой случайная — от одиночества, бесприютности и тоски, — Светлана его не простила.

После развода Светлана приехала в Москву с маленьким сынишкой. Замуж она не торопилась, увлеченно работала, заслужив репутацию "отраслевого гения". Начальником ее был яркий, харизматичный, как теперь говорят, человек — всегда окруженный людьми, полный идей и прогрессивных начинаний. Начальник был разведен, и между ними завязалось что-то вроде романтических отношений, но Светлана была девушкой с принципами, и начальник предпочел ей девушку попроще. Светлана, задетая за живое, пыталась вернуть его внимание и даже — прямо как пушкинская Татьяна — объяснилась ему в любви. Но было поздно. Начальник женился. Светлана не показала виду, как ее это ранило. И с большим, чем прежде, рвением отдалась работе, втайне надеясь, что отвергнувший ее мужчина оценит ее интеллект и прочие достоинства и пожалеет о своем выборе. Но начальник не оценил.

В канун перестройки, когда стали появляться как грибы после дождя всякие кооперативы, а граждане получили, наконец, возможность проявлять коммерческую и предпринимательскую инициативу, начальник Светланы тоже инициативу проявил. И, будучи человеком с размахом, задумал закупить за рубежом очень крупную партию компьютеров. Чтобы осуществить покупку, пришлось организовать цепочку из нескольких юридических лиц. И когда предоплата за компьютеры уже была перечислена, сделку неожиданно приостановили, и компьютеры в Россию не пришли.

Деньги были государственными, и всех участников сделки арестовали, обвинив в хищении в особо крупном размере. В те времена по такой статье могли дать и "вышку".

Светлане и всем, кто знал начальника, было очевидно, что он не преступник. И Светлана развернула бурную деятельность. Она организовала сбор средств в созданный ею фонд, нашла толкового адвоката, получила статус общественного защитника, что дало ей право стать официальным участником судебного процесса наравне с адвокатом, поддерживала морально и финансово свою удачливую соперницу — жену начальника, которая в это время запила.

Следствие длилось восемь месяцев. Светлана была поглощена делом спасения начальника. Работу она забросила и потому зарплату не получала, а сбережения таяли. Сынишку пришлось отправить к маме, потому что на него сил уже не хватало.

Когда начался суд, длившийся полгода, Светлана не пропустила ни одного заседания. Ее речь общественного защитника была блистательной и почти целиком вошла в определение суда. Начальника освободили из-под стражи прямо в зале суда. Светлана была на седьмом небе от счастья. Это был ее триумф, ее победа!

Выйдя на свободу, начальник попросил Светлану помочь ему вернуть должность, которую он раньше занимал. Но это было уже слишком даже для Светланы. А спустя два года после окончания суда начальник погиб. Разбился на машине...

А Светлана? Она получила еще одно высшее образование, преподает в вузе, занимается переводами, воспитывает внуков. И вспоминает эту историю как одну из самых ярких страниц своей жизни...

м.к. Образцовая русская женщина: коня на скаку остановила, в горящую избу — наш суд — входила. Случай классический. Непонятно одно — откуда у нее столько сил?

т. б. Да от любви! Когда человек любит, он горы может своротить. Если употребит эту атомную энергию любви в мирных целях. Светлана не растрачивала силы, стараясь добиться во что бы то ни стало ответного чувства. Не давила в себе любовь. Не пыталась отвлечься, переключиться на другой объект. Весь жар своей любви она направила на спасение того, кого любила. Любила настоящей любовью, которая "не ищет своего" (апостол Павел), деятельной и жертвенной. Наверное, это имел в виду Евгений Евтушенко, когда писал: "...в ком дара нет любви неразделенной, в том нету дара божьего любви".

Но есть еще одна вещь, которую необходимо подчеркнуть особо. Страдание в неразделенной любви приносит страстное желание ответного чувства. *Добровольный отказ* от получения своей "доли" любви страдание уменьшает, а иногда и вовсе прекращает. Никто ведь не обделил, человек сам отказался.

Конечно, чтобы добровольно от чего-либо отказаться, нужно быть личностно зрелым человеком. И ощущать свою жизнь как достаточно наполненную. Ну, не будет этого — пусть и очень важного — аспекта жизни, в ней все равно есть много хорошего и интересного. Добровольный отказ — и показатель зрелости, и способ ее обретения.

м. к. Да, только в сказках и только, по-видимому, девушки из благодарности выходят замуж за своих спасителей. Освободивших их от Змея Горыныча, Кощея Бессмертного или просто от тоскливой жизни в родительском доме. Благодарность — вообще тяжелая ноша, и под силу она, кажется, одним женщинам. Шутка! Но я и в самом деле чаще встречалась с проявлением этого чувства у женщин, чем у мужчин, которым, видимо, трудно благодарить, особенно вслух.

_____

5. ТАТЬЯНА И ОНЕГИН

т. б. Вообще, мне думается, что у девушек, выросших в русской культуре, есть какая-то предрасположенность к любви неразделенной, безответной. И особую роль в этом, как мне кажется, сыграла пушкинская Татьяна.

Сцена из Евгения Онегина, увиденная Мариной Цветаевой в шесть лет, повлияла на всю ее жизнь. Вот как описывает это она в своей Автобиографической прозе:

"Скамейка. На скамейке — Татьяна. Потом приходит Онегин, но не садится, а она встает. Оба стоят. И говорит только он, все время, долго, а она не говорит ни слова. И тут я понимаю… что это — любовь: когда скамейка, на скамейке — она, потом приходит он и все время говорит, а она не говорит ни слова.

…Скамейка, на которой они не сидели, оказалась предопределяющей. Я ни тогда, ни потом, никогда не любила, когда целовались, всегда — когда расставались. Никогда — когда садились, всегда — расходились. Моя первая любовная сцена была нелюбовная: он не любил (это я поняла), потому и не сел, любила она, потому и встала, они ни минуты не были вместе, ничего вместе не делали, делали совершенно обратное: он говорил, она молчала, он не любил, она любила, он ушел, она осталась, так что если поднять занавес — она одна стоит, а может быть, опять сидит, потому что стояла она только потому, что он стоял, а потом рухнула и так будет сидеть вечно. Татьяна на той скамейке сидит вечно. Эта первая моя любовная сцена предопределила все мои последующие, всю страсть во мне несчастной, невзаимной, невозможной любви. Я с той самой минуты не захотела быть счастливой и этим себя на нелюбовь — обрекла".

м.к. Марина Ивановна! Ее мысль, движение чувств, самообманы и поздние реконструкции неоформленных детских переживаний — всё равно гениальны, и следить за ними — наслаждение. Только при чем тут Татьяна? Это не Татьяна, это русская жизнь, русские женщины, которые окружали крупную девочку Мусю с младенчества, купали ее, растирали полотенцем, давали ложку с микстурой, целовали в щеки. Татьяна всего лишь это впитала, она же "русская душой", и душа ее восприняла русский вариант женственности. Восприняла и воплотила затем всей своей несчастной жизнью. Каково это, жизнь прожить с нелюбимым? Да к тому же и без детей! Скажите мне, где ее дети? Понятно, они Пушкину ни к чему. Замуж выйти, уж так и быть, позволил, хотя бы и ради афоризма в письме Вяземскому, который вошел потом во все учебники ("*Представьте, что учудила моя Татьяна, — взяла да и вышла замуж!*"). Замуж — пусть, но дети! Ни к чему.

Жертва, жертвенность — вот суть этого русского варианта любви, смею предположить, исторически связанного с рабским положением русской женщины в семье, а не только с ее высокими нравственными качествами. Татьяна — наследница многовековой традиции, за ней и Марина

Ивановна, за ними и мы. Французской раскованности и обоготворению любви Пушкин в эпоху еще не отгоревших антифранцузских настроений, еще не забытой победы над французами в Отечественной войне противопоставляет другой идеал, по происхождению крестьянский. На Татьяну повлияли именно крестьянские семейные традиции. Дистанция между крестьянами и помещиком, тем более живущим в деревне, была не такой уж серьезной. Поэтому и представления Татьяны о семье, долге, верности — Татьяны, которая "по-русски плохо знала" и писала Онегину на французском, на французских романах выросла, — душевно сформировались под влиянием русских картин, под говорок няни, не слыхавшей про любовь.

Каков был взгляд крестьянина или простолюдина на семейную жизнь, на жену, известно. Английский путешественник Иоганн Георг Корб, побывавший в Московском государстве в конце XVII века, сообщает о некоторых московских свадебных ритуалах: без плетки они не обходились.

"Отец, дав согласие на предстоящее бракосочетание, призывает к себе дочь, та является к нему, покрытая льняным покрывалом, — свидетельствует Корб. — Отец спрашивает: желает ли она выйти замуж? Получив утвердительный ответ, отец хватает новую плеть и, слегка хлестнув ею дочь, приговаривает: "Этот последний удар,

---

милая моя дочь, напоминает тебе отцовскую власть. Ты жила до сих пор покорная отцовской власти, ныне я выпускаю тебя из своих рук, но помни, что ты не столько освобождаешься от власти, сколько переходишь под другую, и если ты не будешь держать себя прилично в отношении к мужу, то он вместо меня поучит тебя этой плетью". Кончив эту речь, отец подает плеть жениху, причем тот, в нескольких словах, отказывается ее брать, ссылается на свой характер и говорит: "Я не думаю, чтобы эта плеть мне понадобилась". Тем не менее он должен ее принять и заткнуть себе за пояс, как будто какой-нибудь богатый подарок".

А что? "Бьет — значит любит" — что за диво русские поговорки! Выражается сильно российский народ!

Плетка свистнула,
Кровь пробрызнула...
Ах! лели! лели!
Кровь пробрызнула...

Некрасов недаром делает эти слова песней, которую крестьяне поют хором, слушая историю Матрены Тимофеевны и пропуская чарку за чаркой. Не их же бьют — жену.

У русской крестьянки выбора не было. Татьяна делает выбор в пользу верности мужу сознательно, в этом высота ее поступка. В отказе, отвержении самого дорогого, звенит трагедия, и тут

Марина Ивановна права, права как художник. Трагедия — с точки зрения поэта, это красиво, перспективно, в ней намного больше объема, образов, сюжетов, чем в плоском благополучии, в обыденном счастье. Романтический взгляд на вещи именно таков.

Мне ближе другой, и чем дальше живу, тем сильнее. Потому процитирую-ка я в ответ Марине Ивановне отца Александра Шмемана, он очень точно написал в своих дневниках о тайной красоте не безбытности, а быта — в сущности, "мещанского" счастья "маленьких людей".

"Всякий раз, что я вижу мужчину или женщину, идущих с покупками — значит, домой, я думаю — вот он или она идет домой, в свою настоящую жизнь. И мне делается хорошо, и они делаются мне какими-то близкими. Больше всего меня занимает — что делают люди, когда они «ничего не делают», то есть именно живут. И мне кажется, что только тогда решается их судьба, только тогда их жизнь становится важной. «Мещанское счастье»: это выдумали, в это вложили презрение и осуждение активисты всех оттенков, то есть все те, кто, в сущности, лишен чувства глубины самой жизни, думающих, что она всецело распадается на дела. Великие люди — де Голль, например, — на деле «маленькие» люди, и потому от них так мало остается, или, вернее, интерес, после их ухода, все больше и больше сосредотачивается на «маленьком» в них, на их жизни, а не на их делах, которые оказываются в значительной мере призрачными! «Он не имел личной жизни», — говорим мы с похвалой. А на деле это глупо и грустно; и тот, кто не имел личной жизни, в конце концов никому не нужен, ибо людям друг от друга и друг в друге нужна жизнь. Бог дает нам Свою жизнь («чтобы имели мы жизнь за жизнь» — Кавасила), а не идеи, доктрины и правила. И общение только в жизни, а не в делах. Поэтому дом и не противоречит "tout est ailleurs"*, который противоречит почти всякой деятельности. Дома, когда всё «сделано» (пришел с работы…), воцаряется сама жизнь, но она-то и открыта одна — «другому, другому, другому»".

На цитате из отца Александра хорошо бы и закончить эту главу о неразделенной любви, завершить торжественно и мирно, да не могу, как всегда, придумалась история.

О пользе котоводства, или Лекарство от безответной любви

Дина любила Васю. Вася любил Иру. Ира любила Андрея. Андрей — Машу, близкую подругу Нади. Миша тоже любил Машу и даже два раза дрался за нее с Андреем, но Маша все равно никого из них так и не полюбила, зато Маша очень любила Гришу, о котором

*   Всему остальному (фр.).

речь еще впереди. Чтобы не тосковать по Маше, Миша встречался по очереди то с Ирой, то с Надей, заодно незаметно (как ему казалось) расспрашивал Надю про Машу. Надя, встречаясь с Мишей, воображала, что это Гриша. Потому что Надя, как и Маша, любила Гришу. Гриша не любил ни Машу, ни Надю, но особенно он не любил Надю, она казалась ему навязчивой. А любил Гриша Дину, с самого первого класса, хотя в последнее время поглядывал и на Женю, младшую сестру Андрея, так как Гриша с Андреем дружили. Женя любила только кошку, которую год назад подобрала в подъезде в самом жалком виде. Выкормила, вырастила, но весной кошка сбежала. Однако вернулась и родила четверых котят. Родители Жени (ну и Андрея, хотя он к этому не имел отношения) страшно рассердились. Тогда Женя написала в интернете объявление: "Лекарство от любви. Котята".

Первой пришла Дина. Взяла черненького с белыми лапками. Вася явился вторым — ему понравился самый рыжий и самый шустрый котенок. Ира терпеть не могла кошек и, естественно, не пришла. Но прочитав объявление, нарисовала Андрея в виде жирного кота, окруженного котятами, и зачем-то отправила рисунок влюбленному в нее Васе. Вася, решив, что на рисунке изображен он, рисунок выкинул, а вместе с ним и Иру из своего сердца, и начал думать о доброй Жене, с которой так хорошо поговорил, выбирая котенка. Маша пришла к Жене третьей — у нее выбор был уже из двух котят — умненькая черно-рыжая кошечка или черно-белый котенок, задира. Маша выбрала котенка. Миша успел к шапочному разбору, ему досталась черно-рыжая. Он подарил ее на день рождения Ире… и не угадал, Ира же ненавидела кошек! Вернула Мише подарок и крепко-накрепко рассорилась с ним, тем более что накануне она узнала, что Миша встречается не только с ней, но и с Надей. Миша тут же передарил кошечку Наде, та обрадовалась, но у нее обнаружилась аллергия на шерсть, и Надя упросила взять ее кошку Гришу. Гриша, узнав историю кошки, так и быть, согласился и подружился на почве новых ветеринарных забот с Женей, а про Дину начал, наконец, забывать. Дина под предлогом общего кошачьего дела попыталась сблизиться с Васей, но неудачно — Вася уже переключился на Женю, как будто даже не без взаимности, как вдруг встретил на улице Женю и Гришу вместе! После этого Вася так разочаровался в людях, что начал, наконец, готовиться к экзаменам. Дина, тоже потеряв веру в любовь, посвятила себя воспитанию котенка и много расспрашивала об этом Женю, в основном через Вконтакте, но один раз зашла к ней в гости, чтобы на практике поучиться промывать котенку глаза. Уже уходя, почти на пороге, Дина вдруг разговорилась с братом Жени Андреем, которого прежде не замечала в упор. Под конец разговора Андрей позвал Дину гулять вечером в парк на роликах. Тем временем Надя пришла в школу с новой прической, и такой, что в нее сейчас же влюбился вновь очарованный Вася, а Андрей засомневался, не напрасно ли он гулял вчера с Диной.

Наша история не окончена.

Впереди у Андрея, Дины, Васи, Иры, Маши, Нади, Миши и Гриши — выпускной бал, шьются костюмы и платья, разучиваются танцы, трудно и вообразить себе, что там будет твориться. Хорошо хоть Женя на него не пойдет, она пока маленькая.

Глава третья
ВЗАИМНАЯ ЛЮБОВЬ

—————

м.к. Мы так много уделили внимания любви безответной, что теперь хочется поскорей поговорить о любви взаимной. Как люди выбирают друг друга? Как соединяют свои жизни, судьбы? Внешне нередко всё выглядит иррационально, необъяснимо. Иногда кажется: да как они вообще могли оказаться рядом? Она же старше его на восемь лет, он — птенец. С другой стороны, заглянешь в его жизнь и выясняется, он всегда предпочитал общаться с женщинами, которые его старше, а мама любила его самозабвенно, бесконечно. Хотя я знаю и другой случай, когда одна девушка вышла замуж вовсе не за папу, а за маму. Мама была отличной хозяйкой и не допускала дочку на кухню (пусть отдыхает! пусть уроки делает!), сама готовила, варила, жарила, а любимой дочке только приносила все буквально на блюдечке, прямо в дочкину комнату — нарезанные яблочки, апельсины, печенье. Понятное дело, так дочка ничего, кроме яичницы и макарон, готовить и не научилась. И что же? Она вышла замуж за человека, который великолепно готовил! Ничем он не напоминал ее волевого, целеустремленного отца, скорее, ее ласковую и заботливую маму. Давайте с этого и начнем: верно ли, что девочки выходят замуж за папу, мальчики женятся на маме?

т. Б. В каком-то смысле, да. С точки зрения классического психоанализа, в любовных отношениях партнер соотносится с образами наших родителей — либо со знаком "плюс", либо со знаком "минус". Он так сильно притягивает нас потому, что своими качествами напоминает или, наоборот, отрицает образ отца или матери. Даже если мы сознательно пытаемся выбрать "не-родителя" — женщину, непохожую на мать, или мужчину, непохожего на отца, это означает, что мы пытаемся разрешить свой внутренний конфликт "от противного". Этим можно, в частности, объяснить, почему дочь благополучного университетского профессора влюбляется в бесшабашного рок-музыканта без гроша за душой. Во многих случаях выбор партнера, который радикально отличается от образа родителя, говорит о защите от эдиповой* модели отношений.

---

*   Эдипов комплекс — понятие, введенное в психоанализ Зигмундом Фрейдом. Обозначает бессознательное сексуальное влечение к родителю противоположного пола и амбивалентные (двойственные) чувства к родителю своего пола.

С образом матери обычно связывается чувство защищенности. Поэтому худощавый мужчина может выбрать в супруги полноватую, крупную женщину, которая олицетворяет для него образ "кормящей матери", но часто в таких браках недостает страсти и есть проблемы в сексуальной жизни, поскольку образ матери всегда содержит в себе привкус инцеста. Подобное испытывает и женщина, выбирающая крупных мужчин. А девушка, отрицающая своего отца, отношения с которым были для нее разрушительными, выбирает его внешний антипод — щупленького и невысокого мужчину. Однако в действительности партнер сравнивается не с нашими реальными отцом или матерью, а с тем бессознательным представлением о них, которое сложилось у нас еще в раннем детстве.

м.к. Понятно. То есть в приведенном мной примере девушка, вышедшая замуж за маму, по-видимому, отрицала отца, хм… что-то в этом есть. Во всяком случае, знаю точно, что отношения их не были простыми, и она с ним всегда скорее сражалась — насколько, конечно, можно судить со стороны. Вообще "точка зрения классического психоанализа" — это, конечно, здорово и обезоруживающе. Как можно спорить с "классическим психоанализом"? Сразу окажешься в дураках. Но всё же встреча двоих, их любовь часто, да почти всегда, — это цепь случайностей, совпадений. Опоздай героиня фильма "Москва слезам не верит" на электричку, не видать бы ей Гошу как своих ушей. Не напейся до невменяемости герой "Иронии судьбы", и никакой иронии бы не случилось. Словом, даже массовая культура зафиксировала: встреча двух людей, которым предстоит любить друг друга, — игралище стихий. С точки зрения классического психоанализа это не так?

т. б. Даже если каждое знакомство кажется нам результатом цепочки непредвиденных совпадений, в душе у нас всегда существует определенный набор критериев, которые мы не сможем сформулировать сознательно, но которые тем не менее определяют наш выбор. Прекрасный принц или принцесса — это человек, которого мы ждали и "знали" уже давно: *"Ты чуть вошел, я вмиг узнала... и в мыслях молвила: вот он!"* Влюбленность — волнение, жар в крови — это состояние, возникающее, когда мы встречаем того, кто нам нужен в соответствии с запросом нашего бессознательного. Неважно, какой это запрос — на взаимную или безответную любовь. О том, что мы влюбляемся в тех, кто уже существует в нашем подсознании, всегда догадывались писатели и поэты. Помните, у Пушкина — всё та же Татьяна:

Ты в сновиденьях мне являлся,
Незримый, ты мне был уж мил,

———

Твой чудный взгляд меня томил,
В душе твой голос раздавался
Давно…

Конечно, у влюбленного могут быть и сомнения — не ошибся ли он?

Кто ты, мой ангел ли хранитель,
Или коварный искуситель:
Мои сомненья разреши…
Быть может, это все пустое,
Обман неопытной души!
И суждено совсем иное… —

задается вопросом Татьяна. И в результате принимает *решение*:

Но так и быть! Судьбу мою
Отныне я тебе вручаю.

м.к. Но бывает, что люди действительно незнакомы, впервые видят друг друга, и тем не менее их пронзает любовь, любовь с первого взгляда. Ведь она реальна! "Любовь выскочила перед нами, как из-под земли выскакивает убийца в переулке, и поразила нас сразу обоих! Так поражает молния, так поражает финский нож!" (Булгаков). Финский нож! Лексика из жестокого романса. Неважно, я не о том, Булгаков описывает в своем романе именно это — внезапную любовь двух случайно повстречавшихся на улице людей. Они полюбили друг друга сразу. Не понимаю, как, не зная ни привычек, ни склада души друг друга, — полюбить?

т. б. Не зная, но видя — их внутреннее сходство, взаимное соответствие друг другу практически написаны у них на лбу. Вы же сами цитировали Пушкина, который про иных красавиц говорил, что "…с ужасом читал над их бровями надпись ада: *Оставь надежду навсегда*".

м. к. А если на лоб надвинута шляпка?

т. б. Придираетесь? Но хотим мы или нет, мы проявляем себя и сообщаем окружающим, кто мы и что мы — манерой одеваться, выражением лица, осанкой, походкой, жестами. Помимо непрерывно меняющихся эмоциональных состояний, каждому человеку присущи некоторые привычные эмоции и реакции, которые накладывают отпечаток на все проявления человека, они создают тот самый неповторимый рисунок, в котором наша личность проявляется.

Мы посылаем окружающим чрезвычайно много сигналов, раскрывающих не только наш характер, но и нашу семейную историю, потому что "конфигурация" наших личностных особенностей является конвергенцией двух факторов — нашей природной уникальности и воспитания в конкретной семье. "Все мы носим свои семьи с собой, — утверждает один из классиков семейной психотерапии Карл Витакер. — Мы думаем, что мы отдельные личности, а мы обрывки семейных систем". Поскольку каждая семейная система стремится воспроизвести себя в семьях своих отпрысков, при выборе партнера мы бессознательно ориентируемся на сходство наших семейных систем, выполняя "социальный заказ" семьи.

м.к. Не знаю, не знаю. Постоянно случается наоборот. Мечтала для дочки о спокойном, умном человеке, финансовом аналитике, в крайнем случае предпринимателе средней руки, а она учудила… Вышла замуж за рок-музыканта! Волосатого, с дредами, вечно немытого и в железных цепях. Сколько мы знаем подобных примеров, когда семья дочки, та самая анекдотическая теща, не смогла принять ее выбора именно потому, что она не выполнила социальный заказ семьи!

т. б. Семейная система не такая простая штука! И заказ семьи может быть разным. Например, на сознательном уровне мать мечтает об одном, а на бессознательном семья надеется, что чужой им по крови партнер их дочери или сына просто исчезнет, и потомство будет принадлежать их семье. И выбор мужа, которого семья отвергнет, в данном случае "на руку" такой семье. Любым родителям нелегко принять, что появляется какой-то молодой человек и забирает у них дочь, но некоторые семьи не могут с этим смириться. Консервативная, не способная к изменениям семья бессознательно "поручает" дочери ввести в дом зятя не из их круга, но способного преодолеть застой, грозящий привести семью к полному упадку. Как в фильме "Аббатство Даунтон" — дочь лорда выходит замуж за шофера, который в резко меняющихся социальных и экономических условиях начала XX века берет на себя управление хозяйством, что спасает семью от разорения.

Но вы, конечно, вправе со мной не соглашаться. Я и сама, когда впервые столкнулась с таким подходом, отнеслась к нему скептически. Да и одного-единственного объяснения, почему человек поступает тем или иным образом, быть не может. И кроме семейного заказа есть еще то, что называется жизненный сценарий — индивидуальный "план" жизни, в соответствии с которым, в том числе, и выбирается партнер.

м.к. Жизненному сценарию мы обязательно уделим время, а пока хочу разобраться, как можно разглядеть в одном конкретном человеке семейный портрет? По каким особенностям этого человека следует судить о всей семье?

т. б. Дело в том, что каждая семья по-своему обходится с эмоциями. Если в семье какие-то эмоции считаются плохими, то дети научаются их прятать, так же как делают это взрослые члены семьи. Дети прячут чувства, не одобряемые родителями, из страха потерять их любовь, быть отвергнутыми ими. А позже и сами начинают считать эти чувства плохими, стыдятся их, потому что "плохие" чувства делают нас плохими уже в собственных глазах. Но люди вовсе не притворяются, что не испытывают плохих чувств. Они перестают их замечать и осознавать, потому что научаются отгораживаться от них. Подавленные, спрятанные за перегородку чувства при этом никуда не деваются.

В результате такого семейного "воспитания чувств" у нас появляется нечто вроде витрины, где на виду хорошие чувства, и ширмы, за которой спрятаны чувства плохие. Разные люди прячут за ширмой разное, и наша индивидуальность — результат игры в прятки с определенными эмоциями.

м.к. Так ли уж плотна эта ширма? Можно ли все-таки понять, что за ней спрятано?

т.б. Конечно. Обычно человек или семья выдают себя тем, что отрицают ту эмоцию, которую спрятали. Если они говорят: "В нашей семье не ревнуют", знайте — ревность запрещена. Отрицание — главная улика. Но есть и другие — например, семья обходит молчанием или меняет тему разговора, приближаясь к запрету.

———

Спрятанные чувства можно увидеть, если ширма внезапно падает — такое бывает, когда человек переутомлен, болен или выпил лишнего. Обычно показавшееся из-за ширмы кажется человеку чуждым, несвойственным ему: "Я ли это?!", "Что это со мной?!" — говорит он себе. Ему стыдно, и он старается быть настороже, чтобы не допустить падения ширмы впредь, чтобы спрятанное там не было видно.

Постоянное напряжение и энергетические затраты на то, чтобы держать ширму, сохраняя безупречный фасад, приводят к множеству проблем.

Одна из них такая — подавив часть своих эмоций, мы лишаем себя целостности.

Взаимное соответствие витрины и ширмы является одним из элементов притяжения людей друг к другу. Но тут надо кое-что добавить. Обычно людей интересуют — завораживают и ужасают — все эмоции, спрятанные от глаз. Поэтому если влюбленным на мгновение откроется спрятанное у партнера за ширмой, это только добавит силы чарам. Но лишь намек на скрытые эмоции приятно возбуждает, щекочет нервы. Открывшиеся полностью запретные эмоции неминуемо оттолкнут.

Почему нас привлекают чуть приоткрытые запретные эмоции? Потому что они несут в себе соблазн целостности, к которой мы стремимся. Все мы хотим быть любимыми и стремимся не обнаруживать чувств, неприятных для близких, но мы также жаждем оставаться целостными — с полным набором эмоций. Архиепископ Иоанн (Шаховской) пишет: "Люди очень нужны друг другу. Нужны они друг другу общностью природы своей… и различием даров своих призваны ко взаимному восполнению". Мы инстинктивно стремимся соединиться с тем, кто может дать нам ощущение целостности. Мы ощущаем, что именно этот человек уникально соответствует нашей индивидуальности.

м.к. Означает ли это, что похожее поведение двух семей повышает шансы на то, что дети этих семей соединятся? Влюбятся?

т.б. Скорее да, чем нет. Разве не похожи враждующие между собой семьи Монтекки и Капулетти? Но вот следующий элемент — сходство семейной истории. Сигналы этого сходства мы также улавливаем еще до того, как начался контакт. Этот факт очень наглядно демонстрируется упражнением, которое часто проводится в группах психотерапии.

Участников случайной группы, до того как они познакомились друг с другом, просят выбрать из группы себе пару — человека либо напоминающего кого-то в собственной семье, либо, наоборот, восполняющего, по их мнению, недостающее звено в их семье. При

———

этом участникам эксперимента не разрешается разговаривать.

Когда вся группа разбилась на пары, их просят выяснить, почему же они объединились. Затем каждую пару просят подобрать себе другую пару, и вновь они выясняют, как родные семьи у каждого за спиной повлияли на их выбор. В результате обнаруживается, что их семейные истории схожи. Например, все четыре семьи похожим образом проявляли гнев или требовали от каждого неизменного оптимизма. Возможно, отцы в них были слишком суровы к дочерям или сами они были в одном возрасте, когда их отец бросил семью. А те, кто не смог найти себе пару, не "разобранные" участники группы обнаруживают, что все они с раннего возраста ощущали свою отверженность по сходным причинам.

А что еще привлекает людей друг к другу? Эмоциональный, психологический возраст партнера. Каждый из нас должен пройти в жизни определенную школу — освоить то, что необходимо, чтобы стать личностью, реализовать себя, раскрыть дарованные нам таланты. И у каждого возраста свои "уроки". Не усвоив науку одной ступени, мы не будем успешны на следующей. А если какая-то ступень пропущена? Можно догнать и усвоить урок позже. Но мы не сможем наверстать упущенное, если притворимся, что ступень не пропускали — скроем, что в некотором смысле еще не повзрослели, — потому что будем стесняться нашей незрелости. Сначала будем скрывать это от других, а затем перестанем видеть пробел сами. И чем старше будем, тем стыднее будет обнаружить, что с чем-то важным не справились. Однако, хотим мы или не хотим наверстать упущенное, жизнь будет ставить нас в ситуации, в которых у нас есть возможность испытать то, чего нам недостает, чтобы вырасти. И что из всего этого следует? А вот что — человек, испытавший трудности на одной ступени развития, тянется к человеку с тем же уровнем личностного развития.

Эмоциональный возраст мужа и жены практически всегда одинаков. Если он — двенадцатилетний подросток, увлекающийся машинками или подобными мальчишескими забавами, то и она такая же, даже если выглядит взрослее. И агрессивность одинакова с обеих сторон. Он, например, нападает в открытую, она наносит удары исподтишка. Или наоборот. Но агрессия с обеих сторон равна.

Тут парадокс: партнер именно тот человек, с которым мы быстрее всего подрастем, но также тот самый, с которым мы, всего вероятнее, зайдем в тупик. Все зависит от того, насколько супруги согласны допустить, что у каждого есть что-то спрятанное за ширмой, насколько готовы заглянуть за нее. Чем больше у них смелости принять неприятный факт, что они далеки от воображаемых автопортретов, тем больше вероятность, что с проблемами — если они возникнут — они успешно справятся.

А могут ли проблемы не возникнуть? Да, существует вполне устойчивый, хотя и не слишком волнующий, вариант брака, когда партнеры способны притереться друг к другу и не только не имеют нужды заглядывать за ширму, но даже удерживают друг друга от подобных попыток, что делает их брак рутинным, но зато вполне мирным. Встречаются и счастливые браки — партнеры в них максимально терпимы к спрятанному друг у друга за ширмой и готовы заглянуть за нее, пережив неизбежное временное разочарование. В результате они — свободнее, в их жизни меньше ограничений, больше удовольствий, они не погрязают в привычках и могут расти и развиваться как личности.

В несчастливом браке у обоих партнеров много чего свалено за ширму, но они категорически отказываются это допустить. Они ужасно ранимы, каждый из них, будучи ребенком, никогда не получал своей доли любви. Каждый жаждет любви, но совершенно не осознает и отрицает это. Вполне возможно, что при знакомстве они могли произвести друг на друга впечатление *очень* взрослых, опытных, искушенных людей. Однако за ширмой у них живет ребенок — нелюбимый, злой, обиженный.

Личностно незрелые партнеры реагируют друг на друга по-детски. Не в силах долго удерживать за ширмой своего обиженного, бунтующего ребенка, они устраивают ссоры, в которых каждый винит другого и каждый считает себя вправе проявлять агрессию, потому что считает свое поведение вынужденным: "Я терплю, но всему есть предел!" Иногда дело доходит и до физической расправы. Ссоры сменяются недолгими перемириями, во время которых отношения супругов могут быть такими "сладкими", какими они не бывают в нормальном браке. Они обещают друг другу, что никогда больше не станут ссориться. Вчерашняя жестокая драка кажется им дурным сном. Они не понимают, почему такое произошло, и искренне верят, что больше это не повторится.

Из наблюдений за такими браками и появилась, наверное, пословица: "Милые бранятся — только тешатся...". Их отношения со стороны могут казаться чудовищными, но вместе им в каком-то смысле лучше, чем порознь. В их союзе есть "выгода" для каждого, ведь пока человек воюет с "демоном" другого, он может не обращать внимания на своего собственного. Он может рисовать себе свой облик красками посветлее, чувствовать себя "хорошим" или, что бывает еще важнее, "лучше" другого.

м.к. Да, но я опять повторю: мы хорошо знаем, что бывает и совершенно наоборот. Они не подходят друг другу никак! И истории были у них разные, и семьи. Иногда люди тянутся к похожему, но иногда к противоположному — и вы об этом тоже говорили, к тому, чего человеку не хватает. Думаю, у этого есть чисто биологические объяснения: чтобы не произошло мутации, жениться надо на девушке из другого племени, отчасти и из другого теста. Но когда мы признаем, что оба противоположных явления возможны, не означает ли это, что общих правил, общего закона здесь нет? Правила, закономерности существуют, но никогда не абсолютные, всегда с оговорками.

т. б. Конечно, не абсолютные. Но идеальная пара — не только та, которая живет душа в душу, но также та, которая живет как кошка с собакой, поскольку своими личностными особенностями супруги подходят друг другу как ключ к замку. И в этом мы убеждаемся постоянно.
Муж алкоголик, жена — женщина любящая и заботливая. Как ее угораздило с ним связаться?

м.к. Но ведь наверняка, когда они играли свадьбу, еще непонятно было до конца, что он алкоголик. За алкоголика она бы не вышла замуж или по совсем уж безумной любви... Он мог стать алкоголиком в процессе их совместной жизни; она что, угадала развитие событий?

т. б. Да, угадала. Универсальный закон соответствия "учитывает" не только то, как влюбленные дополняют друг друга сейчас, но и то, как они воспринимают друг друга с точки зрения развития их отношений. "В выборе партнера учитывается, насколько партнер подходит к моей депрессии или моему садизму… Не стоит верить тому, кто скажет, что женился ради карьеры или потому, что был пьян. Компьютер в нашей голове с биллионами клеток выбирает совершенно соответствующий себе другой компьютер, к которому можно подключиться"*.

Примеров, когда супруги подходят друг другу как ключ к замку, было в моей практике множество. И вот один из них.

Пара на грани развода в связи с проблемами в интимной жизни, которые начались сразу после свадьбы. Оба при вступлении в брак были девственниками. Муж очень хотел секса, а жена его всячески старалась избежать. И вся их дальнейшая супружеская жизнь прошла под знаком борьбы за сексуальные права мужа и отказом жены эти права признавать.

Катя, назовем ее так, была воспитана строгой матерью, внушавшей ей, что у девушки "граница должна всегда быть на замке" — никаких вольностей в отношениях с противоположным полом! В юности за Катей стали ухаживали два молодых человека. Один, который ей очень нравился, был темпераментным и напористым и добивался близости. Второй — застенчивый и неуве-

*   Карл Витакер. "Полночные размышления семейного психотерапевта".

ренный в своей мужской силе и привлекательности, не представлял угрозы ее целомудрию. И Катя предпочла выйти замуж за него. И не ошиблась в выборе — их брак, несмотря на практическое отсутствие секса, развалился только через 15 лет совместной жизни.

Страх мужа перед женщинами и близостью был столь силен, что он соглашался на брак без секса, которого жаждал. А жесткий отказ жены от секса позволял ему не видеть своего страха.

Есть и еще одно удивительное "совпадение". Муж оказался практически бесплоден — вероятность зачатия естественным путем была минимальна, но ЭКО могло решить эту проблему. Катя решительно отказалась от "всех этих манипуляций" в той части тела, куда и мужу-то доступ был ограничен. Они взяли деток из детского дома, и это решение оказалось наилучшим для обоих — оба получили детей без секса.

м.к. "Бедные люди" — пример тавтологии, как сказано поэтом. Вроде бы супруги во всем дополняли друг друга, что совсем неплохо, почему же тогда брак развалился?

т. б. Потому что муж за годы брака повзрослел. Состоялся в профессии, сделал карьеру. Да и женщинам он стал интересен. Почувствовав себя сильнее, муж решился на риск — выйти из привычных, но давно не устраивающих его отношений в надежде найти свое счастье. И забегая далеко вперед, скажу, что нашел.

Позиции мужчины и женщины и должны быть дополнительными, чтобы их альянс был долговременным. Но, к сожалению, прочные отношения между людьми очень часто строятся на симбиотической основе и являются "детско-родительскими" по сути. Супруги заключают негласный контракт о взаимном усыновлении. Конечно, все замаскировано. Но если супруги употребляют выражения типа "он/она не удовлетворяет моих потребностей", то значит, они бессознательно рассматривают партнера как материнскую фигуру. И это понятно — в любви мы желаем получить чувства, связывавшие нас с объектами наших прежних привязанностей, хотим вновь насладиться той радостью, которую они нам дарили, или залечить те раны, которые нам нанесли.

м.к. Звучит устрашающе. Сразу хочется как-нибудь извинить маленького и слабого человека, который никак не вырастет и все жаждет обрести того, что не получил когда-то. Ну да не будем. Лучше спрошу напоследок вот о чем. Помимо родительских и семейных программ, помимо того, что "жизнь была залогом свиданья верного с тобой", существует и другая данность, в народе ее зовут "химией". Когда его и ее тянет друг к другу помимо всех воспитаний, знаний, социальных положений и предысторий, тянет неотвратимо и совершенно определенно — физически.

т. б. Да, химия… "Как можно алгеброй гармонию поверить?!" — восклицают в этих случаях и те, кто верит в свое божественное происхождение, и те, кому милее думать, что они произошли от обезьяны. Считать магическое действие химии ответственным за притяжении людей друг к другу почему-то приятнее, чем видеть истинные и куда более прозаические причины этого. А главное, ответственности за свой выбор — никакой! Химия ведь.

Важность химии преувеличена даже в такой области, как наркомания. Зависимость от наркотика, как показывают современные исследования, не столько химическая, сколько психологическая. Люди, способные устанавливать удовлетворительные отношения с близкими, как правило, к наркотикам не обращаются. А те из них, кому пришлось наркотики — даже длительно — употреблять, в связи с сильными болями, например, выздоровев, никакой тяги к наркотикам не обнаруживают и химической зависимостью от наркотических веществ не страдают. Для наркомана наркотик — то, с чем ему удалось установить связь, преодолев таким образом внутреннюю пустоту.

Физическое притяжение тоже возникает оттого, что какие-то аспекты личности партнеров соответствуют друг другу. Он — раскрывает ее как женщину, дает ей возможность узнать, какая она в любви. Она — дает ему возможность чувствовать себя с ней настоящим мужчиной.

Правда, химия тут всё-таки есть. Выбирая партнера, мы бессознательно ориентируемся также на запахи, которые передают очень важную информацию о человеке. Речь идет о запахах очень тонких, практически неуловимых основной системой обоняния — феромонах. И если эти запахи соответствуют нашим запросам, наша эндокринная система вырабатывает половые гормоны, необходимые для любовных отношений. Один мой знакомый очень хотел жениться. Он легко завязывал отношения, и многие девушки хотели бы получить от него предложение руки и сердца, но он никак не мог сделать выбор. В каждой женщине его что-то не устраивало, причем он не мог сформулировать что. Пока не понял, что первое, на что ему нужно обращать внимание в девушках, которые ему нравились, — запах. И этот параметр оказался самым лучшим "фильтром". Он женат уже несколько лет, и не устает повторять, что счастлив.

М.К. Что ж, подпою.

Жозефина

Первой была биология. Все слушали Паландра сквозь тяжкую утреннюю дрему, как вдруг проснулись. "Самцы, самки, спаривание", — повторял Паландр, и это подействовало, как всегда, безотказно.

Все навострили уши. Вслушался и Виталик Трегубов. Паландр рассказывал о власти феромонов над размножением животных. Выяснилось, что готовность самки к размножению самцы определяют по запаху. Причем самцы косуль и коричневых леммингов отличают покрытых самок от непокрытых и упорно выбирают девственниц. А самка непарного шелкопряда после спаривания вообще перестает испускать феромоны, чтобы самцы не касались ее беременной.

Человек, объяснял Паландр, в результате эволюции зависимость от запахов преодолел, ведь из тысячелетия в тысячелетие инстинктивные реакции человека на запахи подавлялись. Позволять запахам властвовать над собой было никак нельзя. "Впрочем, Наполеон, — немного краснея, сообщил Паландр уже под конец урока, — перед тем как вернуться из очередного похода, велел своей возлюбленной Жозефине прекращать мыться. Может, что-то до сих пор есть", — туманно заключил Паландр под зазвеневший звонок.

Услышанные сведения произвели на Виталика огромное впечатление. Власть не власть, но что запахи он чувствует лучше многих, Виталик знал точно. И не долго думая, решил проверить, действительно ли для человека запах не играет роли.

Он начал незаметно обнюхивать девочек в классе. На это ушли две следующие перемены и частично урок алгебры.

Крюкова пахла чем-то дезодорантовым и зеленым. Верка Глухарь отдавала сладковатым женским потом, она перед уроками ходила в школьный спортзал, дико этим гордилась, но со всеми вытекающими. От Чернецовой тянуло правильной, пресной глажкой. Флейшман отчетливо пахла мармеладками. Демчук — нечищеными зубами. Кто-то ничем особенно не пах — так, жвачкой, съеденным завтраком, Рагибова — само собой, сигаретным дымом, вечно она курила тайком за школой.

И только Настя Сергеева пахла клубникой.

Свежесорванной, сочной, сладкой и кислой сразу, впитавшей в себя утреннее солнышко и росу. Это был тонкий, слегка кружащий голову запах. Виталик обожал его с детства, бабушка в деревне всегда выращивала клубнику, сажала длинные грядки. Первые ягоды доставались, конечно, ему, любимому внучку.

Следующий урок, литру, Виталик высидел еле-еле. И на перемене сразу же бросился к Насте. Она как раз подошла к окну и собиралась распахнуть форточку.

— Ты где клубнику взяла, Сергеева? — выпалил Виталик, глядя в пол. — И сколько съела?

Настя посмотрела на него, как на сумасшедшего.

— Трегубов! Какая клубника? Не ела я никакой клубники! Зима на дворе, — Настя кивнула за окно и даже фыркнула от возмущения. — Ты где ее видел, клубнику-то?

На дворе и в самом деле стояла глухая зима, причем в Мурманске, но это было не так уж важно.

Ноги у Виталика подкосились, он схватился за подоконник. Настя Сергеева и без всяких запахов нравилась ему в классе больше всех.

Глава четвертая
ЖИЗНЕННЫЙ СЦЕНАРИЙ

м.к. Вы столько раз упоминали о сценариях, которые влияют на наш выбор партнера и нашу жизнь, что пора уже об этом рассказать. Но я тут посижу молча, поработаю хоть раз нашим читателем, который за это время наверняка столько раз хотел что-то добавить, возразить, рассказать о наболевшем, а мы и пикнуть ему не давали... Вот и побуду в роли зрителя. Внимательного и пристрастного. Итак, монолог! "Жизненный сценарий".

т. б. Да, эта тема меня давно интересует. Когда я была маленькая, то думала, что в песне:

Мы — кузнецы, и дух наш молод,
Куем мы к счастию ключи! —

дух — не молод, а молот, которым эти ключи и куются. Стучат духом-молотом по наковальне,

---

выковывая счастье... Но где эти кузнецы? Как получить у них свой ключ к счастью? Ведь каждому он нужен.

Прожив долгую жизнь, я знаю, что одним ключом волшебную дверь к счастью не откроешь. Нужна целая связка. Потому что замков там много. Есть и амбарный, и английский, и потайной — с шифром. Но один из ключиков — сценарий нашей жизни, который мы написали давным-давно, в глубоком детстве.

Начав писать пьесу нашей жизни с рождения, к четырем годам мы наметили в общих чертах ее сюжет, а в подростковом возрасте уточнили некоторые вещи, чтобы придать сценарию более реалистичные черты. Став взрослыми, мы день за днем играем в этой пьесе роль, которую определили себе сами, и можем клясть свою судьбу, даже не подозревая, что выбрали ее сами.

Сценарий, или план жизни, мы пишем сообразно обстоятельствам, в которых родились, и на него, конечно, влияют наши родители, однако главным является *решение*, которое принимает ребенок.

"Между полнотой желания и исполнением желаний, между полнотой страдания и пустотой счастья мой выбор был сделан отродясь", —

говорит Марина Цветаева, мой бесценный свидетель. С ее глубиной и тонкостью различения чувств и предельной честностью рефлексии мало кто может сравниться. С присущей поэтам прозорливостью она задолго до ученых, сформулировавших теорию жизненного сценария, описала в своей автобиографической прозе, как именно ее сценарий жизни был ею написан и — как по нотам — осуществлен.

Мысль о том, что детские впечатления отражаются в дальнейшем на ходе жизни взрослых людей, сегодня ни у кого не вызывает сомнения. Однако теория сценария утверждает, что на основе этих впечатлений ребенок составляет именно план своей жизни с ясно обозначенными началом, серединой и концом. Когда малое дитя пишет свой сценарий, оно пишет также концовку этого сценария. Все остальные части сюжета, начиная с вводной сцены и далее, планируются таким образом, чтобы привести к этой заключительной финальной сцене — развязке. План жизни завершается так, как было решено с самого начала. Ребенок принимает решения по поводу сценария своей жизни на основе чувств и специфической детской логики. Умозаключение, которое делает ребенок, может быть неадекватным — с точки зрения взрослого. Но оно — наилучшее решение, доступное ребенку для его уровня понимания.

— Бабушка, а ты уже старенькая? — спрашивает трехлетний Саша.

— Да нет, не очень, — сквозь дрему отвечаю я.

— А кто старее тебя? — спрашивает он снова.

— Моя мама.

— А кто старее твоей мамы? — не унимается внук.

Установив порядок старшинства, Саша решил выстроить родственников "по убыванию". И, выяснив, что он самый молодой в семье, замолчал, не решаясь, видимо, задать главный вопрос, который его мучил. Догадавшись, я спрашиваю:

— Ты боишься, что мы умрем?

За прошедшие полгода Саша потерял двух своих дедушек, умерших один за другим, и, очевидно, беспокоился, не грозит ли ему потеря еще кого-нибудь из близких.

— Да, — просто ответил он.

— Не бойся, это случится не скоро! — отвечает "умная" бабушка с психологическим образованием.

— А когда? — интересуется Саша.

Он хочет точно знать, когда произойдет то, чего он боится, чтобы это не застало его врасплох.

— Ну-у, ты вырастешь, станешь большим, женишься, у тебя родятся дети…

Но фраза осталась незаконченной, потому что Саша отчаянно зарыдал:

— Нет! Я не хочу жениться! Не хочу детей!

Я обняла его, прижала к себе. Что-то бормотала, утешая, гладя, пока он не уснул.

Прошло некоторое время. Мы возвращались с прогулки домой. Саша устал, капризничал, и я, чтобы побудить его собраться с силами, сказала волшебную фразу, которая действует на трехлетних детей безотказно: "Ну ты же большой! Ты уже взрослый!" Однако эффект оказался противоположным. Саша горько заплакал, отчаянно выкрикивая сквозь слезы: "Нет! Я не большой! Я маленький! Маленький!!!"

"Наверное, он устал сильнее, чем мне казалось", — объяснила я себе происходящее. Но через несколько дней ситуация повторилась. На мое подбадривающее — "Ты же большой!" — он так же отчаянно стал убеждать меня в обратном. И тут я вспомнила наш ночной разговор. Что же я наделала?! Фактически я сказала внуку, что наша смерть, смерть тех, кого он любит и боится потерять, напрямую связана с его взрослением — мы умрем, когда он вырастет. Как он может этому помешать? Только перестав расти. Перестав взрослеть. Что он изо всех сил и старался делать.

Конечно, пришлось постараться — найти "антидот", чтобы Сашино решение не взрослеть не перешло в его сценарий, но ведь зачастую родители не в курсе решений, которые принимают их дети. И не каждый родитель знает, как "переколпаковать" колпак, который "сшит не по-колпаковски". Да и ребенок обычно сам эти умозаключения "забывает". Когда мы вырастаем, воспоминания о раннем детстве приоткрываются нам лишь в снах и фантазиях. Мы можем не понимать причин своих "странностей" или поведения, которое нас разрушает и, вероятнее всего, так и не узнаем о решениях, принятых нами в раннем детстве, если не предпримем специальных усилий по выявлению и анализу своего сценария.

В период, когда ребенок занят написанием сценария своей жизни, он занимает подчиненное положение. Родители в его восприятии обладают абсолютной властью. Для младенца это власть над его жизнью и смертью. Позже это власть удовлетворять или не удовлетворять его потребности. Поэтому ребенку приходится решать, какую ему избрать стратегию, чтобы остаться в живых и как можно полнее удовлетворить свои нужды.

Хотя родители не могут заставить ребенка принять те или иные решения касательно его сценария, они могут оказывать на эти решения значительное влияние. Но все же окончательное слово — всегда за ребенком.

Воспитываясь в одних и тех же условиях, разные дети могут принять разные решения насчет планов жизни. Как в случае с двумя братьями, которым мать говорила, что они "кончат в психушке". Так и произошло, только один из них стал постоянным пациентом психиатрической клиники, а другой — психиатром.

Некоторые из нас в детстве могут выбрать — как Цветаева — такой сценарий, который с необходимостью предполагает состояние несчастья. Сценарий других может предусматривать ограничение возможностей и даже причинение себе физического вреда. Понять, какой сценарий выбрал для себя человек, можно, в частности, узнав, кто его любимый герой.

Каждый сценарий жизни неповторим, однако реализуется он по одной из нескольких ясно очерченных схем. На основании того, какой является развязка, сценарии делят на выигрышные, проигрышные или банальные.

Победитель — это тот, кто достигает заявленной цели, достижение которой приносит чувство удовлетворения. *Проигравший* — не только тот, кто не достигает заявленной цели, но и тот, кто, достигнув ее, не чувствует себя счастливым. Проигрышные сценарии различаются по степени тяжести развязки. Сценарий, который как бы неотвратимо влечет человека от раннего негативного решения к трагической финальной сцене, нередко называют роковым.

Сценарии большинства людей представляют собой смесь трех вариантов — например, человек мог решить, что будет выигрывающим в области интеллекта, не выигрывающим в физическом плане и проигрывающим в личных отношениях. Не всё наше взрослое поведение является сценарным. Мы воспроизводим избранные нами в младенчестве стратегии поведения, когда откликаемся на происходящее здесь и сейчас так, как будто мир таков, каким мы его видели в детстве. Почему мы продолжаем придерживаться детских решений в нашей взрослой жизни? Главная причина состоит в том, что мы всё еще надеемся решить фундаментальный вопрос, который не решили в младенчестве: как добиться безусловной любви и внимания? А потому, будучи взрослыми, нередко реагируем так, словно остаемся малыми детьми.

В какой именно момент человек включится в сценарий, точно предсказать нельзя, но есть факторы, которые провоцируют сценарное поведение. Прежде всего стресс. Чем сильнее стресс, тем выше вероятность, что в человеке включится его сценарий. Однако это не означает, что стресс может кого-то *заставить* включиться в сценарий.

Запустить сценарий может сходство происходящего здесь и сейчас и какой-то важной ситуации детства. Мы можем не сознавать этого сходства, но наша эмоциональная память связывает какую-то особенность текущей ситуации с прошлым и напоминает нам о детской боли. Эти связующие нити тянутся в прошлое не обязательно к людям. Мы можем цепляться ими за звуки, запахи, определенное окружение или что-то еще, неосознанно напоминающее нам стрессовые ситуации детства.

"Щёлк метронома. Но как только я под его методический щёлк подпала, я его стала ненавидеть и бояться до сердцебиения, до обмирания, до похолодания, как и сейчас боюсь по ночам будильника, всякого равномерного, в ночи, звука. Точно по мою душу идет этот звук! Кто-то стоит над твоей душой, и тебя торопит, и тебя удерживает, не дает тебе ни дохнуть, ни глотнуть… Это была именно Смерть, стоящая над душою, живой душою, которая может умереть…"*

Ощущения, ассоциативно связанные с неприятными или угрожающими событиями прошлого, вполне могут "запустить" не только сценарий, но и паническую атаку у человека, не обладающего такой памятью на впечатления детства, как Марина Цветаева.

Почему важно знать свой сценарий? Он позволяет нам понять, почему мы ведем себя так, а не иначе. Почему, например, мы склонны вступать в разрушительные отношения опять и опять. Теория сценария дает ответ: мы делаем это, чтобы подкрепить свой сценарий. Как бы ни был плох этот мир, если он ведет себя так, как я ожидаю, — со мной всё в порядке. И подтверждая наши сценарные верования, мы приближаемся еще на шаг к запланированной развязке нашего сценария.

Сценарий может содержать установки, которые нацеливают человека на заведомо недостижимый результат. Например, убеждение "никто не может меня полюбить" в сочетании с установкой "любви надо добиваться" обрекает девушку на бесплодные попытки заставить себя полюбить. Ее настойчивость и напор отталкивают от нее мужчин, с закономерностью подкрепляя убеждение, что полюбить ее нельзя.

* Марина Цветаева. "Мать и музыка".

Путь к выходу из сценария лежит через отказ от веры в то, что мир устроен так, как мы привыкли думать. Многие наши представления о мире ложны потому, что они сформировались, когда мы были еще совсем маленькими. И сформировали мы их на основе информации, полученной от взрослых, — проверить ее или осмыслить критически у нас не было возможности.

Особенно важную роль в формировании сценария играют так называемые сценарные послания родителей, которые совсем не обязательно могут быть словесными. До того как младенец начнет улавливать содержание слов, он интерпретирует послания других на основе невербальных сигналов, которыми эти послания сопровождаются. Малое дитя тонко воспринимает выражение лица, напряжение тела, движения, интонации голоса и запахи. Если мама нежно прижимает к себе малыша, предоставляя ему свое тело в качестве опоры, он, скорее всего, воспримет это как послание: "Я принимаю тебя и люблю!" Если же она напряжена и жестко держит его, он может прочесть ее послание иначе: "Я отвергаю тебя и не хочу, чтобы ты меня касался!" Мать при этом может совершенно не сознавать ни своего напряжения, ни "зазора" между собой и ребенком.

Маленькие дети внимательно наблюдают за тем, как ведут себя родители, в том числе как общаются между собой папа и мама. Возможно, маленькая девочка замечает, что мама затевает ссору с папой, а затем плачет, и папа, чтобы успокоить маму, делает то, чего она хочет. Девочка делает вывод: "Чтобы получить от мужа то, что я хочу, мне нужно сперва с ним поругаться, а затем расплакаться".

Выйдя замуж, Валентина "решила" — подобно ее маме — использовать обморок как средство воздействия на мужа. В процессе ссоры, видя, что муж не собирается ей уступать, она внезапно обмякает и падает на пол, закрыв глаза. Однако, вопреки ее ожиданиям, муж не кидается к ней в тревоге за ее здоровье, а, спокойно перешагнув через нее, выходит из комнаты. "Ну, — думает Валентина, — с одного раза он ничего не понял. Но ничего, в другой раз, наверное, до него дойдет, чего я хочу". Но в следующий раз, когда она так же "упала в обморок", муж подошел к ней и, глядя в глаза, твердо сказал: "В прошлый раз я думал, что это случайность. Теперь вижу, что нет. Если ты еще раз это сделаешь, я сдам тебя в сумасшедший дом!" И она поняла — сдаст. Потому что его папа в свое время "сдал" его маму в психушку. Больше обмороками за всю их долгую совместную жизнь Валентина не страдала.

Сценарное поведение, основанное на подражании, разрушается легче всего. Если выгоды оно не приносит, как в случае с Валентиной, а угрозу создает, человек выбирает безопасность. Но если бы первые попытки Валентины вести себя

как мама оказались успешными, такое поведение могло стать хроническим.

Подражание является не единственным способом, которым родители передают свой опыт детям. Они могут давать ребенку прямые указания: "Никому нельзя доверять", "Ты должен быть лучшим в классе!", "Не позволяй никому садиться тебе на шею!" Сценарный потенциал такого рода посланий будет зависеть от частоты их повторения и эмоциональной силы сопутствующих им невербальных сигналов.

Иногда указания, каким должен быть ребенок, даются не прямо, а косвенно, восхищаясь кем-то или одобряя чей-то поступок.

"— Нет, нет, нет, ты только представь себе! — говорила мать, совершенно не представляя себе этого «ты». — Смертельно раненный, в снегу, а не отказался от выстрела! Прицелился, попал и еще сам себе сказал: браво! — тоном такого восхищения, каким ей, христианке, естественно бы: «Смертельно раненный, в крови, а простил врагу!» Отшвырнул пистолет, протянул руку, — этим… явно возвращая Пушкина в его родную Африку мести и страсти и не подозревая, какой *урок* — если не мести, так страсти — *на всю жизнь* дает четырехлетней, еле грамотной мне"[*].

Эмоционально насыщенные оценки, которые родители дают детям, навешивая на них ярлыки — Балбес! Тупица! Неряха! Слабак! — оказывают особенно сильное воздействие. Помните, мы говорили о проклятии? Но особенно сильным сценарным потенциалом обладают родительские высказывания о ребенке, обращенные к третьим лицам, которые ребенок слышит или каким-то образом узнает о них: "Сережа такой упрямый! Ему будет очень трудно с людьми!", "У Юли в голове — одни мальчики! Что из нее вырастет? Наверное, по рукам пойдет!"

В некоторых семьях оценочные определения передаются из поколения в поколение. Как в случае с Людмилой, которая обратилась с жалобой на страх сойти с ума. Рассказывая о себе, она отметила, что ее тетя и бабушка, которых звали также Людмила, помутились рассудком примерно в возрасте сорока лет. Семейное послание, которое никогда не произносилось вслух, гласило: "В нашем роду все, кого зовут Людмила, сходят с ума в сорок лет". Не удивительно, что, приближаясь к этому возрасту, Людмила забеспокоилась — а вдруг и правда с ней тоже такое случится.

Ребенок может принять главное сценарное решение в ответ на единичное событие, в котором он усматривает особую угрозу, однако чаще сценарные решения принимаются не сразу, а в ответ на постоянно повторяющиеся послания.

"Работая" над сценарием, ребенок избирательно использует предписания, запреты и разрешения, исходящие от родителей.

ПРЕДПИСАНИЯ имеют вербальную форму, и если мы прислушаемся к тому, что происходит у нас в голове, то сможем услышать их. И даже вспомнить, кто именно из родителей их нам дал. Если мы поступим вопреки предписанию и вновь прислушаемся, то, скорее всего, услышим вербальную взбучку от соответствующей родительской фигуры.

ЗАПРЕТЫ И РАЗРЕШЕНИЯ не обязательно слышатся в форме слов. Мы воспринимаем их в форме эмоций и телесных ощущений. Если человек усвоил от матери запрет на прикосновения и принял решение, что от людей лучше держаться подальше, то простой физический контакт, например, задание взяться за руки в тренинге, будет вызывать у него дискомфорт. В результате он отказывается выполнить задание: "Не вижу смысла в этом упражнении! Что оно может мне дать?"

Мы стремимся избежать поведения, нарушающего запрет, а если он все же нарушен, то мы можем организовать себе наказание сами, потому что *должны* быть за это наказаны.

Иногда запреты также можно услышать в форме слов. Например, человек может вспомнить, как родители говорили ему нечто вроде: "И зачем только я тебя родила!", "Чтоб ты сдох!" или "Убила бы тебя за это!" Такие воспоминания могут служить подтверждением, что запрет на жизнь нам давался, однако усвоили мы его на основе невербальных сигналов и в гораздо более раннем возрасте.

Это может показаться странным, но при анализе сценария запрет на жизнь обнаруживается довольно часто. Однако если принять во внимание, что младенец легко усматривает угрозу смерти в ситуациях, которые взрослому представляются совершенно безобидными, распространенность этого запрета не будет казаться столь удивительной. Спрашивается, однако, почему — если запрет на жизнь налагается сплошь и рядом — большинство людей не кончают жизнь самоубийством? К счастью, люди в высшей степени изобретательны по части поводов остаться в живых. Ребенок, получивший запрет на жизнь, как правило, очень рано принимает компромиссные решения, чтобы защитить себя от фатального исхода. Это решения типа: "Я вполне могу жить и дальше *до тех пор, пока…*" Многоточие может быть заполнено чем угодно, например: "… буду много работать" или "… буду жить не для себя". Среди других наиболее важных запретов есть и запрет БЫТЬ СОБОЙ. Этот запрет может налагаться на ребенка родителями, у которых родился мальчик, а они хотели девочку, или наоборот. Во взрослой жизни человек с таким запретом может демонстрировать черты, свойственные лицам противоположного пола.

Достаточно часто дети получают запрет БЫТЬ РЕБЕНКОМ, то есть вести себя в соответствии с возрастом. Это может выражаться в посланиях типа: "Ты уже большой, чтобы…". Такой запрет налагается обычно родителями, которым в детстве самим не разрешали вести себя по-детски и которые поэтому чувствуют угрозу в детском поведении.

Не менее распространенным в наше время является запрет ВЗРОСЛЕТЬ — то есть от ребенка требуют, чтобы он оставался "маленьким". Он должен оставаться беспомощным, зависимым от родителей, несамостоятельным, потому что родители, боясь пустоты собственной жизни, которую заполняет ребенок, могут бессознательно сопротивляться тому, чтобы в семье не осталось никого маленького.

Вариантом запрета на взросление служит запрет на СЕКСУАЛЬНОСТЬ. Нередко такой запрет налагается отцом на дочь в возрасте, когда тело ее начинает обретать явно женские черты. Отец может быть испуган своим сексуальным откликом и, чтобы избежать смущающих его собственных реакций, физически отстраняется от нее. А дочь может воспринять это как запрет на то, чтобы становиться сексуально привлекательной женщиной. Но и мать, несущая в себе запрет на сексуальность потому, что ее мать боялась того, что дочь "в подоле принесет", передает дочери этот запрет своим иррациональным страхом перед сексуальной стороной жизни.

Запреты ДЕЙСТВОВАТЬ, проявлять ИНИЦИАТИВУ, ПРОСИТЬ того, что хочешь, — также встречаются очень часто.

———

Запрет на БЛИЗОСТЬ может предполагать как физическую близость, так и эмоциональную. Часто такой запрет усваивается путем подражания родителям, которые редко прикасаются друг к другу или к ребенку. Или передаваться из поколения в поколение в семьях, где не принято говорить о своих чувствах.

Но ребенок может наложить запрет на близость и сам — в ответ на постоянный отказ родителей от физического контакта. Не встречая вновь и вновь взаимности, он может решить, что желанная близость не стоит боли отверженности.

Запрет ЧУВСТВОВАТЬ — *испытывать* чувства или открыто их *проявлять* — может выражаться в разных формах. Например, такой:

Мама кричит из окна сыну, гуляющему во дворе:
— Сема, домой!
— Что, мама, — я замерз?
— Нет, ты проголодался!

Сценарное послание матери в этом случае таково: "Чувствуй то, что, я считаю, ты *должен* чувствовать". Или таким — "Чувствуй то, что чувствую Я". В этом случае мать может сказать сыну или дочери: "Что-то мне холодно стало, пойди, оденься".

Стоит повторить, что родительские запреты и сценарные послания *не могут заставить* ребенка написать какой-то определенный сценарий. Ребенок сам решает, что делать с налагаемыми на него запретами. Один ребенок может принять запрет в его исходном виде, другой может творчески преобразовать наложенный запрет, чтобы смягчить его воздействие. Третий может просто отказаться принимать его.

Бывает и так, что ребенок, получивший запрет на существование, в силах осознать: "Это послание о проблеме моей матери, и касается оно не меня". Дети, которые приходят к подобным решениям, исследуют свою семью и пытаются ее исцелить, спасая свою жизнь осознанием того факта, что эта патология не имеет к ним отношения. Многие из них становятся психиатрами или священниками.

У ребенка всегда есть возможность обратить запрет себе на пользу так, чтобы он принес ему положительные, а не отрицательные результаты. Например, девочка, которая получала послания "Не будь лицом своего пола", может вырасти женщиной, обладающей качествами, традиционно считающимися мужскими — смелостью и предприимчивостью, которые очень помогают ей делать карьеру и добиваться поставленных целей.

Некоторые люди могут брать какое-то из своих сценарных посланий и обращать его в собственную противоположность. По обыкновению антисценарий разыгрывается в подростковом возрасте. Типичный пример — девочка, которая всё детство следовала предписанию "Веди себя тихо и делай то, что говорят папа с мамой", в четырнадцать лет вдруг меняется, становится дерзкой и развязной, домой приходит поздно и, по словам родителей, водится с "плохой компанией". На первый взгляд может показаться, что она освободилась от своего сценария. В действительности она следует ему, как и прежде, просто "вывернув наизнанку".

Каким бы ни был жизненный сценарий, существует всего шесть основных схем его развития, не зависящих ни от пола, ни от возраста, ни от образования — древних как мир, и, видимо, являющихся архетипическими. Древние греки запечатлели их в мифах.

Геракл, например, проживал свою жизнь по схеме ПРЕЖДЕ — прежде чем стать полубогом, он должен был выполнить целый ряд трудных задач. И если человек думает, что отдыхать он может только на пенсии, скорее всего, это сценарий его.

Дамокл же, проводивший свою жизнь в пирах и развлечениях под висящим над его головой на конском волоске мечом, жил под лозунгом схемы ПОСЛЕ — "Сегодня я могу веселиться, но завтра мне придется за это заплатить".

Схема НИКОГДА звучит так: "Я никогда не могу получить то, чего мне хочется больше всего". Как Тантал, обреченный стоять в центре бассейна, по одну сторону которого блюдо с яствами, по другую — кувшин с водой. Он мог бы получить то, что ему нужно, сделав шаг в этом направлении. Но он его не делает. А потому вечно страдает от голода и жажды.

Человек, действующий по схеме ВСЕГДА, задается вопросом: "Почему со мной всегда это случается?" Люди, которые живут по этой схеме, могут всё время менять одни неудовлетворяющие их отношения, работу, место жительства на другие — такие же неудовлетворительные.

Схему ПОЧТИ иллюстрирует миф о Сизифе, который был навечно обречен вкатывать на гору огромный камень. Каждый раз, когда он почти достигал вершины, камень выскальзывал у него из рук и катился вниз, к подножью. Вариант этой схемы — случай, когда человек действительно достигает вершины, но вместо того, чтобы поставить свой камень, сесть и насладиться видом, он отыскивает взором гору повыше и тут же начинает толкать камень на нее. А затолкав его туда, озирается в поисках новой вершины.

Еще одна схема такова: в ней, как в схемах ПРЕЖДЕ и ПОСЛЕ, также присутствует поворотный пункт, после которого всё меняется. Но для человека с неопределенным сценарием после этого поворотного пункта *ничего нет*.

Неопределенный сценарий может проигрываться многократно на коротких временных дистанциях. Некоторые люди вообще ставят перед собой только краткосрочные цели. Достигнув их, они не знают, что делать дальше, и мечутся, пока не подвернется новый ориентир. Тогда они ставят перед собой следующую краткосрочную цель, и все повторяется.

У каждого из нас сценарий время от времени протекает по каждой из упомянутых выше схем, но одна из них обычно преобладает.

Тема сценария — одна из самых разработанных в психологии и наиболее доступных пониманию любого человека. Самое важное — понять, что любой сценарий не является окончательным приговором нашему будущему потому, что он может быть изменен. Осознав свой сценарий, мы можем обнаружить области, в которых приняли проигрышные решения и изменить их на выигрышные. Тогда наш дух и будет тем молотом, который выкует ключи к нашему счастью.

м.к. В этой небольшой лекции самым утешительным было то, что хитрое человеческое существо любой запрет может обратить себе на пользу, что даже нездоровые семьи могут породить вполне здорового и здравомыслящего ребенка, который потом еще и в психотерапевты пойдет, чтобы спасти себя и таких, как его близкие...

Про сценарные схемы, наверное оттого, что вы их описали в общих чертах, мне кажется: не может быть. Всё вовсе не в такой высокой степени зависит от того, что происходило в нашем детстве, и вообще, всё значительно сложнее и разнообразней. Где, например, схема ЗАЧЕМ, особенно актуальная для русской культуры, для человека, который постоянно занимается саморазрушением, уничтожает себя и жизнь тех, кто рядом, скепсисом, рефлексией? Не знаю, есть ли такой персонаж у греков, но в русской литературе это — Печорин. В крайнем варианте — Николай Ставрогин. Это не совсем неудовлетворенный Тантал, нет, это именно человек вечно разочарованный после того, как напьется вин заморских и отведает самых вкусных яств. Где схема к ЦЕЛИ имени Одиссея, который плыл и плыл в свою Итаку?

Средь ужасов земли и ужасов морей
Блуждая, бедствуя, искал своей Итаки
Богобоязненный страдалец Одиссей? —

как Батюшков написал о нем. Это был путь страдальческий, но он не был восхождением, как у Сизифа, важнее была именно его цельность, подчинение движению не вверх, а прямо, вперед — к Пенелопе, к родному острову, виноградникам.

И вот еще вспомнилось, из любимой вашей поэтки:

Но истые пловцы — те, что плывут без цели:
Плывущие, чтоб плыть! Глотатели широт,
Что каждую зарю справляют новоселье
И даже в смертный час еще твердят: — Вперед!

Не еще ли это одна схема ВПЕРЕД, однако уже без цели?

Наверное, вы найдете что мне возразить, но, может быть, стоит предоставить это нашему читателю, оставить его наедине с вашей лекцией и моими вопросами. Пусть добавит что-то свое. Обогатит эту линейку своими историями и схемами, а мы поплывем вперед, к нашей новой цели, к отношениям с уже обретенным любимым человеком.

т. б. Конечно, оставим. Всего не расскажешь даже в лекции. Просто пусть читатель знает, что, поняв свой сценарий, можно взять судьбу в свои руки. Что же касается Одиссея — то это как раз замечательный пример сценария *победителя*. Того, кто стремится к цели и ее достигает.

м.к. Вот история о том, как важно поставить перед собой свои цели, которые нужны тебе, а не другим сценаристам, стремящимся написать сценарий твоей жизни за тебя.

Невидимый повар

1

С детства Арина знала: в их семье все женщины готовят не хорошо — великолепно, волшебно. Чуть не испокон веков. Самые заветные рецепты передавались из поколения в поколение, из уст в уста, пока Аринина прабабушка не записала их, наконец, в большую амбарную тетрадь. Тетрадь эта пережила войну и хранилась в семье как величайшая драгоценность. Иногда Аринина мама доставала ее, заглядывала в желтые страницы, сверялась — сколько сахара класть в фирменный прабабушкин малиновый торт в шоколадной глазури и добавлять ли сыр в индюшачьи тефтельки. Но и без того мама держала в голове великое множество рецептов и готовила так, что Аринин папа всегда спешил после работы домой.

Арина тоже рано встала к плите, помогала маме, и пока готовили, сочиняла сказки про лук, изюм, морковку, про печеньку-оленя и печеньку-ежика, мама слушала ее детский лепет вполне снисходительно, но вполуха, и хвалила Арину только за дело, делом же была, понятно, готовка. Неудивительно, что к концу школы Арина сама готовила так, что кое в чем даже мама признала ее превосходство. В области суповарения во всяком случае точно: благодаря бесценным сведениям, почерпнутым из всемирной сети, Арина сильно расширила свой географический диапазон, научившись варить не только русские и французские (это и маме было под силу), но и китайские, индийские и аргентинские супы.

Арина легко поступила на журфак и как-то само собой так сложилось, что с первого же курса начала подрабатывать в разных женских журналах, вела маленькую передачу на радио, и везде, само собой, отвечала за кулинарные рубрики. Вскоре она стала нарасхват. А однажды ей даже предложили попробовать себя в роли ведущей кулинарного телешоу, и Арина согласилась, но с оговоркой: показывать на экране можно было лишь ее руки. Появляться перед зрителем Арина стыдилась — за университетские годы она сильно располнела. Пока готовишь, всё перепробуешь, потом еще и приготовленное хочется вместе со всеми отведать; в общем, в магазине "Три толстяка" Арину встречали как родную, но появляться в таком виде в эфире она не хотела.

Аринины умения ценили так, что продюсеры, которых она вместо собеседования накормила обедом из шести блюд с шести континентов, согласились и на это, а подумав, решили выдать закадровое существование телеведущей за свое "ноу-хау". Шоу назвали "Невидимый повар", Аринин образ был окутан будоражащей зрительниц тайной. Шоу стало очень популярным почти немедленно после своего появления. Зрителям нравился низкий и мягкий голос ведущей, забавные байки, травить которые она тоже была мастерица, ее большие, ловкие руки и, само собой, необычные, хотя и довольно простые в исполнении, блюда.

Так все и шло, зрители рукоплескали, руководство канала переместило Аринину программу в прайм-тайм, родители страшно гордились дочкой. Мама вырезала все газетные заметки об Арине и складывала в красную папочку. Вышла и Аринина книга с цветными картинками и рецептами, но без портрета автора. Арина по-прежнему пряталась от публики, хотя делать это было всё сложней — всеобщее нетерпение росло, впрочем, лишь подогревая интерес к шоу. Надо сказать, что время от времени Арина все же садилась на диеты и немного худела, но вскоре снова полнела. И несмотря на свои успехи, с каждым днем становилась все грустней.

Как-то раз, записав очередную пачку программ, последнюю перед летними каникулами, она возвращалась домой в метро (машина застряла в ремонте), как вдруг худенькая старушка уступила ей место. Заговорщицки кивнув на огромный Аринин живот: "С малышом в такой давке лучше сидя". Арина вспыхнула, села и заплакала.

Она не перестала плакать и выйдя из метро, и вернувшись домой, и на следующий день тоже.

Родители не знали, что делать, на все их вопросы Арина просила оставить ее в покое. И в комнату к ней не заходить. Папа настойчиво предлагал вызвать врача и разобраться, что случилось. Мама надеялась, что все разрешится само собой. Через три дня почти непрерывного плача Арина как будто успокоилась и даже начала выходить на улицу, хотя в разговоры по-прежнему не вступала. Помимо шоу Арина стала главным редактором нового журнала для домохозяек, но уходила она не на работу, а гулять. Да-да, взяв книжку, Арина отправлялась то в их огромный парк, в который не заглядывала со времен младенчества, то на набережную…

В этих загадочных прогулках прошло пол-лета. На расспросы Арина по-прежнему не откликалась, с подружками и друзьями общаться перестала, из журнала уволилась. А в конце августа сообщила родителям, что уезжает. Куда? Она назвала маленький южный город, а на все мамины стенания и недоумения отвечала, что там ее очень ждут. Кто? Ухажер? Жениха себе, наконец, нашла? Нет, не ухажер — те, кому я нужна. Вот и весь сказ.

Арина уехала, оставив родителей в растерянности и печали. Да и продюсеров тоже, которые, само собой, услышав сокрушительное известие о ее скором отъезде, чтобы удержать ее, применили все доступные (повышение зарплаты) и малодоступные (инсценировку безумной влюбленности в Арину специально нанятого для этого смазливого выпускника ГИТИСа) средства. Но не преуспели. Новый контракт Арина не подписала, шоу "Невидимый повар" срочно объявило конкурс на место Арины.

2

В небольшом южном городе, стоявшем у синего моря, жила девушка. Стройная, ярко-рыжая, дети называли ее "наша Мэри" в честь Мэри Поппинс. Работала Мэри в детском доме воспитателем. На ночь она читала детям разные чудесные сказки, которых прежде они никогда не слышали. Вот и про Поппинс. На все вопросы, откуда она появилась, рыжая Мэри отвечала, что спустилась в их город с белого облака на голубом зонтике. На волшебном, на обычном ничего не получится, назидательно добавляла Мэри, вывернется и полетишь вверх тормашками, лучше не пробовать. Где она хранила свой волшебный зонтик, Мэри не признавалась, несмотря на то, что многие просили ее поглядеть на него хоть глазком.

Детский дом их был небольшой, сотрудников в нем работало в обрез, так что Мэри, как и все здесь, делала всё что потребуется. Хотя поначалу местные воспитательницы решили, что приехала белоручка. Но нет! Пусть и видно было, что к тяжелому труду Мэри не привыкла, она не боялась никакой работы — мыла полы, драила раковины, выносила за маленькими горшки. Вот только на кухню ее было не загнать. "Ненавижу готовить, — всякий раз повторяла она. — А кастрюли и сковородки так просто не могу видеть!" Но эту причуду ей прощали, тем более что готовить и убирать на кухне было кому.

Неудивительно, что директор детдома Петр Григорьевич, человек добрый, очень умный и, возможно, поэтому одинокий и немного печальный, на Мэри положил глаз, говорили, даже предложил ей руку и сердце. Но Мэри не торопилась принимать его предложение.

Прошлое Мэри было подернуто, как и положено волшебницам, легкой, но непрозрачной дымкой. Где-то за синим морем у нее, кажется, жили родные, она им время от времени посылала с оказией местный виноград, черешню и мандарины.

Потому что жила Мэри в просторном доме, окруженном большим мандариновым садом, хозяева дома надолго уехали за границу и попросили Мэри стать хранительницей и сада, и дома. Она часто приглашала сюда детей из детдома, и они обожали здесь бегать, прятаться и прыгать на старом, немного скрипучем батуте, который Мэри где-то раздобыла. Потом все вместе собирались в беседке и играли в тихие игры, но особенно весело с Мэри было сочинять разные смешные сказки про всех подряд — непослушную Черешенку, дядюшку Граната, стаю жасминовых лепестков.

Весь учебный год Мэри проработала в детском доме, а незадолго до начала каникул пригласила детей и воспитателей на день рождения.

Вот это был праздник! Петр Григорьевич показывал фокусы, танцевал со всеми подряд, но чаще всего, консчно, с Мэри, даже пел в микрофон, чтобы заработать приз "Нежная улыбка хозяйки", и заработал! Впервые дети видели, как их директор смеется, воздушные шары летали и шумно лопались, фейерверки озаряли темное южное небо. Всем достались маленькие, но в хозяйстве совершенно необходимые призы — карандашики, ластики, блокноты, разноцветные ручки.

В конце праздника именинница вынесла сияющий малиновый торт в шоколадной глазури. Свечки Мэри гасила вместе со своими маленькими гостями, и они были погашены в один выдох! Торт оказался изумительным. Каждому его вкус напомнил что-то доброе в его жизни. Все поздравляли Мэри теперь уже с кулинарным чудом, говорили ей, что в жизни ничего подобного не пробовали, что ее торт словно и в самом деле из сказки.

Мэри ответила что-то странное:

— Не из сказки, а из прабабушкиной амбарной тетради.

И добавила вдруг, тряхнув рыжей копной:

— Неужели я снова полюбила готовить?

———

Т. Б. Замечательная история!

М. К. Мэри в этой истории справилась сама. Проявив решимость и волю. Но таких мало, развернуть рельсы своей судьбы в одиночку — тяжело. Подозреваю, что изменение жизненного сценария — как раз то, ради чего люди приходят к психотерапевту.

Т. Б. Взять свою судьбу в свои руки — так это всегда называлось — может каждый. Сам или с чьей-то помощью, не обязательно психолога.

М. К. Но как это происходит? Ужасно занят этот механизм.

Т. Б. Да ведь в вашем рассказе он прекрасно описан.

М. К. Кто сказал, что писатели понимают, что они написали? Совсем не всегда, лучше объясните.

Т. Б. Скрытое недовольство собой или своей жизнью — часто, несмотря на видимые успехи, говорит о том, что человек живет не совсем свою жизнь. Это может тянуться годами, но чтобы человек начал действовать, нужна остановка в привычном течении жизни. Довольно часто к этому приводит *толчок* извне, как в вашем рассказе. Доброжелательная старушка невольно стала зеркалом для Арины. Увидев свое "отраже-

————

ние", Арина ужаснулась. Осознала, что жить как жила больше не согласна. Не хочет! И перестала делать то, что до этого делала.

Остановившись, люди часто бывают в растерянности, и требуется время, чтобы понять, куда двигаться. Арина дала себе возможность осмыслить всё, не торопясь. И вот что важно — пока в ее душе совершалась эта невидимая миру работа, она никого в нее не посвящала. Скрывая от близких, что творится в ее душе, Арина избавила себя от вмешательства родственников, которые вряд ли бы одобрили ее решение бросить работу. Любая семейная система обычно препятствует изменениям, и выдержать ее давление нелегко. Если же семейная система очень консервативна, решимость изменить свою жизнь у человека ослабевает. Энергии, полученной от толчка извне, может оказаться не достаточно, чтобы сдвинуть человека с привычной орбиты жизни.

Именно давление окружающих чаще всего мешает изменить свой сценарий — вот почему поддержка психолога может оказаться решающей в этом процессе. Арина обошлась без психолога потому, что решительно вышла из семейной системы — уехала. В новой обстановке, где ее никто не знал, она была свободна от ожиданий окружающих и потому могла искать себя, не опасаясь неодобрения близких.

Арина остановила движение в привычном направлении сознательно. Но поворотным моментом может стать и отчаяние — дно, ниже которого опускаться некуда. Или вынужденная остановка в течении жизни — тяжелая болезнь, тюремное заключение.

Но вот что любопытно: пытаясь изменить свой сценарий, позволив себе делать то, что *хочет*, Арина поняла, что может готовить с *удовольствием*. Потому что это перестало быть сценарным требованием.

Кстати, признаком зрелости женщины является ее способность последовать совету матери, несмотря на то, что та права.

м. к. Несмотря на то, что права? *(Смайлик.)* Мне вообще кажется, услышать чужую правоту и признать ее — признак зрелости. Психолог поддерживает человека в его противостоянии с родственниками, как еще психолог может помочь изменить жизненный сценарий?

т. б. Когда у человека есть решимость изменить свою жизнь, ничего, кроме поддержки, ему и не требуется. Но большинство людей приходит к психологу не за тем, чтобы измениться, а чтобы изменить кого-то *другого* — мужа, мать, ребенка, любовника...

м. к. Но ведь каждый дорог себе таким, каков он есть.

т. б. Конечно. И психологу он тоже дорог таким, как есть. И психолог не ставит себе задачу изменить человека. Он должен его понять, принять, поддержать и помочь в себе разобраться. Решаясь озвучить то, о чем он и думать боится, человек *встречается с самим собой*, с той частью своей личности, которую в себе отвергает. А значит, обретает целостность.

м.к. И все же — какая это безумная ответственность, менять вместе с человеком его жизнь; так легко начать, незаметно для участников процесса, навязывать ему тот путь, такой жизненный сценарий, который и не его вовсе!

т. б. Неужели вы и впрямь думаете, что это возможно — изменить человека или что-то в его жизни *против его воли*? На протяжении столетий жены пытаются переделать мужей, а матери своих чад, и, как мы знаем — безрезультатно! Попыткам изменить себя человек сопротивляется. Он может мимикрировать — притвориться под давлением, из страха или какой-то выгоды, что принял точку зрения оппонента, но *внутри* от своей не откажется, а значит, не мытьем так катаньем будет добиваться своего, иногда в очень замаскированной форме. Чтобы измениться, человек должен захотеть этого сам.

Психолог не только поддерживает человека в стремлении изменить себя; происходит еще нечто, что нельзя выразить словами. Мне кажется, об этом строки, которые я помню с детства:

Когда печаль в нас въестся ржою
Иль душит мысль несчастья жом,
Душа ни медом, ни вожжою,
Душа врачуется душою —
И в малом горе и в большом.

м.к. Хорошо, убедили. Душа душу и правда лечит.
И происходит это, наверное, даже помимо советов или бесед, которые ведутся во время приема.
Господи, да одно то, что у человека появляется
заинтересованный в нем собеседник, который
проживает вместе с ним целый отрезок жизни,
держит его за руку, идет рядом — уже бесценно. Тем более что к психологу люди приходят
ослабев, устав, в кризисе, когда нужней всего
им именно это: чтобы одно или два поприща
прошли вместе с ними.

т. Б. Да, и ключевые слова здесь "вместе", "рядом".

м.к. Вот в таком случае еще один рассказик под занавес.

Прыжки с парашютом

Андрей переехал в Москву из своего северного и очень
холодного города сразу по окончании автодорожного
института. В родном городе ничто его не держало, мать
умерла, отец бросил семью много лет назад и почти не
общался с сыном.

В столице Андрей устроился работать сначала в такси, затем личным водителем крупного коммерсанта, а вскоре по протекции своего влиятельного пассажира начал руководить автобазой в одной компании. Он тихо поднимался по карьерной лестнице вверх и уже подумывал об открытии собственного бизнеса. И все бы хорошо, только постоянной девушки у Андрея не было. И никак не находилось. Он умел иметь дело с девушками на час, в крайнем случае на неделю, но долгих отношений никак не складывалось. Когда ему перевалило за тридцать, он не просто хотел, он страстно мечтал иметь жену и детей, но одна потенциальная невеста срывалась за другой.

Ни к какому психологу Андрей с этим ни за что бы, конечно, не пошел. Да он и знать не знал об их существовании. Помогла случайность. Их компания заказала для своих сотрудников тренинг, который вел опытный психотерапевт Михаил Аронович, по совместительству коуч. За четыре часа тренинга Ароныч Андрюшу совершенно очаровал — умением схватывать на лету и видеть человека. И Андрюша попросился к нему на личный прием. Тут в нашем рассказе — длинный прочерк.

Три года Ароныч вел Андрюшу тайными тропами его прошлого, забытых травм и потрясений. За это время они не раз расставались — то Андрюша обижался и переставал посещать Ароныча, потому что тот не жалел его и бывал жесток, то сам Ароныч вдруг говорил: "тэк-с, пока я тебе не нужен, поживи-ка один", чем тоже немного обижал Андрюшу. Но всякий раз всё завершалось мирно.

В какой-то момент, перед самым новым годом, Ароныч снова отправил Андрюшу в самостоятельное плавание и велел не появляться подольше. Тот послушно не появлялся. Больше полугода они не виделись, не общались, пока однажды, уже в конце лета, Ароныч не получил в конверте с красной маркой-автомобильчиком приглашение на Андрюшину свадьбу.

На свадьбе Ароныч оказался в роли посажёного отца, но довольно молчаливого — возможно, потому что никого, кроме Андрея, он здесь не знал. Гости пили за счастье, здоровье, будущее потомство молодых, невеста была скромна и хороша собой, Андрюша оживлен и весел. Когда пир был в разгаре, Андрей звонко застучал вилкой о бокал и поднялся с тостом. Он предлагал выпить за "того, кто сейчас сидит тихо, но имеет к происходящему самое непосредственное отношение". И Андрюша указал на Ароныча.

— Чего только я не делал под влиянием этого ужасного человека. Однажды он, всем, кстати, рекомендую — психотерапевт со стажем, Михаил Аронович — однажды он толкнул меня прямо в пропасть. Сказал: Хватит! Вперед!

Я сопротивлялся, упирался. как мог, я кричал:

— Как ты можешь, Ароныч? Ты что, не видишь? Там — бездна!

— Андрюха, прыгай, иначе просрешь собственную жизнь. Прошу прощенья у милых дам, но из песни слова не выкинешь.

Ароныч сидел уже хороший и только негромко покряхтывал в ответ.

— Долго я сопротивлялся и все-таки шагнул вперед, — продолжал Андрюша, — сделал то, на что не решался много лет, и — полетел... Вверх? Нет! Крепко зажмурившись, полетел вниз, чертыхаясь, проклиная всё на свете, в первую очередь, конечно, Ароныча. Ну, и себя, что такой дурак, ему поверил. И уже простился с жизнью, готовясь вот-вот расшибиться в лепешку, открыл напоследок глаза... Ба. Ароныч! Ароныч летел рядом, раскрыв свой карманный парашют, и едва я его увидел, подмигнул, протянул мне руку, крикнул: "Кольцо!" Тут я и вспомнил... Ну да! У меня же тоже есть парашют, как я мог забыть? Видать, от стресса. Дернул кольцо, купол тут же раскрылся... Но дело не в том. Все поняли? Я не упал, я вспомнил, потому что Ароныч был рядом. Потому что он полетел со мной.

Послушайте, этот человек прожил со мной три очень трудных года, без наших встреч с ним я никогда не нашел бы Машу, буквально не разглядел бы ее в толпе. Нет, я не только ее нашел, я... я люблю ее, а она... надеюсь, тоже, да, Машк?

Маша мягко улыбнулась своему молодому мужу и покрылась густым румянцем. Гости завопили, как водится: "Горько!"

Ароныч вдохнул, выпил, тихо поднялся из-за стола и вышел из зала, не хотел, чтобы заметили, что с ним происходит.

Глава пятая
ЖИЗНЬ ДО БРАКА

———

м.к. Сегодня для большинства вопрос, жить ли с избранником до брака, отдает нафталином. Мне вспоминается один эпизод из большого автобиографического романа Евгения Федорова "Одиссея Жени Вавилова" (1995). Его обаятельный герой очень, ну очень хотел свою девушку. Она отказала ему, сказав — только после свадьбы. Он страшно обиделся! Зато ее сестра во всем пошла ему навстречу. Вскоре он женился на сестре и прожил с ней счастливо до старости. Честно говоря, в прежние годы меня этот эпизод сильно смущал. За что, думала я, пострадала бедная целомудренная девушка? Неужели только за то, что проявила принципиальность?

т. б. Мне кажется, эта история очень похожа на историю о "границе на замке" — про женщину, боявшуюся секса. Помните? Я думаю, что герой

———

романа расценил неподатливость "бедной целомудренной девушки" как ее "профнепригодность" в качестве его жены. Видимо, для него была важна способность женщины идти навстречу мужчине. И то, что он прожил в любви и согласии с ее более сговорчивой сестрой, свидетельствует, на мой взгляд, об этом. Так что история эта — про способность оценить соответствие партнеров друг другу.

Но ваш вопрос — жить или не жить с избранником до брака — он все же про что? Вступать ли в сексуальные отношения до брака? Или про совместную жизнь без штампа в паспорте? Со-жительство?

Сегодня, когда замужество перестало быть "единственным способом, которым женщина может расстаться со своей девственностью", вопрос — вступать ли в интимные отношения до брака — звучит почти нелепо. Секс и брак уже не связываются друг с другом. Однако это не означает, что отныне в этой области уже нет никаких вопросов и проблем. Напротив, на место старых, оставшихся в прошлом, проблем пришли новые.

м.к. Подождите! Я так быстро не могу. Сейчас мы обсудим новые проблемы, но можно я сначала постою чуть-чуть в прошлом. Оно мне нравится. Мое детство пришлось на не такие уж давние времена, когда жизнь с любимым человеком до брака не казалась естественной. И не слишком одобрялась. Нет, никто тебя не клеймил позором, если и до первой брачной ночи у тебя кто-то был... И все же под венец полагалось явиться девой. В советском укладе это было инерцией, идущей из эпохи досоветской, от поколения наших бабушек и прабабушек, для которых запрет на общение с мужчинами *до* очень даже действовал.

Во времена моей молодости он утратил прежнюю силу. Но лично для меня ожил, потому что как раз тогда, когда девушки расстаются с девством, я обратилась и крестилась. Мне было семнадцать лет. В христианстве общение молодых людей вне брака называется "блуд" и считается грехом. Я не собираюсь заниматься сейчас морализаторством, и все же мне кажется важным обозначить и эту точку зрения, просто ее существование.

Святые отцы, учителя церкви написали немало прекрасных поэм, действительно поэм в прозе о красоте целомудрия. Целомудрие тела напрямую связывалось с целомудрием души, ее чистотой, ее целостностью, гармонией. Помните, какой припев у акафиста вашей святой покровительницы великомученицы Татьяны? "Радуйся, благоуханный цвете девства, славная мученице Татиано!" Девство благоухает, утрата его вне брака равносильна катастрофе — вот христианский взгляд на вещи. Желающие узнать аргументацию в пользу такой позиции, пусть выяснят ее без меня. Двинемся дальше. Дальше в смысле глубже, в глубь времен, языческих. Взглянем на свадебный обряд.

В разных культурах и странах он занимал огромное количество времени! От сватовства до свадебного пира проходило несколько недель, если не больше. И все это время, от и до, было красиво расчерчено на этапы. Помню это по фольклорной экспедиции; приходишь к бабушке в дальней сибирской деревушке собирать фольклор, не больно-то она словоохотлива, но как только спросишь: "Расскажите, пожалуйста, как вы выходили замуж?" — бабушка оживляется, распрямляется, и вот уже и поет, и рассказывает, и улыбается, и причитает… Тут тебе и смотрины, и девичник, а потом расплетание косы и прощание с красотой. "Ты плыви, моя красота, не приплывай, моя красота, ни к которому бережку, ни к которому кустику…"

Получалось, в новой, замужней жизни красота была уже ни к чему! Немного напоминает попугайчиков или кого там… у кого пик разноцветности приходится на брачный период. Но я о другом, о протяженности процесса. Смотрите: каждый шаг свадебного обряда сопровождался песнями, плачами, причитаниями, ритуальными действиями. Прощание с девичьей жизнью превращалось в длинное путешествие. Впереди девушку ждала совсем другая жизнь, другая социальная роль, новая семья — муж, свекровь, свекр, дети... И мне страшно нравится эта неторопливость, постепенность вхождения в новую жизнь. По-моему, всегда хорошо постоять на чем-то одном, вдуматься, вчувствоваться, не бежать! Ощутить вкус именно этого мгновения.

Спешка смазывает краски, не дает насладиться собственно жизнью, каждым возрастом, его преимуществами, его дарами. Да, можно, конечно, и в четырнадцать лет начать спать с мальчиками, многие так и делают, но... еще раз: не с точки зрения морали и нравственности (с этим не ко мне), а с точки зрения вкуса к жизни — куда торопиться? Блажен, кто смолоду был молод, блажен, кто вовремя созрел. Да, явиться к жениху девой — это, наверное, многим кажется теперь смешно, патриархально, это может привести к сложностям в сексуальной жизни молодых супругов, и все-таки ничего не могу с собой поделать. В неторопливости превращения девушки в женщину есть своя красота. И вот еще что. За этой спешкой — жить, чувствовать, ощущать всё и сразу — теряется тайна, тайна отношений, а значит, и их глубина.

Но ладно, вижу, вы улыбаетесь, пружиню на землю. Сегодня вопрос, жить ли со своим любимым до брака, не стоит практически ни для кого, вы правы — тоненькую прослойку людей религиозных сочтем неизбежной погрешностью?

Т. Б. Да я вовсе не улыбаюсь. И вопрос — вступать ли в интимные отношения до брака — существует не только для людей религиозных. Понятно, что гораздо острее он стоит для девушек, чем для женщин. Даже в век сексуальной свободы решиться на столь близкий контакт с мужчиной *впервые* многим девушкам нелегко. Страшить может не столько потеря девственности — кто сейчас ею так дорожит?! — а то, что вступая в область неизведанного, мы невольно робеем и чувствуем себя уязвимыми. Конечно, существуют девушки, у которых есть только жгучее желание узнать, каково это — быть женщиной. Тогда и сомнений, о которых мы тут рассуждаем, нет.

Однако и для женщин — и юных, и не очень — вопрос, вступать ли в сексуальные отношения до брака, может быть так же значим. Что может удержать влюбленную женщину от интимных отношений до брака? Соображение, что возлюбленный не захочет жениться потому, что уже достиг своей цели — добился близости. Еще Пушкин говорил об этом: "*...отложим — любви мы цену тем умножим, вернее в сети заведем; ...А то, скучая наслажденьем, невольник хитрый из оков всечастно вырваться готов*".

Однако, удерживаясь от опыта добрачных интимных отношений, и девушки, и женщины всё равно рискуют. Например, сюрпризом для них могут стать сексуальные "привычки" избранника, с которым они уже вступили в брак.

В моей практике была такая история.

Молодые люди вступили в брак, будучи оба девственниками. Оба православные, хранившие себя для будущего супруга. Оба красивые, статные. Она — как принцесса Диана. Он — как Александр Абдулов в фильме "Обыкновенное чудо". Оба с высшим образованием и общими, как им казалось, интересами. Оба любили природу, и до свадьбы много гуляли, вместе путешествовали, ездили по святым местам.

Но вот они поженились. И тут обнаружились некие странности в поведении молодого мужа. Он хотел только одного — трогать пальчиком, ввинчиваясь, ее пупочек. Столько, сколько она была согласна терпеть. Сначала молодая жена надеялась, что ее терпение поможет мужу преодолеть свой страх перед настоящей близостью, и никак не выказывала своего недовольства тем, что мужу достаточно таких "интимных" отношений. Но к концу первого года совместной жизни ее терпение истощилось. Она решилась, наконец, поговорить об этом со своим духовником, который и прислал ее на консультацию к психологу, и со своей мамой — врачом по профессии. Мать пришла в ужас, однозначно квалифицировала поведение зятя как патологию. И настояла на разводе.

Разбирать причины столь необычного сексуального поведения молодого мужа, который также — по настоянию духовника — пришел на консультацию, не буду. Речь сейчас не об этом. Вопрос — могла ли девушка каким-то образом узнать, что ждет ее в супружеской жизни, не вступив в интимные отношения до брака? Вы не поверите — никаких странностей, чего-то, что могло бы вызывать подозрения о возможном неблагополучии молодого человека, не было. А то, что он в двадцатипятилетнем возрасте оставался девственником, легко объяснялось его "строгими христианскими взглядами". О том, что они не были столь скромными, судить могу я — на основании его откровенных рассказов.

Конечно, не всех девушек, для которых путь в постель "лежит через церковный двор" (Роберт Бёрнс), ждут такие сюрпризы, однако есть о чем подумать.

м.к. И даже понятно, о чем тут можно подумать. Об основном, практическом возражении против брака девственников. Они же ничего не умеют! И значит, в их первую брачную ночь, нет, первые брачные ночи, недели, месяцы, если не годы! ужас, иногда и годы они обречены приспосабливаться друг к другу и ко всей механике интимной жизни. То ли дело — женятся опытные жених и невеста, жившие до свадьбы пять лет вместе, они уже во всем разобрались! И еще одно возражение против девства: молодые люди могут друг другу не подходить как сексуальные партнеры. Бывает же и так?! Узнать об этом невозможно, не вступив в близкие отношения. Не знаю, кстати, что на это отвечают строгие сторонники целомудрия. Может быть, то, что вся эта "химия" дает о себе знать сразу же, еще до всяких отношений. Тянет тебя к человеку физически или нет — ясно не с первого, так со второго взгляда... А что говорит нам наука психология? Что отвечает на вопрос: как избежать разочарования первой брачной ночи?

Т. Б. Какого разочарования? Что всё происходит не так, как девушка представляла себе? Но разочарования не бывает без очарования, чар — то есть *иллюзий*.

Разочарование — обычная часть нашей жизни. Оно имеет сигнальную функцию — говорит, что наши представления неадекватны реальности, а значит, их надо скорректировать. И личностно зрелые люди смотрят на свое разочарование именно так и никого в своем разочаровании не винят. Незрелый человек склонен перекладывать ответственность за свое разочарование на партнера. А потому злится и обижается на него. Или замыкается и отказывается от дальнейшего общения с ним.

Во многих ситуациях мы справляемся с разочарованием довольно легко. Но чем более значимой и эмоционально насыщенной является ситуация, тем сильнее негатив, вызванный расхождением между ожиданиями и тем, что происходит.

Разочарование первой близостью, если оно есть, свидетельствует, что люди плохо знают друг друга. И ответ на вопрос, как его избежать, понятен — изучать партнера. До брачной ночи. Готовиться к встрече с реальным человеком, а не с фантазией о нем.

Но если разочарование всё же случилось, это вовсе не катастрофа: девушка может сделать из этого факта правильные выводы. Мужчина, разочаровавший свою возлюбленную — от неуверенности в себе, волнения или неопытности — может впоследствии даже превзойти ее ожидания, если ей удастся справиться со своим разочарованием и скорректировать свои представления. Но может случиться, что их первая брачная ночь откроет в нем что-то *такое* — тщательно им скрываемое, — что узнать *ранее* было нельзя, а принять — невозможно.

м. к. Вы сказали, что с приходом этой новой реальности приходят и новые проблемы. Какие?

т. б. Некоторые из этих проблем имеют универсальный характер, и сталкиваются с ними как женщины, так и мужчины — все люди, в жизни которых имеет место секс. О них мы еще поговорим — отдельно. А пока остановимся всё же на тех проблемах, которым посвящена эта глава.

Мне кажется, удобнее говорить о вопросах, возникающих в связи с добрачными отношениями, разделив всех женщин на несколько категорий:

— **ДЕВСТВЕННИЦЫ** — девушки, не вступавшие в интимные отношения с мужчиной.
— **ЮНЫЕ ЖЕНЩИНЫ**, не помышляющие о браке.
— **МОЛОДЫЕ ЖЕНЩИНЫ**, подумывающие о семье.
— **ЖЕНЩИНЫ**, мечтающие выйти замуж.

Думаю, ваш вопрос — жить ли с избранником до брака — в первую очередь адресован именно девушкам. Для них он, по сути, состоит из двух вопросов: вступать ли в интимные отношения до брака и стоит ли жить с избранником под одной крышей — в неком подобии будущей семьи?

м.к. И начнем с самой первой, моей любимой категории, говорю как мама двух девочек — юные девушки, не вступавшие... Те, чье сокровище еще при них.

т. б. Вступать ли в интимные отношения с возлюбленным или хранить девство до брака, как это было принято раньше? Не решусь дать совет. Всё же это глубоко интимное дело.

м.к. Тогда поговорим о юных женщинах, не помышляющих о браке... Они могут быть сегодня вполне опытными женщинами, с множеством партнеров в резюме. И боюсь, мы сейчас запутаемся. Еще недавно слово "девушка" было синонимом "девственницы". Вопрос "она — девушка?" означал "она — девственница?". Сейчас это звучит всё более дико. По-моему, языку стало не хватать специального нового слова, обозначающего в возрастном смысле девушку, однако давно простившуюся с девственностью.

т. б. А зачем нужно это новое слово? Ведь и так понятно: женщина — это девушка, утратившая девственность, вступившая хотя бы раз в сексуальные отношения с мужчиной. Это констатация ее сущностного статуса. А замужество — констатация статуса социального. Девственницы ведь могут быть и великовозрастными, а женщины — совсем юными.

Мне кажется, что сущностный статус — глубоко личное дело, в которое вовсе не обязательно посвящать посторонних. В отличие от социального статуса. Вот, например, кольцо обручальное носят не только, чтобы помнить о своем обещании верности и вечного союза — что Бог сочетал, того люди да не разлучат, — но и для того, чтобы сразу было видно "О, барышня занята!". Я знаю женщин, которые носят обручальное кольцо и после развода не потому, что внутренне хранят верность прежнему мужу, а для того, чтобы уберечь себя от ненужных приставаний. Но вы правы — язык должен отражать реальность, следовать за нею. Вот французы, например, "подправили" свой язык, официально упразднив слово "мадемуазель", означавшее незамужнюю представительницу прекрасного пола. Теперь даже новорожденная девочка должна при обращении к ней называться "мадам", что раньше было применимо только к женщине замужней или вдове. Теперь и разбираться не надо, называй всех подряд "мадам", и не ошибешься!

И в нашем же разговоре я предлагаю использовать привычные понятия — всех представительниц женского пола, не вступавших в сексуальные отношения с мужчиной, называть словом "девушка", а тех, кому эта область отношений уже знакома, — словом "женщина". И речь сейчас пойдет о женщинах юных.

м.к. Насколько я понимаю, сегодня после семнадцати примерно лет оставаться девственницей уже неприлично! Нецелованной — это просто за гранью. Девушки прощаются с девственностью, чтобы быть как все.

т. б. Делая это вовсе не по любви, которой не в силах противостоять, а именно чтобы не отстать от других. Не быть хуже. Потому что девственность многими воспринимается как свидетельство сексуальной непривлекательности девушки, того, что она "никому не нужна". Но вот возрастные границы — после семнадцати или много раньше — думаю, точно не известны. Можно констатировать только одно — юных незамужних женщин стало гораздо больше, чем в моей и даже в вашей молодости.

То, что половая жизнь у девушек начиналась во все времена достаточно рано, известно. Джульетта, которой не было четырнадцати, считалась "засидевшейся в девках". Уговаривая ее выйти замуж, мать говорит ей:

Так вот подумай. Меньших лет, чем ты,
Становятся в Вероне матерями,
А я тебя и раньше родила.

Да и наша Татьяна Ларина, похоже, не старше Джульетты. Правда, вопрос о возрасте Татьяны вызывает у литературоведов споры, поскольку Пушкин прямо его не обозначил. Но говоря о Татьяне, он почти все время называет ее девочкой: *"Она в семье своей родной / Казалась девочкой чужой"*. Или — в главе, предшествующей объяснению Онегина с Татьяной: *"Кому не скучно лицемерить /…Уничтожать предрассужденья / Которых не было и нет / У девочки в тринадцать лет!"*.

А об Ольге — ее младшей сестре, невесте восемнадцатилетнего Ленского — Пушкин вообще говорит: *"…Чуть лишь из пеленок, / Кокетка! Ветреный ребенок!"*

Но если и дворянские девочки, с нашей точки зрения — подростки, могли кружить головы юношам и выходить в этом возрасте замуж, то что уж говорить о крепостных! Вот няня Татьяны на ее вопрос "Да как же ты венчалась, няня?" — отвечает:

Так, видно, бог велел. Мой Ваня
Моложе был меня, мой свет,
А было мне тринадцать лет.
Недели две ходила сваха
К моей родне, и наконец
Благословил меня отец.
Я горько плакала со страха,
Мне с плачем косу расплели,
Да с пеньем в церковь повели.

Как тут не плакать? Без любви — "Ах, полно, Таня, в наши лета мы не слыхали про любовь", без той самой, воспеваемой вами, неспешности в переходе к замужеству *"ввели в семью чужую…"*. Поневоле посмотришь на идиллическую картинку под названием "плач девушки" как-то иначе. Нам всем свойственно приукрашивать прошлое — и свое, и чужое, особенно в исторической ретроспективе. Но если попытаться посмотреть на него без прикрас, то окажется, что наше время во многом лучше. Да и что можно сказать о раннем начале половой жизни нынешних девушек, если удержаться от морали? Только одно — оно сместилось к тому возрасту, в котором на протяжении веков и даже тысячелетий девушки вступали во взрослую сексуальную жизнь. Отличие только в одном — они делали это преимущественно в браке.

Сегодня разрыв между половым и личностным созреванием сильно увеличился. Чем это вызвано? Необратимыми процессами в социальном устройстве. Раньше девушкам не надо было думать о том, как строить карьеру, содержать себя и детей, получать необходимое для этого образование. Их юная свежесть — как скоропортящийся товар — должна была быть поскорее кому-нибудь "продана". И присказка, с которой сваты приходили в дом невесты: "У вас товар, у нас — купец", отражает, я бы даже сказала, обнажает, суть этого процесса.

Сегодня, когда учеба может занимать пятнадцать и более лет, если добавить сюда ординатуру, аспирантуру и т.п., что делать девушкам? Откладывать любовь? "Перекрыть кран" своим сексуальным чувствам? Вряд ли это возможно без ущерба для какой-нибудь из сторон личности. Вот так любовь и сексуальные отношения и отделяются от брака.

м.к. Изменилось и отношение к сексу. Вот уж откуда напрочь исчезла тайна. Но здесь она мне кажется уместной. Помню это выражение еще со времен своей юности, когда о ком-то говорили — ну, для него это как попить водички. Хотя в XIX веке в мужском восприятии любовное свидание мало отличалось от спорта. Конного, скажем. Но как-то жаль, когда эти отношения лишены тайны.

т. б. Тайна... Что-то волнующее, влекущее и немножко страшное? Возможно, здесь более подходит слово "таинство" — некое возвышенное отношение к тому, что происходит между мужчиной и женщиной в телесной близости. Во всех древних религиях сексуальный контакт рассматривался как аналог космического акта творения. Это и есть творческий по своей сути акт, не случайно же в результате такой встречи мужского и женского начал появляются дети.

Но я отвлеклась. Вернемся к разрыву между физиологическим взрослением и социальной, личностной зрелостью. К сожалению, ранняя половая жизнь не делает людей взрослыми, и к браку и созданию семьи юные женщины, конечно, не готовы. И потому даже не помышляют "ни о чем таком". Часто они не готовы не только к браку, но и к настоящим отношениям — узнаванию друг друга, душевному сближению, дружбе. Теперь *отношения* между людьми могут заменяться телесным контактом. Людям проще истолковать возбуждение, возникающее там, где начинается подлинное соприкосновение душ, как сексуальное, и перейти к сексу, который позволит напряжение снять, чем находиться в высоковольтном напряжении близости. Секс безопаснее, потому что близость невозможна без взаимной уязвимости, а секс — вполне.

м. к. Подлинное соприкосновение душ. Но возможно, само это соприкосновение вызывает желание быть еще ближе, люди обнимают друг друга именно для того, чтобы продолжить, усилить эту близость, нет? И еще непонятно, как это секс возможен без взаимной уязвимости? По-моему, эта область как раз такой уязвимости. Один обнажен перед другим, и эта обнаженность и есть невероятная степень уязвимости. Но предлагаю свернуть с этой скользкой тропинки. Мы же говорили о молодых женщинах, не собирающихся выходить замуж...

Т. Б. На чем вы боитесь поскользнуться? Обнаженность души страшнее, чем обнажнность тела. Раздеться боятся девушки, стыдящиеся своего тела, недовольные им. И боятся они не наготы, а того, что их осудят за физическое несовершенство. А больно будет душе.

В некоторых культурах обнаженность вообще была нормой. В Спарте, например. Разные общества табуируют разные человеческие проявления. В некоторых африканских племенах считается неприличным, бесстыдным есть на людях. В Испании поцеловать на людях руку женщине — если только она не жена или мать того, кто целует, — значит, показать, что у него есть сексуальные права на эту женщину. А в фильме "Белое солнце пустыни" освобожденные женщины Востока закрывают подолом платьев лица, чтобы их не увидел чужой мужчина, обнажая при этом весьма эротичные животики.

Сегодня обнаженность — повсюду. Откровенные эротические шоу — по телевидению, журналы для мужчин типа "Плейбоя" — сегодня почти норма. Но вот что интересно — все эти "смелые" девушки с силиконовыми грудями имеют странное, пустое выражение лица, как будто бы они экспонаты музея восковых фигур мадам Тюссо. Современное общество, фактически культивирующее нарциссизм, переносит фиговый листок с гениталий на лицо, а точнее, на чувства — проявления души. Не случайно некоторые американские психологи считают "Плейбой" в принципе антисексуальным журналом, который представляет собой "самую последнюю и самую хитрую изо всех неустанных попыток человека расстаться со своей человечностью"[*].
Но вернемся к теме. И подытожим. Совсем юные девушки, не стремящиеся к браку, конечно, не избавлены от психологических проблем, связанных с *отношениями* с противоположным полом, но жить ли вместе с возлюбленным до брака — вопрос для них не очень актуальный.

м.к. Теперь у нас на очереди "молодые женщины, подумывающие о браке".

т. б. Им действительно есть о чем подумать. И прежде всего понять, является ли их стратегия "про-

[*] Харви Кокс, выдающийся западный богослов.

бовать" отношения, чтобы выяснить, тот ли человек партнер, за которого стоит выходить замуж, — эффективной.

Сегодня, когда половая свобода стала практически нормой, появилась новая крайность в отношениях. Если под влиянисм Эроса человек стремился к полному единению с объектом свой любви, и никто другой ему не был нужен, то сегодня, когда править миром стремится секс, мы сталкиваемся с тем, что "романтических" объектов может быть одновременно несколько. Женщина может иметь параллельные отношения, переходя от одного партнера к другому по кругу, "собирая по частям" необходимую ей гамму переживаний или ощущений. С одним ей интересно, но он плохой любовник. Другой — прекрасный любовник, но скучен. Третий — средненький любовник, но щедр.

м.к. Что-то это мне напоминает. "Если бы губы Никанора Ивановича да приставить к носу Ивана Кузьмича, да взять сколько-нибудь развязности, какая у Балтазара Балтазарыча, да, пожалуй, прибавить к этому еще дородности Ивана Павловича — я бы тогда тотчас же решилась" (Гоголь. "Женитьба").

т. б. Да, похоже… Не находя ни в ком всех качеств, которые должны быть в ее будущем избраннике, женщина всё время меняет партнеров, надеясь, что уж в этот раз ей повезет. Возможно, она и приобретает ценный опыт познания мужчин, но легко вступая в отношения, она тем самым транслирует мужчине — со мной серьезных отношений можно не иметь. А при первом же неудобстве такие отношения прекращаются — любой из сторон — так же легко, как и начались. И цикл: знакомство—секс—узнавание—разочарование—расставание повторяется раз за разом. Женщина может вступать в отношения до второго пришествия, так никогда и не ощутив подлинной связи с другим человеком, разве что и вправду второе пришествие случится.

м.к. Да уж, это получается не столько избранник, сколько какой-то временный партнер, пассажир того же трамвая, в котором ты едешь, присел рядом — через три остановки вышел.

т. б. Похоже, сегодня термин *избранник* кажется устаревшим. Он еще уместен, когда речь идет о человеке, которого женщина избирает себе в мужья. Но во всех остальных вариантах сексуальных отношений как-то мало употребим. Раньше на вопрос, почему они вместе, люди отвечали — потому что мы любим друг друга. Теперь они говорят: "Он/она мне подходит". Как обувь.
Но если подумать, что хорошего — жить с человеком, который тебе "не подходит"? Жизнь с которым — как в тесных ботинках, которые жмут

и натирают мозоли? Даже если они модные, красивые и дорогие. Чувствуешь себя Русалочкой, обменявшей свой рыбий хвост на пару прекрасных женских ножек, чтобы быть рядом с любимым. А на лице маска "У меня все прекрасно!", которая должна скрыть от окружающих нестерпимую боль. Печальная, в общем-то, история — добровольная мука Русалочки все равно не помогла ей выйти замуж за принца.

Меня всегда удивляло жестокое условие, которое поставила Русалочке колдунья. Мало того, что каждый шаг Русалочки должен был причинять ей муку, в обмен на пару изящных ножек она отдала колдунье свой прекрасный голос. Что же хотел сказать этим Андерсен? Почему одной физической боли для жертвы было недостаточно? Мне думается, сказка эта отражает реальную психологическую закономерность. Испытывая боль, мы не можем выражать любовь — теряем голос, потому что путь любви преградила мука. Мучаясь, мы не можем любить, это прямо противоположные, вернее, взаимоисключающие состояния. Может быть, поэтому принц и предпочел Русалочке безмятежную, довольную жизнью принцессу?

Мне думается, что возможность не мучиться, не жить с человеком, отношения с которым разрушительны, — благо. И с этой точки зрения жизнь без большой любви с тем, кто тебе "просто подходит", — как-то перестает казаться аморальной. Особенно если в отношениях присутствуют уважение и благодарность. Отсюда до любви уж и рукой подать.

К сожалению, Русалочка еще для многих — идеал, достойный подражания. И Русалочек среди моих пациенток хватает...

м.к. Русалочка — это та, что любит человека, который ее мучает? Например, он тиран и сумасброд или пьяница и эгоцентрик, но она его терпит, поскольку любит — так получается? Да ведь так гораздо интереснее, вот она "полнота страданий", противопоставленная "пустоте счастья", — это романтический взгляд на вещи, мы этого уже касались, и действительно, отчего-то именно такая форма отношений многим нравится больше. Но давайте теперь поговорим о женщинах не подумывающих, а жаждущих выйти замуж, мечтающих о браке.

т. б. Хочу напомнить: брак — это *тип отношений* между мужчиной и женщиной (сейчас, правда, уже и между однополыми людьми). Это отношения *взаимных обязательств*. Помните — "в горе и в радости...". Именно такие отношения называются супружеством. Как правило, в брак люди вступают для создания семьи, рождения и совместного воспитания детей.

Семья может быть создана и без официального заключения брака. По сути, семейные отношения не зависят от штампа в паспорте. Сегодня, если мужчина и женщина решили, что у них семья, — значит, так оно и есть. И такое их самоопределение принимается государством — например, во время последней переписи 2010 года переписчики записывали данные о семейном положении граждан исключительно с их слов, не требуя подтверждающих документов. Однако имущественные отношение людей, считающих себя семьей, но не состоящих в зарегистрированном браке, государство не регулирует.

Брак недаром заключается перед значимой инстанцией — перед Богом (в церкви), перед законом (в загсе) и перед людьми, в частности. Свидетели ведь до сих пор участвуют в регистрации брачного союза. Кстати, традиция делать бракосочетание максимально публичным, организовывать шумное торжество, созывая на свадьбу всех родственников и друзей, имеет, кроме языческой подоплеки, и это назначение — засвидетельствовать взятые обязательства.

м.к. Где нет взаимных обязательств, нет и брака, выходит так?

т. б. Ну да. Совместное проживание без обязательств *считается* сожительством.

Сегодня многие молодые люди вовсе не стремятся к браку. Они вместе потому, что это удобно и приятно им обоим. И до тех пор, пока это так. Фактически они пользуются друг другом для удовлетворения своих потребностей. Партнер выполняет определенную функцию: компаньона — в путешествиях или ведении хозяйства, Кена или Барби — в постели.

Часто оба считают, и не без оснований, что к браку и созданию семьи они не готовы — сначала нужно образование получить, карьеру сделать, материальные проблемы решить, а потом уже можно и о семье подумать. А до этого что же — в одиночестве быть? Вот и "коротают время" — до настоящих отношений — в сожительстве.

Но оставим в стороне моральный аспект этой ситуации, здесь уместнее вопрос — почему сожительство часто не приводит к браку?

м.к. Мы, я уж точно, так боимся с вами быть моралистами, исходя, понятно, из того, что человеку от рождения дана свобода, только ему решать, в каком направлении жить. Хочу только заметить, что мораль — это набор этических правил, выработанных человечеством в результате многих веков опыта. Всё мне позволительно, но не всё полезно, сказал апостол Павел. Заметьте: никаких запретов, делай что хочешь, но только вот это — не все твои дела принесут тебе пользу. Сожительство, если я правильно поняла вашу мысль, совсем не обязательно перерастает в брак, люди годами могут жить вместе и так и не оформить отношения и не родить детей. Интересно, почему так получается?

т. б. Сожительство чаще всего — по крайней мере, со стороны мужчины — основано на том самом аргументе "она мне подходит". А это вовсе не то, что "Я *хочу* быть с ней".

Если мужчина не женится, значит, она — не та, с которой он хочет связать свою судьбу. Их отношения временные. А пока он не встретил ту — единственную, почему бы не пожить без обязательств? И если женщина согласна жить "так", то и славно!

Женщина же, мечтающая выйти замуж, идет на сожительство потому, что хочет быть с этим мужчиной, а он жениться не предлагает. И даже отказывается. А "просто жить" согласен. Но женщина может надеяться, что совместная жизнь укрепит их отношения, мужчина привяжется к ней, оценит ее — какая она заботливая, хозяйственная. И поведет ее в загс.

Но задумайтесь! Если мужчина не берет ответственность в начале совместной жизни, то что может побудить его взять ее потом? Вопреки ожиданиям женщины, иногда потратившей, как это часто говорят, лучшие годы своей жизни зря, он так ответственность и не возьмет.

Легкие отношения, в которых любовь не успевает вызреть, являются приметой сегодняшнего времени. И проявления любви и воли — как решимости *выбрать* и хранить верность избраннице — становятся все более проблематичными. Прямой противоположностью воли является вовсе не нерешительность, которая представляет собой усилие, вступившее в борьбу за решение, а *нежелание решать*, брать на себя ответственность за решение.

Уровень инфантильности человека напрямую связан с уровнем его безответственности. Женщины, имеющие детей, взрослеют принудительно и в ускоренном порядке. Но и женщины, не имеющие детей, взрослеют все же быстрее, чем мужчины, — им предстоит рожать, а фертильный период короток, надо успеть найти партнера и свить гнездо, тем более, что на мужчин сегодня рассчитывать не приходится. А мужчины, не имеющие обязательств, могут позволить себе не взрослеть, тем более, что женщины, согласные на легкие, безответственные отношения, им это позволяют. Поэтому степень инфантильности мужчин, особенно молодых, сегодня выше, чем когда-либо.

м.к. Неужели не бывает и по-другому: он и она живут вместе, отношения развиваются, углубляются, и постепенно и он, и она понимают: нечего и некого больше искать, незачем тянуть дальше эту ситуацию, можно просто вступить в брак?

т. б. Безусловно. Но чаще, к сожалению, бывает так, что отношения, не связанные обязательствами, существуют до первых трудностей. Явление, нередкое в браке — "любовная лодка разбилась о быт" (Маяковский) — в сожительстве случается еще чаще.

м.к. Хорошо, ставлю себя на место такой женщины, мечтающей о браке. Что можно сделать, чтобы повлиять на ситуацию? Насколько я понимаю, два пути давно уже освоены: беременность или уход. У нас с тобой общий ребенок, как он будет расти без отца?

т. б. Да, беременность может быть аргументом, но что из этого выйдет? Хорошо, если мужчина поведет в загс мать своего будущего ребенка добровольно, а не под давлением. Иначе и ребенок после рождения не удержит его в семье. Но уход женщины, уставшей ждать свадьбы и решившей попытать счастья с другим, может побудить мужчину — чтобы вернуть и удержать подругу — "зарегистрировать" их отношения. И часто это "работает" — ведь только потеряв, мы, как известно, начинаем ценить то, что имели. Но стоит ли *заставлять* на себе жениться?

м.к. А если уход — вовсе не готовность оставить этого человека, а просчитанная манипуляция? На манипуляции тоже не выстроишь подлинных отношений и семьи.

т. б. Конечно, бывает и такое. Как и ложная беременность, которая чудесным образом "рассасывается" после свадьбы. Что бывает, когда обман открывается? Думаю, ничего хорошего, если манипуляция такая грубая. Но встречаются, правда, такие гении манипуляции, что им найти выход даже из такой ситуации ничего не стоит.

м.к. Иногда против заключения брака мама, его любимая мама. Маме не понравилась эта девушка, женщина, и она категорически против свадьбы. Сегодня это частое заболевание — маменькин сынок, хотя внешне это может быть мускулистый мачо, верный посетитель фитнес-клуба, все равно, он не может преступить мамин запрет.

т. б. Конечно, женщина может думать, что мужчина не женится на ней потому, что не может нарушить мамин запрет, боится пойти поперек ее воли. Но чаще всего правда в том, что этот мужчина уже состоит членом одной семьи — маминой, и другая ему не нужна. В маминой семье он защищен, обихожен и находится на той ступеньке иерархической лестницы, на которой ему удобно. Поэтому так трудно уговорить его жениться. Все те блага, которые вроде бы обещает полноценная семья с женщиной, у него уже есть. Конечно, он не спит с мамой, но та может не возражать, чтобы у ее взрослого сынишки была "личная жизнь". При условии, конечно, что и интимная жизнь ее сына находится под ее контролем. А брак, в котором он даже будет главой семьи, и возможные дети — это обязательства и ответственность, которые этому мужчине не нужны.

м.к. Не менее редкий случай — женатый мужчина. Он уже женат, не на маме, на другой женщине. Брак там давно вымерз, отношения со старой женой ссохлись и завяли, и он обещает, что вот-вот разведется, но почему-то никак этого не делает. Жалеет, может быть, жену?

т. б. Скорее, прикрывается ею. Если мужчина не развелся сразу, вероятность, что это случится потом, — мизерная. Он вовлечен в отношения с женой больше, чем с сожительницей. А та, боясь испортить отношения, терпит и надеется, что ее любовь победит. Правда, ситуация может измениться, если брак расторгнуть захочет его жена. Например, полюбив другого и решив выйти за него замуж. Но если бывшая жена не тяготится штампом в паспорте, то такая ситуация — мужчина живет с одной, а психологически женат на другой — может длиться столько, сколько хватит терпения у его сожительницы. Однако бывает и так: когда девушка начинает проявлять нетерпение, оказывать давление на своего сожителя — "Когда же ты разведешься?", "Когда мы, наконец, поженимся?" — он рвет отношения со "скандалисткой" и... женится на другой. На этот раз действительно разведясь с супругой.

———

м.к. И все же ясно, что людей так привлекает именно в такой форме жизни вместе. Дурацкое все-таки слово "сожительство", слишком грубо, на мой вкус, звучит. Их привлекает свобода, ты ничем еще не связан, фамилию свою никому не дал и ничью не взяла, и в любой момент можешь убежать. Жизнь — длинная, как можно пообещать кому-то оставаться с ним всегда? А если я заболею, а если он, а если через десять лет он изменится так, что ничем не будет напоминать человека, которого я полюбила, а если… И пока люди молоды, лет до тридцати с небольшим, дальше — страшно, дальше поздно будет детей рожать, хотя и в этом отношении медицина все смелей… Словом, пока ты молод, куда торопиться, зачем с этими обязательствами спешить? Тут тебе и преимущества общей жизни, и свобода. Вполне понятная позиция, нет?

т.б. Да, люди думают, что не теряют своей свободы, остаются вольными. Но совместная жизнь не может совсем не ограничивать свободу — и личностную, и экономическую, и сексуальную. Сожительство ограничивает обоих и в повышении уровня благосостояния — как минимум неизвестно, стоит ли покупать, к примеру, новую машину или большую квартиру? Да и вообще делать ли какие-то значимые вложения, если неизвестно, кому из них всё это будет принадлежать завтра, и не придется ли через некоторое время покупки и прибыль делить со скандалом? Сожители не свободны и в решении "детского вопроса", хоть нередко они так не считают. В первую очередь не свободна женщина. Но не свободен и мужчина — даже если он сбежал окончательно, он не свободен от общественного порицания (кое-где это поныне значимо), от возможных проблем с родственниками этой женщины, а то и от судебного иска о признании отцовства...

Так что женщинам, мечтающим о замужестве, стоит, на мой взгляд, задаться вопросом — *почему* их избранник хочет жить с ними, не беря на себя ответственности, предусмотренной браком. А для тех, кто не хочет жениться, потому что не уверен, что выбор его окончательный, существует такой вариант как пробный брак, когда люди определяют период, на который они берут на себя обязательства в отношениях. Такие браки пока не очень приняты в нашей стране, но за рубежом они становятся все более частым явлением.

А напоследок — история. О раннем начале сексуальной жизни.

Дочь моих друзей, Алина, после развода родителей училась в школе-интернате. Мать повторно вышла замуж, и ей было не до Алины. Лет в четырнадцать Алина отказалась жить в интернате и стала жить с матерью в коммуналке, где у них было две комнаты.

Бог не пожалел для Алины талантов — она легко училась, знала три иностранных языка, обладала абсолютным музыкальным слухом, да и внешности ее могла бы позавидовать любая. Утонченные черты, прекрасная кожа, изящная фигурка. И при этом — никакого самомнения. Кротость необыкновенная.

И вот в пятнадцать лет у Алины случилась любовь. По-взрослому. Алина уходит из дома и переселяется к возлюбленному, старше ее лет на десять. Сожительствует — в терминах нашего с вами разговора.

По утрам, приготовив завтрак, Алина шла в школу, где никто не догадывался, какой недетской жизнью она живет. Придя из школы, она готовила обед, мыла полы, стирала, гладила рубашки, словом, вела хозяйство. И делала уроки. Школу она закончила на отлично уже беременной.

Они поженились. Но когда Алине было двадцать два года, в лихие перестроечные годы мужа убили, и она осталась вдовой с двумя детьми на руках. Надо было содержать детей и помогать многочисленным родственникам мужа, приехавшим в Москву из ближнего зарубежья. И Алина взяла бизнес мужа в свои руки. А чтобы вести его эффективно, получила юридическое образование. А потом еще и психфак МГУ окончила, и даже диссертацию по психологии защитила.

Сейчас ей сорок три года. Дети выросли, получили образование. Сын ведет семейный бизнес, а Алина стала продюсером. Она по-прежнему прекрасна. Подняв на ноги детей, Алина снова вышла замуж, и похоже — счастлива в браке.

Мораль? Да вы уже, наверное, и так догадались — часто мы пытаемся найти закономерности там, где их нет. Раннее начало сексуальной жизни само по себе ничего не определяет. Важно, *какая* это девушка, какова ее личность.

м.к. Не искать закономерностей, не схематизировать — что ж, это мне близко. И пьеска напоследок, в которую я попыталась включить четыре описанных вами женских типа. Можно было бы назвать ее "О милости Божией", но не станем поминать имя Божие всуе, поэтому пусть будет просто "Четыре сестры".

Четыре сестры

В одном большом русском городе жили четыре сестры. Так случилось, что, хотя все они уже были взрослыми, по-прежнему жили вместе. В давно тоскующей по ремонту трешке, с мамой Ириной, преподавательницей музыкальной школы.

Муж ее, отец всех четырех девочек, оставил семью много лет назад — четвертая дочка, Алечка, часто болевшая и горько плакавшая по ночам, подкосила его и без того расшатанную нервную систему, и во второе от рождения Алечкино лето папа тихо переехал на соседний дачный участок, под бочок крупной, добродушной и, по счастью, совершенно бездетной вдовы Валентины. Она, впрочем, не будет играть в нашем повествовании никакой роли. Как и уставший от дочек отец.

Дальше Ирина растила дочек в гордом одиночестве. И вырастила. Музыкантом из них, правда, никто не стал. Алечка окончила художественное училище, чудесно рисовала и, кажется, под влиянием преподавателя по монументальной живописи, стала верующей. Ходила в храм, писала иконы и горячо молилась Богу о том, чтобы Он послал ей хорошего жениха. Но какие были ее годы — восемнадцать лет, можно было еще подождать, и Алечка терпеливо ждала. Старшая сестра, Маргарита, студентка второго курса мединститута, будущий педиатр, наоборот, ждать не желала и жила в свое удовольствие — нравы в институте царили свободные, а уж о том, как проходили ночные дежурства в больнице, где Рита подрабатывала медсестрой, целомудренно умолчим. Рита думала так: попадется кто стоящий, так и думать нечего, а пока… ни в чем себе не отказывала.

Следующая сестра, двадцатичетырехлетняя Людмила, сотрудница клиентского отдела местного банка, сестры называли ее "нашим бухгалтером", жила на два дома — выходные проводила в съемной квартирке своего ухажера, Василия, трудившегося старшим менеджером среднего размера компании, торговавшей в основном мобильными телефонами. Отношения Люды и Василия длились уже несколько лет, но Василий что-то не торопился жениться. Говорил: вот как встану потверже на ноги…

Старшая сестра, Ксения, замужем уже побывала, но через три года неведомых миру мучений развелась и вернулась жить под материнский кров. В прежней жизни Ксения была фотографом и журналистом, но после развода ей что-то не везло с работой, то и дело не складывалось, в конце концов она перестала напрягаться, каждый день ходила гулять и фотографировала всё подряд. Фотографии свои, впрочем, она никогда потом не смотрела и никуда не выкладывала. У Ксении никого, разумеется, не было, потому что на мужчин после неудачного замужества она "смотреть не могла".

Но вот у мамы Ирины с недавних пор появился поклонник, предприниматель Аркадий. Пятидесятишестилетний Аркадий был дважды женат; впрочем, по его словам, второй брак давно исчерпал себя, Ирина ему нравилась гораздо больше. Развестись с женой он пока не решался, но дарил Ирине приятные подарки и смешно шутил.

И тут наступила весна. Небесные легкие расправились, природа задышала глубоко, солнце пекло все жарче, земля отогрелась. Зацвели подснежники, возле теплых колодцев пробилась первая травка; птицы всех мастей и расцветок вернулись домой из дальних стран и щебетали каждое утро так сладко и нежно, что прямо за пасхальным завтраком в храме Алечка получила предложение руки и сердца от их регента, Михаила. Алечке и самой Михаил очень нравился, но она и думать не смела.

Рита в эти весенние дни впервые в жизни по-настоящему влюбилась в Сашу из хирургической ординатуры, и так, что сама позвала его замуж — Саша с радостью согласился.

Василий пошел на повышение, возглавил компанию взамен отбывшего покорять Москву руководства и на радостях попросил Люду стать его женой.

Аркадия бросила, наконец, его вторая супруга, и он то ли от внезапного освобождения, то ли немного в отместку, но тут же сделал предложение Ирине. Ирина, поразмышляв и посоветовавшись с дочками, согласилась.

Все они отмечали свадьбу в один день — арендовав городской парк и ресторан в этом парке. На свадьбе гуляло полгорода. Фотографии невиданного свадебного пира, сделанные, конечно, несколько ожившей по такому поводу Ксенией, появились во всех местных и даже нескольких столичных газетах, но главное, облетели весь интернет. Ксения сделалась знаменитостью, предложения о работе посыпались со всех сторон, даже со стороны неприступной Москвы, и вскоре Ксения снова покинула родной дом, вошла в столице в моду, и — невероятно, но спустя недолгое время отправилась замуж, за молодого и веселого велогонщика, на этот раз счастливо.

От нее, во время фотосессии в честь скорого выхода нашей книги о счастье, мы и узнали эту удивительную историю замужества четырех сестер и их мамы.

ЧАСТЬ II

В СЕМЬЕ

Глава шестая
И ВОТ ОНИ ВМЕСТЕ

1. СЛУЖИТЬ НАПЕРЕГОНКИ

м.к. Даже удивительно, как долго мы обсуждали, что происходит до брака, сколько препятствий ожидает двух людей на пути к семье. И все же, несмотря ни на что, многие решаются произнести эти слова: "Будь моей женой". И даже слышат в ответ: "Согласна".

Начинаются смешные волнения — свадебный наряд, кольца, приглашение гостей, меню свадебного пира... Новые, неразрешимые вопросы! Куда, например, в какое место на голове и как пристегнуть фату? Когда я выходила замуж, никто почему-то не мог мне этого объяснить, пришлось покупать специальный механизм с расчесочкой и белым цветком. По случаю, в магазине для новобрачных в городе Наро-Фоминске! В Москве я такого найти не могла. Но это всё глупости, конечно. Главное было другое. Ясно помню свое предсвадебное состояние, это постепенное погружение в совершенно новое ощущение: я, прежде папина и мамина, потом сама по себе, своя, теперь была не папина, не мамина, не своя, а Сашина. И это отделяло меня от целого мира тонкой невидимой пленкой, но отделяло вместе с ним, моим женихом. Потом светлая песнь венчания, речи и счастье первых дней — золотистое на просвет. Тогда я не понимала, что так будет не всегда, тогда и не подозревала, что никакой семьи у меня пока нет, что семью предстоит строить и строить, жила как жилось. Но нажмем на "паузу", мемуары когда-нибудь еще напишу, а пока обратимся к нашей следующей теме — семейной.

Итак, он и она вместе, живут вдвоем, официальными женой и мужем. И пообещали друг другу так и жить всегда, бог даст, до самого конца. В этом обещании, в этой готовности идти рука об руку — столько надежды, веры. И все, кто женился по любви, кто действительно женился, соединившись с любимым, любимой впервые после свадьбы, знает, испытал эту сладость начала, медового месяца длиной в неделю, несколько месяцев, иногда в год. Хотя мне знакомы две пары, у которых медовый месяц не кончился и десятки лет спустя. Но это дар, чудо, а чудеса случаются редко. Обычно все по-другому.

Сквозь золотое покрывало проступают первые

недоумения. Он-то оказывается... дальше пусть каждый вставит свое. Например, улегшись на диванчик, любит вечерами смотреть по телевизору боевики. А она — читать. Но комната — только одна. Она готова уйти с книжкой на кухню, "пиф-паф" и вопли с экрана ей мешают, он хочет, чтобы она никуда не уходила и лежала с книжкой у него под бочком. Или он, оказывается, привык к тому, чтобы завтрак ему подавали в постель, но и она тоже. И у него и у нее были очень любящие мамы. А тут вдруг надо заботиться о другом. Но ни тот, ни другой ангелом-мамой быть не согласен. Пелена постепенно спадает. Ах, вот ты, оказывается, какой. Ах, вот ты какая...

И начинается, не побоюсь этого слова, крестный путь друг к другу, к встрече и соединению двух людей какие они есть, подлинных. Теоретически всё просто. Хорошо известная мне по опыту православная теория семейного счастья вообще элементарна: уступать друг другу, наперегонки друг другу служить. В этом жертвенном служении растворятся все недовольства, вся ваша разность. Вы согласны, что это и есть самый надежный путь к семейному счастью?

т. б. Хорошо уступать, если уступается, если после этого не хочется отыграться. Я уступила, а теперь ты уступи мне! Ты почему мне не уступаешь?! Хорошо служить, если воспринимаешь это служение радостно. А если это не так? Тогда это двойной обман — и себя, и мужа обманываешь, как бы подставляешь вместо себя другую личность. Не я — какая я есть, а какой должна быть на моем месте хорошая, правильная жена. Ну как-то мне не верится, что подмены могут привести к счастью.

м.к. Подождите, ну вот сразу вы... самообман, подмена... Вы не допускаете, что эта установка на взаимное служение, если люди всерьез стараются ей следовать, действительно может привести их к семейному счастью?

т. б. Моя ирония здесь, возможно, не уместна. Но я слишком часто сталкиваюсь с тем, что из установки на уступки и служение происходит что-то такое, что не контролируется личностью и что привносит в отношения обиду и разочарование. Конечно, если тебе не прекословят, не настаивают на своем, то и поводов для конфликтов меньше. Особенно, если оба с готовностью и радостно уступают друг другу. Да где ж вы видели такое? А если это игра в одни ворота — уступает всегда один? И уступает вовсе не радостно, а потому, что настаивать на своем — себе дороже? Мир — внешне — с помощью уступок можно сохранить, но надолго ли? И этой внешне мирной жизни для счастья, как мне кажется, всё же не достаточно.

Так про что мы с вами говорим? Про крестный путь семейной жизни? Про принесение себя в жертву — если такая аналогия возникает? И мы хотим понять, как лучше распинать себя в надежде, что это и есть путь друг к другу? А счастье — это что?

м. к. Например, радость быть вместе.

т. б. Если радость есть, значит, люди уже счастливы. И советы им не нужны. Но чаще радость быть вместе выглядит так: "Он ест — я готовлю, он носит — я стираю, он разбрасывает вещи — я убираю. И что бы я без него делала?!" Или вот — приходит на прием женщина и говорит: "Вы знаете, муж меня бьет, оскорбляет, изменяет мне, не дает денег, а теперь еще и развестись хочет. Объясните ему, что это уже слишком!"

м. к. Весело! Расспрошу вас как-нибудь, у психологов же тоже свой великолепный фольклор. Да-да, радость и счастье, говорите вы…

---

2. КАК ЛАДИТЬ ДРУГ С ДРУГОМ?

т. б. Каким бы ни было понимание счастья у человека, обычно на пути к нему лежит много разных… не хочется говорить слово "проблем", скажу — препятствий. Никому счастье не дается даром. Не об этом ли говорится практически во всех сказках? С той лишь разницей, что в сказках трудности случаются *до*, а в жизни они начинаются *после* венчания.

Про первые недоумения и пелену, спадающую с глаз, когда люди начинают жить вместе, мы уже говорили раньше. Помните — про ширмы, за которыми каждый прячет "неприглядную" часть своей личности? Когда люди всё время вместе, "обратная сторона луны" каждого становится видимой. И если мы придумали своего партнера, то разочарование неизбежно.

Что значит придумали? Приписали ему качества, которыми он не обладает. Или, наоборот, отрицали в нем то, что есть и что другим, не влюбленным в него людям, видно.

Вообще, склонность *приписывать* присуща всем людям, а не только влюбленным. Именно об этом поговорка — "каждый понимает всё в меру своей испорченности". У влюбленных же приписывание идет не из "испорченной" части души, а из ее лучшей половины. Можем ли мы не разочароваться, когда начинаем прозревать: "Ах вот ты, оказывается, какой!"? Совсем избежать разочарования вряд ли удастся. И надо обладать запасом психологической прочности, чтобы столкнувшись с тем, чего мы не ожидали, не прийти в отчаяние. Вопрос, скорее, в том, насколько люди способны корректировать свои представления.

Знаете, счастливые супружеские пары — те, кому удалось избавиться от мифов о браке. Один из самых разрушительных для семейной жизни таков: "Наши представления о браке полностью совпадают". Но в действительности это бывает крайне редко.

Протоиерей Сергий Николаев рассказывал, что когда его будущая жена плакала перед свадьбой, что ей страшно выходить замуж, отец ей сказал: "Доченька, не плачь! Их семья такая же точно, как наша. И всё у тебя будет так, как ты привыкла". Так и случилось. И прожили они душа в душу много-много лет.

м.к. Но чаще в браке происходит как раз то, чего мы не ожидаем.

т. б. Потому что ожидания по поводу нашей жизни в браке включают в себя неписаные *правила*, о которых обычно не говорят, это вроде как само собой разумеется. У каждого из супругов есть свои правила, и каждый уверен, что они совпадают с правилами супруга. О том, что это не так, люди узнают только тогда, когда правила нарушаются. Какие могут быть эти правила? Например, такие "простенькие":

Когда человек работает, его нельзя отвлекать.
Просить о помощи можно только тогда, когда оказался в полном тупике.

Никогда не повышай голос.
Нельзя лечь спать, не убрав на кухне.
Не рассказывай о своих чувствах.

Вот муж сидит за компьютером, а жена спрашивает его что-то, как ей кажется, не терпящее отлагательств. Муж вскипает: "Не мешай мне, когда я работаю!" Жена обижается и, в свою очередь, обвиняет мужа в нарушении им ее правил: "Не кричи на меня!", потому что в ее семье повышение голоса было недопустимо.

Другой источник непонимания, обид и разочарований в том, что очень часто супруги полагают, что знают мысли и чувства другого человека. И вместо того чтобы просто спросить про них, приписывают их ему и делают далеко идущие выводы на основании внешних и иногда случайных вещей. Например, муж за завтраком поглощен мыслями о предстоящем совещании, на котором, как он думает, может получить выговор. Его взгляд рассеян. Жена трактует этот взгляд как то, что он потерял к ней интерес, что его чувства охладели. И поскольку она уверена в своей способности понимать, что происходит с мужем, ей не приходит в голову проверить правильность своих умозаключений. То же самое может делать и муж.

Склонность *придумывать* мысли и ощущения другого человека и поступать так, как если бы придуманное было *реальным*, делает общение все более затруднительным, пока, наконец, оно не прекращается совсем.

Еще один источник трений — бессознательные роли, которые мы играем сами и отводим своему партнеру. Семейные пары, подобно театральным актерам, следуют сценарию. Сами того не подозревая, жених и невеста готовятся играть роли, которые сформировались в их подсознании еще до свадьбы. Складываются они под влиянием жизненного опыта, распределения ролей в родительских семьях, ожиданий от будущего брака. И если эти ожидания относительно ролей друг друга не совпадают, конфликты неизбежны.

Вот вы говорите: "Я тогда не знала, что семью надо строить, просто жила..." Очень многие люди именно так и относятся к браку. Свадьба в их представлении — апофеоз их отношений, а дальше должно происходить то, о чем они знают с детства из сказок — "и жили они долго и счастливо, и умерли на одной подушке". Однако уже на первом году совместной жизни примерно половина молодоженов утверждают, что столкнулись с такими серьезными проблемами в отношениях, что начинают сомневаться, стоит ли им быть вместе.

Я знаю нескольких женщин, которые готовились к браку всерьез. Одна из них говорила, что знала заранее, каким завтраком она накормит мужа после первой брачной ночи. Другая рассказывала, что свекровь, в доме которой они с мужем жили, позвонила ее родителям через несколько дней после свадьбы и поблагодарила их за воспитание дочери. Но это, как вы понимаете, редкость.

Мне кажется, обычно люди не очень понимают, что строить совместную жизнь означает создавать строй — *порядок*, в котором она будет происходить. Муж и жена должны стать устроителями государства под названием "семья", они — царь и царица в нем. И царские венцы, которые священник возлагает на их головы, подчеркивают этот момент. Каким будет их царство-государство? По каким законам-правилам они собираются жить? Во многом это вопрос договоренностей. И если таких договоренностей нет, а есть такая презумпция, что мы одинаково смотрим на мир, то понятно, что недоумения, недоразумения и разочарования возникнут очень скоро.

м.к. Да-да, но вот как сделать, чтобы в этих разочарованиях не захлебнуться? Пора наконец об этом спросить: счастливым быть — как?

т. б. Счастливым можно быть только в реальности. Всё, что мешает реальность воспринимать, отводит человека от счастья. Потому что то, что он делает исходя из своих представлений, а не из реальности, может быть невпопад. Ты думаешь, что человеку приятно то, что ты делаешь, а он недоволен. Хорошо, если открыто — тогда ты, по крайней мере, можешь увидеть, какова реальность.

м.к. И чтобы не разочаровываться, не заблуждаться, нужно внимательно смотреть на человека, на его отклик, реакции?

т. Б. Да, чтобы не заблуждаться, надо видеть, что с человеком в данный момент происходит. Множество проблем в семейной жизни, если не сказать вообще проблем в отношениях, происходит от непонимания и вытекающих из него недоразумений.

м.к. Хорошо, вот смотрите, что вы сказали, если я верно поняла. Что эти свитки с правилами, которые хранятся у каждого за пазухой по отдельности, нужно вынуть и показать другому, проверить, он согласен? Он тоже так думает? А еще лучше и вовсе порвать и написать этот свиток в две руки. Так?

т. Б. Конечно, эти свитки надо сличить. Выяснить, где расхождения. А там, где расхождений нет, надо подумать, действительно ли этих правил надо придерживаться. Потому что правила эти попали в наши головы задолго до того, как мы стали взрослыми.
И взяты они из тех семейных систем, в которых люди выросли.

м.к. Или религиозных.

т. б. Да. Значит, нужно две вещи: сличить и выработать новые, приемлемые уже для обоих, общие правила.

м. к. Но стоп! Это если они могут договориться... Например, пункт номер один, пусть это будет какая-нибудь чудовищная ерунда, впрочем, заполняющая нашу жизнь. Один считает: "ходим за покупками в воскресенье", а другой: "ходим по субботам!". Нет, по воскресеньям, в субботу слишком много народу! Нет, по субботам, воскресенье лучше посвятить прогулкам, походам в кино и в гости! И так на каждом шагу. Несовпадения. И каждый прав. И что? Как договориться без взаимных уступок?

т. б. Да я вовсе не против уступок. Без них, конечно, невозможно. Это, как говорят математики, — условие необходимое, но не достаточное. Но даже если кто-то уступил, и они "договорились", что ходят в супермаркет по воскресеньям, то на этом все может не закончиться. И возникнут новые преткновения. А когда ходим? Утром или после обеда? Что покупаем? Строго по списку или что приглянется? И так далее. И если у людей нет внутренней ценности того, что называется *лад*, а есть другая ценность — *чтоб было по-моему*, то столкновения и "бодание" будут неизбежны.

м. к. Хорошо, составили список. Хотя само по себе мне это напоминает один знаменитый роман, там тоже все отношения были очень четко прописаны. "Что делать?" я имею в виду. Уморительное чтение. Но пусть, решили, что делать, а потом применили это к жизни исходя из теории, изложенной в той же книге, теории разумного эгоизма, согласно которой человеку следует делать только то, что ему выгодно, а выгодно ему, считает Чернышевский, то, что ему полезно. Достоевский ему возражал, утверждая, что даже если человек точно знает, что ему полезно (например, не грешить, не нарушать заповеди, добавлю от себя — не пить, не курить и дома бывать), он отчего-то постоянно делает наоборот, назло всем и себе. Природа человеческая прихотлива, отчасти извращена. Я хочу сказать, что даже когда свитки сличены, правила составлены и оба их составителя признали их разумность, начинаются нарушения. "Мы же договаривались!" — будет кричать один. "Вовсе не о том!" — будет удивляться другой.

т. Б.   Знаете, я согласна и с Чернышевским, и с Достоевским, как ни странно, одновременно. Человек, конечно, точно знает — нутром, — в чем его выгода. А вот на пользу ли ему эта выгода, не так легко определить. Считается, что пить, курить, есть жирную пищу или, наоборот, голодать не полезно. Однако сплошь и рядом мы видим, что все эти вредные вещи могут принести *ситуативную* пользу. Например, голод необходим для лечения некоторых заболеваний, водка может снять напряжение после стресса или предотвратить простуду, если человек сильно замерз.

Можно сказать, что человек — это такая энергетическая система, которая, как все системы, стремится к равновесию. Мы узнаем о нарушении равновесия в системе по наличию у нас желаний. Человек всё время чего-то хочет. Причем одновременно нескольких вещей. Различные желания толкают человека одновременно в разных направлениях, и это может причинять значительные неудобства. Некоторые потребности человек может удовлетворить сразу и непосредственно, а некоторые должны ждать своего часа. Есть и такие, которые человек удовлетворить не может, если у него есть запреты — религиозные, моральные, социальные или сценарные, полученные им от родителей.

Поскольку удовлетворить все желания невозможно, человек стремится снять сильнейшее из своих напряжений или то, которое возможно в данный момент. Это для него благо или нет? С точки зрения энергетической системы — благо. Потому что это снижает уровень напряжения, делает его переносимым. А с точки зрения пользы, добра или зла — очень по-разному.

То, о чем говорит Достоевский, — когда человек делает то, что с точки зрения здравого смысла ему не полезно. — есть действие, направленное на снижение напряжения. И это неразумное действие — единственно возможное для него в данных обстоятельствах. Можете мне поверить! Человек знает о себе не всё, в том числе и о своих скрытых потребностях. И может искренне желать очевидно полезного, стремиться соблюсти некую заповедь, которая на уровне сознания ему важна, но напряжение, вызываемое скрытой неудовлетворенной потребностью, будет настоятельно требовать разрядки. И когда это напряжение уже нельзя будет сдерживать, он совершит то самое "вредное", неразумное действие, которое только и может снять его сильнейшее беспокойство.

Если человек не осознает, какие силы в нем действуют, "править бал" может любая бессознательная потребность. Человека несет. Он ощущает себя невольником. Он может очень переживать, что опять не устоял — опять сел за карточный столик, опять напился, опять накричал на ребенка… Давать себе зарок никогда больше так не поступать. Но когда неосознаваемая потребность опять достигнет пика своего напряжения, всё повторится.

Поэтому — познай самого себя!

———

3. ПОЗНАНИЕ СЕБЯ

м.к. В последнее время для меня нет ничего ближе этих слов. Познай самого себя. Ты себя не знаешь,

———

дурачок! Но для многих, да и для меня много лет, это звучало как отвлеченный, непонятный афоризм. И что же надо делать, чтобы познать себя? Когда мужчина познает женщину, мы знаем, что он с ней делает. А себя-то как познать?

т. б.   А что он с ней делает?

м. к.   Он ее обнимает. Целует. Смотрит на ее реакции. Так он ее познает. В таком самом последнем, самом глубоком смысле этого слова. С помощью ворот, сквозь которые люди проходят, чтобы друг друга познать. А с собой как быть?

т. б.   Ну, давайте на этом задержимся. Вот он целует женщину, смотрит на ее реакцию…

м. к.   Это в идеале, конечно…

т. б.   Ну, если смотрит — значит, у него есть возможность и себя познать. Почему? Если женщина не скрывает своих чувств, то есть не обманывает его, и он видит, например, что она уклоняется от поцелуя, он может задаться вопросом: почему она отворачивается? Что в ней происходит? Я это вызвал? И чем именно? И если он допускает, что ее проявления могут быть реакцией на его действия, он может свои действия, а значит, себя, увидеть. А если игнорирует ее реакции, он никого не познаёт — ни себя, ни женщину…

———

м.к. Вы сказали ужасно любопытную вещь, что человек познает себя, когда познает другого.

т. б. Ну, это еще Маркс сказал что-то подобное, а задолго до него — другие философы...

м.к. То есть способ познать себя — вступить в соприкосновение с другим человеком. Любое. Не обязательно с ним целоваться.

т. б. Да. Поэтому отношения вообще, а не только супружеские, их качество и удовлетворенность ими зависят от способности понимать того, с кем общаешься. А для этого нужно видеть реакции другого и задаваться вопросом — то, что я вижу, это результат моих действий? И чтобы не ошибиться, надо не домысливать, а проверять, правильно ли я вижу и понимаю ситуацию. Спрашивать — а что ты почувствовал, когда я сделала вот так? И это такая простая вещь, что остается только удивляться, почему так мало людей это делает...

м.к. Понятно вместе с тем, что такое чуткое, глубокое узнавание друг друга — процесс. Долгий, многолетний. И все же в какой-то момент неизбежно возникает ощущение: ты уже *так* ее (его) познал, что дальше некуда. Почти всем живущим в семье оно знакомо. Кажется, ты уже не просто хорошо знаешь этого человека, так, что каждую его реакцию можешь предсказать, ты видишь и его потолок, его ограниченность. И понимаешь, что вот в этом он уже не изменится никогда, и в этом нет, а в этом, видимо, будет становиться только хуже. И это еще одно неизбежное потрясение, которые испытывают все, кто идет вместе долго. Иногда это происходит синхронно, иногда он испытывает подобное раньше, чем она. Или наоборот. Не так давно я стала свидетелем одного разговора. Один человек, искушенный и уже не молодой, сказал женщине лет тридцати, которая была замужем около семи лет, про ее мужа: "Да ты же пролистала его как книжку, тебе просто нечего с ним делать". Меня передернуло. Во-первых, это бесконечно безжалостно прозвучало, но во-вторых... это было похоже на правду в том конкретном случае. Как же быть, когда книжка пролистана до конца? Искать второй том? А если нет никакого второго тома...

т. б. Но ведь люди не в один день в этой ситуации оказались. Сначала они могли рассматривать предсказуемость как благо — если знаешь, каким будет ответ на твои слова или действия, можешь избежать нежелательных реакций. Супруги научаются обходить острые углы и могут думать, что это свидетельство того, что они притерлись, приладились друг к другу. В каком-то смысле это действительно так — они научились не наступать на мины и ходить безопасными тропками.

Но их общение все больше происходит по сценарию, в котором уже всё известно — сказал "А", в ответ, конечно, услышишь "Б".

м.к. Сценария? А как он вырабатывается, кто его пишет, этот сценарий?

т. б. Да сами супруги и пишут. Откуда они берут "материал" для сценария? Из прошлого опыта, из закромов бессознательного, из шаблонов общения, присущих каждому из них.

Вообще-то, *ощущение*, что "ты уже *так* ее (его) познал…" может быть ложным. На чем в данном случае оно основано — на предсказуемости? Жена знает, что произойдет, если она скажет "А". Да и как может быть по-другому? Если жена ведет себя по выработанному супругами шаблону, то он отвечает ей так, как по этому шаблону положено. Измени жена свое поведение, и реакция мужа будет другой. И тот, кто говорит в ответ "Б", ею вовсе не познан. Она не может ведать всех его чувств или мыслей, обид или ожиданий. Умозаключение, что она знает своего мужа, делается ею на основании видимой части айсберга его души — его поступков, мотивы которых ей к тому же неизвестны.

Предсказуемость экономит силы, но она неизбежно вызывает скуку, потому что угнетает ориентировочный рефлекс. И именно эта скука, отсутствие новизны, заставляет жену думать, что она полностью, исчерпывающе знает своего супруга.

Но мне хочется показать, какой на самом деле это сложный процесс — понимание чего-либо, а уж души другого человека — тем более.

И вот вам история.

Окно на кухне открыто. Я готовлю обед, моя трехлетняя дочурка вертится рядом. Внезапно порыв ветра вздымает занавеску на окне, и она загорается от пламени газовой плиты, стоящей у окна.

Молнией я метнулась к плите, схватила чайник и залила пламя. Кусок занавески выгорел, на полу и подоконнике — черная лужа. Не беда! Главное — пожар остановлен! Гордая собой, своей находчивостью и самообладанием — как ловко я справилась с проблемой! — я удовлетворенно обернулась к дочери и, решив использовать в воспитательных целях этот прекрасный с точки зрения педагогики случай практического пожаротушения, спросила: "Олечка, а ты поняла, что произошло?" "Да, — ответила она, — ты полила из чайника на занавеску, и она загорелась".

Вот вы смеетесь, а я от изумления потеряла дар речи. Как это возможно — увидеть происшедшее с точностью до наоборот? Переставить с ног на голову? Может быть, с моей дочерью не всё в порядке? Я мучительно искала объяснения этому вопиющему, невозможному с точки зрения здравого смысла явлению.

Все оказалось просто: дочь не видела, как загорелась занавеска. А что привлекло ее внимание?
Мама, пулей метнувшаяся к плите. Затем она видит нечто странное — мама льет воду из чайника
на занавеску. И только потом она видит пламя.
В ее восприятии последовательность действий
такова: вода из чайника льется на занавеску —
возникает (в ее поле зрения) огонь. Она уста-
новила причинно-следственную связь: из двух
последовательных событий то, что произошло
ранее, является причиной того, что случилось
позднее. Именно так и работает мышление. Для
своих трех лет моя дочь мыслила отлично! Она
не увидела несуразности своего вывода потому,
что он не противоречил ее малюсенькому опыту взаимодействия с реальностью. У нее еще не
было знания, что вода гасит огонь и никогда его
не вызывает.

Большинство людей считают, что вещи тако-
вы, какими они их видят, какими восприняли.
И даже не догадываются, что могут увидеть неправильно. Не обязательно так вопиюще, как
в случае с занавеской, но всё же с искажением
реальности. И нам может не приходить в голову,
что другие люди видят всё иначе, чем мы. Мы не
сличаем свои восприятия, будучи уверенными:
смотрел — значит, видел. К тому же мы в большинстве случаев уверены, что именно наше восприятие в точности соответствует реальности,
а заблуждается, конечно, другой.

М. К. Да, от этого так трудно бывает друг друга понять. В это почти невозможно поверить, что другой видит настолько по-другому, что мы действительно видим совершенно разное. Но почему?

Т. Б. Восприятие — процесс куда более сложный, чем мы думаем. Во-первых, оно всегда *избирательно* — из целостной картины человек выхватывает то, что его интересует. Вот муж и жена одновременно смотрят в окно — муж видит новую машину соседа, а жена шляпку соседки. А выхватив, что он *на самом* деле видит?

Оказывается, человек практически всегда *привносит* в то, что видит, нечто "от себя", исходя из внутренней установки — готовности воспринимать *определенным* образом. Например, задержанный сунул руку во внутренний карман, чтобы достать валидол, а полицейский решил, что он лезет за оружием, и выстрелил на поражение. Внутренняя установка — как искажающие реальность линзы, и выражение "видеть все в розовом свете" или, наоборот, в черном — про это. Но человек обычно не замечает своих "линз" и уверен, что видит вещи такими, какие они есть.

Интересно, что в Библии часто встречается выражение: "И было это мерзко в его очах". Обычно мы делаем акцент на слове "мерзко", воспринимая его как объективную характеристику чего-то, и упускаем из виду важное добавление — не вообще мерзко, а в *его очах*!

м.к. Да-да, такой "Расёмон" Куросавы, четыре точки зрения — четыре разных истории, хотя история одна; там, впрочем, каждый из участников не только так видел, он и сознательно лгал. Вы же имеете в виду, что человек заблуждается искренне, потому что он и правда так видит, точнее, так понимает увиденное.

т. б. Совершенно верно. И вот вам пример — про понимание.

Мы сидим в небольшом кабинете медицинского центра на Арбате с моим пациентом, тревожно-мнительным молодым человеком. Дверь кабинета распахивает настежь незнакомая мне женщина. Смотрит на меня, затем переводит взгляд на молодого человека и говорит кому-то за спиной: "Никого нет". Закрывает дверь. Я понимаю — она хотела сказать, здесь нет никого из тех, кто ей нужен. А что мой пациент? Он в ужасе спрашивает: "Как — никого нет? А где же мы?"

> Интерпретация — второе звено в цепочке "увидел — среагировал".
> На процесс понимания влияет *депривация* — стойкое лишение в удовлетворении какой-либо потребности, *доминанта* — потребность, затмевающая собой все остальные (например, потребность в признании), усталость, уровень интеллекта, эмоция, которую человек испытывал "на входе", и многое-многое другое.

Следующее звено — *оценка*. Теперь я оцениваю, полезно или вредно для меня то, что происходит — разумеется, исходя из того, как я это понял. Нет ли в этом угрозы? Оценка вызывает *эмоцию*, а эмоция толкает человека к действиям. *Действие* может быть непосредственным проявлением эмоции — разозлился и тут же пустил в ход кулаки, а может быть остановлено, если в дело вмешался рассудок. Рассудок может предупредить: не стоит с ним связываться — себе дороже выйдет. И тогда новая эмоция, возникшая из оценки возможных последствий собственных агрессивных действий, остановит их.

Но и это еще не всё. Опять история. Из жизни.

Синяя жестяная банка с индийским чаем стояла на кухонном столе. Большая, красиво разрисованная. Удалось "оторвать" в продуктовом заказе. Средневековая миниатюра изображает падишаха под опахалами, а перед ним танцует, развлекая его, юная тоненькая танцовщица.

Я вхожу на кухню, предвкушая удовольствие — вечернее чаепитие после работы. Мой взгляд падает на банку с чаем, и я обнаруживаю нечто совершенно невозможное — прекрасная баночка, украшение и гордость, зацарапана гвоздем. В изумлении от такого неслыханного варварства я возопию: "Оля-я-я!!!", готовая учинить разнос. Но невозможность понять, как можно было совершить этот вопиющий акт вандализма, приостанавливает расправу — я выдыхаю со стоном: "О-о-ля, зачем ты это сделала?" "А зачем они ее бьют?" —

вопросом на вопрос отвечает моя семилетняя доченька. И тут я вижу — баночка зацарапана не вся. Одна ее сторона не тронута — та, где танцует юная красавица. А с другой стороны картинка совсем другая — танцовщица закрывает голову руками, пытаясь уклониться от ударов палками, которыми ее награждают верные слуги падишаха. И зацарапаны именно слуги. И падишах — главный злодей, который отдал слугам такой приказ.

Гнев моментально исчезает.

м.к. Вы узнали причину поступка.

т. б. Да, я узнала *мотив*. И мои эмоции и действия, которые с ними неразрывно связаны, изменились.
Если бы люди понимали, насколько сложен этот кажущийся таким простым процесс восприятия! И на каждом из его этапов возможна ошибка, от которой в конечном итоге может зависеть семейное счастье...

м.к. Хорошо, процесс познания усложняют наши предрассудки, установки, дурное настроение, из-за этого мы не можем увидеть ситуацию, человека, даже любимого, без искажений. Но понимание этого не решает проблемы потолка, ощущения, что процесс познания, в сущности, окончен.

т. б. Люди считают, что знают своего партнера как облупленного, потому, что на самом деле плохо его знают. Если мы пользуемся только кнопками ВКЛ и ВЫКЛ в мобильном телефоне и думаем, что знаем все его возможности, очевидно ведь, что мы заблуждаемся, хотя "поведение" телефона для нас полностью предсказуемо. Конечно, сначала мы можем удивляться: "Ой, нажала кнопочку — экранчик загорелся! Нажала другую — погас!" А потом уже и удивляться перестанем. И если мы привыкли нажимать на одни и те же "кнопочки" в партнере, как тут не быть предсказуемости? Но "кнопочек" в партнере гораздо больше, чем мы думаем, и познавать человека, то есть открывать в нем новое, можно всегда. Но если общение происходит на основе шаблонов, внутренняя жизнь партнера нам неизвестна.

М.К. Про кнопочки очень здорово, но не слишком, по-моему, правдоподобно. По-разному бывает. Кто-то меняется, кто-то нет. Вот представьте, рос мальчик в маленьком городке, потом уехал, поступил в институт, развивался, рос, менялся. Прошло десять лет, он вернулся домой. Там его родители, его тетушка, другие родственники, и у них всё то же, те же слова, фразы, те же привычки… Чехов лучше других, наверное, описал этот застой. Выросший мальчик понимает, что стал старше на десять лет, а они нет, они там же. Так бывает и без городов. Встречаешься с человеком и видишь: ты изменился, думаешь иначе, смотришь на вещи иначе, он нет. И как раз от этого, от разной скорости движения люди тоже разводятся. Он прошел путь, а она топчется там же, где была давным-давно. Неужели вы с этим не сталкивались?

т. б. Ну, я соглашусь, соглашусь, что люди меняются в большей или меньшей степени — это раз, и что меняются они в зависимости от того, какой опыт у них был. Появляется новый опыт — меняются. А если нового опыта нет, то и изменения не такие заметные. Вот тетушка — с виду всё та же. Так же печет пирожки. Так же радостно угощает. Но вот сердце прихватывает... стоять долго не может... за продуктами ходить тяжело... И привычные нам с детства пирожки уже для нее почти подвиг. Старость подобралась, и вечерами она грустит, вспоминая молодость. А какой веселушкой она была! Да и дядя тоже изменился. Сентиментальнее стал. Мягче. Кошку вот со стула не сгонит, а раньше, бывало, мог и сапогом в нее запустить...

Изменения есть всегда, но они могут происходить — образно говоря — в метровом, дециметровом или даже миллиметровом диапазоне. И чтобы видеть небольшие изменения, нужно настроить свою "оптику", откалибровать ее.

Мне кажется, мы можем остановиться, не развивать дальше эту тему — каковы возможности изменений в людях. Давайте допустим, что человек за пределами семьи опыт приобрел, а жене или мужу он неизвестен. Потому что между ними взаимодействие происходит как по рельсам: "Ужинать будешь? — Да", "Как дела на работе? — Нормально".

м.к. Мы никак не доберемся до того, как же супруги доходят до такой жизни? Как общение в семье превращается в душную, липкую паутину?

т. б. Причин много. Нельзя сказать, какая главная, поэтому приходится их просто перечислять. Вот мы говорили, что люди действуют так, как будто они *понимают*, что происходит с другим человеком. И дают реакцию не на то, что происходит с партнером, а на свое представление об этом. Как бы немного мимо. А тот, кто получает такую реакцию на свои слова, понимает — он не услышан. И если он раз за разом получает такие ответы, он заключает — говорить бесполезно. Теперь, чтобы не испытать боли от непонимания, он будет удерживать в себе, изымать из общения какую-то важную часть своей души, своего жизненного опыта. И "кнопочек", на которые супруг может "нажимать", теперь будет меньше, потому что некоторые из них он заблокировал. На следующем этапе контакт еще больше затрудняется. Дистанция между супругами увеличивается, достучаться друг до друга они уже не пытаются, отчуждение нарастает, и супругами овладевает безразличие друг к другу, холодное, леденящее душу отчаяние.

м.к. Отчаяние — это еще не самое ужасное, оно не так кошмарно хотя бы потому, что из него хочется выпрыгнуть, в нем скрыт толчок к действию, а вот равнодушие — это и в самом деле болото.

т. б. Равнодушие — это когда каждый сам за себя? Никто никому не сочувствует, не оказывает поддержки? Не семья, а общежитие? Но когда чувства как основание для совместной жизни отсутствуют, что-то же удерживает людей вместе. Экономические интересы, бытовое удобство, например. Кому-то такой вариант жизни подходит. И до полного равнодушия тоже надо дойти. Функционирование семейной системы значительно сложнее, чем это видится поверхностным взглядом. В ней действует одновременно много разных векторов и сил, которые сильно усложняют понимание и взаимодействие людей друг с другом. Например, у каждого члена семьи могут быть свои сценарные игры — скрытые, повторяющиеся манипулятивные воздействия, цель которых — получить психологическое преимущество. Например, такая игра:

Субботним утром жена дает мужу список покупок, которые он должен сделать на рынке. Муж на рынок ходить не любит, но и отказаться прямо не может. Возвращается. Жена заглядывает в пакет:

— Ты что принес? Это что — картошка? Она же вся гнилая! А капуста? Где были твои глаза? Она же мороженая!

Муж, как бы не понимая:

— Вот список. Картошку купил? Купил. Капусту, которую ты просила, принес? Принес! Что тебе еще надо?

В следующую субботу история повторяется. Но диалог уже заканчивается долгожданной фразой жены:

— Ничего тебе поручить нельзя!

И в следующий раз жена идет на рынок сама, а муж "с чистой совестью" лежит на диване и смотрит телевизор — его же ни о чем не попросили! Он ведь помогать не отказывается!

И таких игр предостаточно. Некоторые из них могут быть очень разрушительными, как, например, упоминавшаяся ранее игра "Алкоголик". Другие — более безобидны.

Но давайте пойдем дальше. Оказывается, очень важно, как именно люди описывают то, что с ними происходит. Например, если человек говорит "мне обидно" вместо "я обижаюсь", он теряет возможность понять, как он в этой обиде оказался. Заменяя глагол на безличный предикатив, люди превращают активные, деятельные части своего опыта в статичные. И видят итог процесса, который от них скрыт.

И еще если я говорю "он меня раздражает" — вместо "я раздражаюсь", то я назначаю кого-то ответственным за мои чувства. Я кажусь себе жертвой его действий.

м.к. Раздражает *он*, значит, *я* ничего не могу с этим сделать, *я* не виновата и бессильна?

т. б. Да. Оказывается, люди не могут изменить свою жизнь, если они представляют процессы своего жизненного опыта как статичные и фиксированные. И если они не могут переквалифицировать свой опыт, используя глаголы, то надежды на изменение почти нет.

м.к. То есть человек должен понять, что он не жертва, что эта ситуация — его рук дело?

т. б. Не только. Он должен понять, *как именно* он попал в то или иное состояние, какие его *действия* — внутренние, психические — туда привели. А если человек видит, каким путем он попадает в состояние, в котором находиться не хочет, то может выбрать и другой путь — который туда не ведет…

Например, многие сценарные ходы, которые как по нотам приводят к конфликтам, основаны на использовании конфликтогенов.

4. КОНФЛИКТОГЕНЫ.
ТРИ СОСТОЯНИЯ "Я"

м.к. Итак, Конфликтов Гена. Что за зверь?

т. б. *Конфликтогены* — это то, что провоцирует конфликт.

Конфликту обычно предшествует скрытое напряжение, вызванное ущемлением интересов — односторонним или взаимным. Пока оно скрыто, мы говорим о наличии конфликтной ситуации, которая может длиться очень долго, а может доли секунды — как в анекдоте про ковбоя. Помните? Ковбой сказал "Раз!", когда его кобыла споткнулась, а когда она споткнулась второй раз, то он, не говоря больше ни слова, пристрелил ее.

Так вот, конфликтогены — это слова, действия и даже бездействие, которые делают скрытое напряжение явным, с которых начинается ссора. Можно сказать, что конфликтная ситуация — это тлеющие угли, а конфликтоген — порыв ветра, который раздувает пламя.

Основными конфликтогенами являются:

— ДЕМОНСТРАЦИЯ ПРЕВОСХОДСТВА

— ПРОЯВЛЕНИЕ АГРЕССИВНОСТИ

— ПРОЯВЛЕНИЕ ЭГОИЗМА

м.к. Но один и в самом деле может в чем-то другого превосходить, превосходство — дело естественное.

т. б. Вот именно. Превосходство как таковое — вещь вполне объективная. Мы говорим о превосходстве в силе, скорости бега, выносливости и т.д., сравнивая людей по каким-либо параметрам. Кто-то может быть старше, кто-то лучше знает английский. Но *демонстрация* превосходства — это стремление показать другим, что они хуже, ниже, слабее, чем *я*. Иногда, и даже чаще всего, без всяких на то объективных оснований. Можно сказать, что это стремление унизить другого. Прямыми проявлениями демонстрации превосходства являются приказ, угроза, насмешка, навешивание ярлыков — "ты такой-то!", издевка, сарказм, которые позволяет себе человек, присвоивший себе право судить или учить других. Демонстрация превосходства может быть явной или замаскированной — в случае снисходительного, сверху вниз, отношения, навязывания советов, перебивания собеседника, высказываний категоричным тоном.

Надо сказать, что большинство этих проявлений автоматически появляются в поведении человека, если он находится в родительском состоянии Я.

м.к. Значит ли это, что даже если ты родитель, не стоит находиться в родительском состоянии Я по отношению к своим детям? В каком же тогда состоянии следует находиться?

т. б. Отличный вопрос! Конечно, во взрослом.

Вообще в процессе общения человек может находиться в одном из трех возможных состояний: детском, родительском и взрослом.

Детское состояние Я соответствует тому мироощущению, которое характерно для детей в раннем возрасте, когда они беспомощны, зависимы от родителей, наивны и безответственны. Они *не отвечают за самих себя*. В детском состоянии Я много позитивного, но основные негативные эмоции, присущие этому состоянию, — страх, обида, беспомощность, жалость к себе, уныние, отчаяние, чувство вины, стыд.

Кстати, в детском состоянии Я можно чувствовать себя виноватым, но раскаяние в нем невозможно, потому что невозможна критическая оценка своих поступков. Даже когда ребенок говорит: "Прости меня! Я больше так не буду!", он просит вернуть ему любовь, которую родитель "отобрал", когда рассердился на него. А обещание не делать так больше — часто не более чем фигура речи, необходимая часть "формулы".

Одна моя знакомая поставила своего трехлетнего сына в угол — в темный туалет. И сказала, что не выпустит его оттуда, пока он не поймет, в чем именно провинился. Проходит около часа — ребенок не выходит из туалета. Устав ждать, она открывает дверь и говорит сынишке: "Ну, подумал? Понял?" Тот не отвечает. Тогда, разозлившись на его "упрямство", она говорит:

— Ах, так! Будешь стоять здесь до тех пор пока не скажешь: "Мама, так-то и так-то, то-то и то-то!"

Через минуту сынишка выходит из туалета и радостно произносит:

— Мама, так-то и так-то, то-то и то-то!

А в родительском состоянии Я человек находится тогда, когда он считает, что несет *ответственность за другого*. В позитивном аспекте родительское состояние проявляется в заботе, защите, одобрении. Но если тот, за кого мы взяли на себя ответственность, ведет себя не так, как мы считаем правильным, мы гневаемся, раздражаемся, наказываем. "Родитель" стремится контролировать поведение подопечного, он говорит, как надо тому думать или действовать.

Родительское состояние Я человек также усваивает еще в раннем детстве, наблюдая, как ведут себя его родители, копируя их поведение в играх. Это еще Пушкин знал:

Охоты властвовать примета,
С послушной куклою дитя
Приготовляется шутя
К приличию — закону света,
И важно повторяет ей
Уроки маменьки своей.

———

Вот почему, вырастая, мы воспроизводим стиль поведения, который был характерен для наших родителей, даже если в детстве сами от него страдали. И даже давали себе клятвы никогда-никогда так самим не поступать. Но становясь в реальности отцом или матерью, мы как бы против своей воли "выдаем" те же реакции. Открываем рот — а из нас говорит наш отец или мать.

м.к. А взрослое состояние Я чем отличается? Ответственностью и за себя, и за других?

т. б. Ответственностью *только* за самого себя. Это не значит, что человек в этом состоянии думает только о себе и не принимает во внимание интересы других людей. Просто он осознает, что нести ответственность за них не может. Вот у семи нянек дитя без глазу — как вы думаете, почему? Они что — все плохо службу несут? Вовсе нет! Но даже семи пар глаз недостаточно, чтобы помешать ребенку сделать то, что он хочет. Углядеть за ним невозможно!

Но если человек понимает, что ему придется расхлебывать последствия своих поступков, он будет стараться взвешивать свои слова, обдумывать свои действия, семь раз отмерять, прежде чем отрезать. А отрицательной эмоцией, характерной для взрослого состояния Я, является досада. Ну, оступился — что ж, бывает! В следующий раз буду внимательней! Взрослое состояние Я почти бесстрастно. Как у шахматиста или гонщика, художника или сапера. И состояние это не зависит от возраста — ребенок, который переходит дорогу, заботясь о своей безопасности, находится во взрослом состоянии Я, а великовозрастный дядя, выскакивающий на железнодорожный переезд перед самым носом поезда, — в детском состоянии Я. Каждый человек таит в себе маленького мальчика или маленькую девочку — несет в себе впечатления детства, которые при определенных условиях могут активизироваться.

м.к. Но эти состояния явно могут присутствовать по очереди и в одном человеке, дежурить по сменам?

т. б. Да, они сменяют друг друга, и часто непроизвольно. Но вот что важно: для каждого из состояний Я характерны определенные мысли, чувства и поведенческие схемы, которые запечатлены в нашем опыте. Попал человек в детское состояние Я — будет обижаться, ощущать себя беспомощным, жертвой обстоятельств. Оказался в родительской позиции — будет поучать, контролировать, критиковать, раздражаться.

м.к. Что играет роль триггера? Как эти состояния включаются?

т. б. По-разному. Например, родительское состояние Я запускается как раз чувством ответственности *за другого*, часто ложно понятой. Но если человек в это состояние попал, он будет относиться к другому сверху вниз и употреблять те самые конфликтогены, о которых мы говорили ранее.

И если тот, к кому он обращается сверху вниз, становиться в детскую позицию не собирается, то конфликт неизбежен. Вот как это происходит — жена делает мужу выговор: "Ты почему не сделал то-то и то-то?!" или "Сколько раз тебе говорить — не бросай свои носки где попало?!"

м.к. Опять ботинки посреди коридора поставил — все о них спотыкаться должны? Снова тарелку за собой не убрал? И пепельницу не почистил? Собаке лапы не помыл!

т. б. …как будто она его мама. Но и поведение в детском состоянии Я, когда мы ждем от человека взрослых реакций, тоже может быть конфликтогеном. Мы говорим тогда: "Ты что, маленькая?!", "Хватит нюни распускать!", "Ты что, не можешь сделать это сам?!"

Даже забота может быть конфликтогеном, если она осуществляется с позиции сверху вниз. "Не забудь проездной!", "Не читай лежа, глаза испортишь!", "Надень куртку, сегодня прохладно!" — может говорить жена мужу или мать дочери, которая уже давно выросла и даже сама имеет детей.

Вот почему раздражение — обычная реакция на такую заботу.

м.к. Подождите, как мать и как женщина хочу сказать. Но если муж или дочь не наденут куртку, они могут заболеть! На улице-то холодно. Пусть болеют?

т. б. Ну, муж точно не мальчик! Может — и должен — позаботиться о себе сам. Или ему нужна нянька? Спросить, не будет ли сму холодно без куртки, — одно дело, настаивать, чтобы он непременно ее надел, — совсем другое.

А как быть с дочерью, зависит от того, в каком она возрасте. Даже если ребенок маленький, нужно прислушиваться к нему — дети ведь бывают очень жаркими! Меня, например, мама в детстве всегда кутала потому, что сама мерзла. Все дети уже в кофточках ходят, а меня заставляют надеть пальто. Приходилось скандалить. Мама угрожала: "Не наденешь пальто — не пойдешь в школу!", но я была упряма. "Хорошо, не пойду!" — говорила в ответ. И мама сдавалась.

И всё же — *как*, будучи родителем, не попасть в родительскую позицию, то есть не действовать по запечатленному в детстве сценарию? Нужно понимать, за что *на самом деле* несет ответственность мать. Или отец. За то, как они осуществляют свои родительские функции, а не за мысли, взгляды или поступки своих детей.

Что заставляет родителей настаивать, чтобы ребенок, даже совсем взрослый, оделся теплее? Страх. Что тот заболеет. Но если мать доверяет способности ребенка, вышедшего из младенческого возраста, определить, холодно ему или нет, она позволит ему на собственном опыте убедиться, что в такую погоду без куртки ходить не стоит...

м. к. Из того, что вы сказали, ясно следует: самое правильное состояние — взрослое. Почему, какие у него преимущества?

т. б. Пребывание во взрослом состоянии позволяет человеку вести себя не по программе — разворачивать ситуацию в нужную ему сторону, используя все содержащиеся в ней возможности, сохраняя самообладание и чувствуя себя хозяином положения. Человек ощущает себя не объектом чьего-либо воздействия, а субъектом взаимодействия — он осознает объективные условия возникновения конфликта, в том числе и собственных ошибок.

Но и в детском состоянии Я — в его позитивном спектре — есть много хорошего, от чего вовсе не надо отказываться. Искренность, любознательность, открытость новому, спонтанность, способность играть, флиртовать, в частности, способность творить — исходят из детского состояния Я. Ребенок — это творец, тот, кто может мечтать, придумывать. А Взрослый — конструктор, технолог, инженер. Тот, кто может обеспечить осуществление замысла. И оба эти состояния необходимы человеку. Главное — их уместность в ситуации.

Но вернемся к конфликтам.

Люди могут общаться бесконфликтно сколь угодно долго, если их позиции — состояния Я, в которых они находятся в процессе общения, — взаимно дополнительны. Один в позиции родителя, другой — в позиции ребенка. Но если они не соответствуют друг другу — один берет на себя роль начальника или мамы, а другой подчиненным или деткой себя не считает и не собирается им быть — ссоры вряд ли удастся избежать.

В конфликте каждый проявляет агрессию. При этом каждый видит агрессию другого, но не замечает свою. А если и замечает, то считает ее оправданной — не я первый начал!

На конфликтоген мы стараемся ответить более сильным конфликтогеном, часто максимально сильным среди возможных. Поэтому нередко дело может дойти и до мордобоя. В интеллигентных семьях, конечно, когда становится совсем "горячо", люди просто перестают общаться, разбегаются в разные углы, чтобы не перейти грань. Напряжение, обида, гнев при этом никуда не деваются, они хранятся под спудом до нового конфликтогена, и ссора вспыхивает вновь.

В родительском и детском состояниях Я человек фактически не имеет выбора, как ему реагировать. Можно сказать, что он запрограммирован на определенное поведение. И это, возможно, самая главная причина того, что взаимодействие между супругами становится сценарным. А потому и предсказуемым.

Совсем избежать конфликтов невозможно, но можно не допустить их там, где они возникают по сценарному принципу. А для этого необходимо быть во взрослом состоянии Я, не употреблять конфликтогены самому и не отвечать конфликтогеном на конфликтоген. Кротость и есть отказ от ответного конфликтогена.

м.к. Наконец-то! Наконец-то хоть что-то христианское. Кротость — страшная сила, как приходилось и слышать и самой повторять. Потому что я тоже думаю, это действительно так!

т. Б. И вот что важно — там, где конфликты возникают, и есть та точка, в которой человек может выйти из своего сценария, если займет взрослую позицию. Захочет понять истинную причину конфликта и пойдет навстречу своему партнеру в том, в чем может. Не уступит под давлением, а искренне пойдет навстречу.

Вообще, есть несколько стратегий поведения в конфликте. Противоборство — это желание непременно настоять на своем, победить. Побеждает тот, кто сильней. Или тот, кто менее заинтересован в отношениях. Но если силы равны и стороны устали "бодаться", они могут прибегнуть к компромиссу — половинчатому решению проблемы. В первом случае недоволен один — тот, кто проиграл. Во втором — оба, никто ведь не получил в полной мере того, чего хотел. Но некоторое облегчение оба всё же испытывают — накал страстей поутих, можно остановиться и заняться чем-то еще.

В стратегии избегания конфликта мы уступаем, не пытаясь отстоять наши интересы, заранее считаем, что это невозможно. Или вообще выходим из отношений, в которых непереносимо дальше терпеть и уступать.

Стратегия подавления вовсе не означает, что мы "подавляем мятеж" силой, наоборот, мы подавляем в себе признаки собственного недовольства и делаем вид, что все в порядке, что нас все устраивает. Часто — из страха испортить отношения.

И только сотрудничество — единственная стратегия, в которой обе стороны довольны. Только эта стратегия может по-настоящему разрешить конфликт, то есть устранить противоречие, искоренить саму конфликтную ситуацию, в которой имело место ущемление чьих-либо интересов.

Как это возможно, чтобы оба были довольны, видно из такой смешной ситуации. Две сестры — один апельсин. Каждая хочет весь апельсин. Они спорят, спорят — силы равные. Прибегают к компромиссу — режут апельсин пополам. После чего выясняется, что одной сестре была нужна цедра для пирога, а другой — сок от апельсина. И каждая могла бы получить всё, если бы могла сформулировать, что именно ей нужно. Претензии участников конфликта друг к другу и их требования, часто ультимативные, не отражают истинных причин конфликта, поэтому требуются специальные усилия, чтобы понять, что его породило. Вот почему ключевую роль в разрешении конфликта играет правильная формулировка конфликтной ситуации. Фактически это и есть диагноз болезни под названием конфликт.

м.к. И как ее диагностировать?

т. Б. Выявить конфликтную ситуацию помогают вопросы "Почему?". Почему он так говорит? Почему он этого хочет? И так до тех пор, пока не докопаешься до первопричины.

м.к. Положим, докопались, разобрались и вроде бы помирились. Но надолго ли? Как понять, что конфликт исчерпал себя, что он не вспыхнет послезавтра с новой силой?

т. Б. Отношения можно считать улаженными, если восстановился контакт, доброе отношение друг к другу. Если же проблема решена, а стороны продолжают дуться друг на друга, холодны и предпочитают не общаться — инцидент нельзя считать исчерпанным.

Подлинное разрешение конфликта ведет к установлению большей близости и доверия между людьми, потому что они понимают, что могут быть услышаны и что партнер готов идти им навстречу.

м. к. Но бывает так, что уже и конфликт-то воспринимается как благо. Хоть какая-то жизнь, какое-то обострение. Я имею в виду ту ситуацию, которую мы уже упоминали, когда в семье, обычно лет через -дцать совместной жизни, воцарилась ледяная тишина. Всем всё равно. Но ведь существуют и совсем простые способы разогреть этот студень, в который погрузились супруги, превратить его в бульон? С укропчиком! Например, сделать что-то, чего не делали прежде. Всю жизнь ездили отдыхать в Карелию, а в этом году, хоп! — поедем... в Альпы! На горных лыжах научимся кататься! Или даже такое существует средство — мебель в комнате поменять. Или новенького родить. Или собачку взять.

Можно ли внешними способами преодолеть семейную рутину?

т. б. Если мы говорим просто о рутине, то есть достаточно однообразном течении жизни, но она вполне удовлетворительна, то почему бы ее и не разнообразить? Но если речь идет о таких вещах, от которых люди приходят в тихое отчаяние, то новая мебель вряд ли поможет. Когда дело зашло так далеко, то внешними средствами бульон не согреешь, и всё, что характерно для отношений супругов, будет повторяться и в Альпах.

Вполне возможно, что отчаяние, которое испытывают оба или один из супругов, отчуждение, которое прочно водворилось между ними, есть результат того, что они говорят друг с другом на разных языках. Что это значит? Наш эмоциональный язык любви может отличаться от языка супруга подобно тому, как английский отличается от китайского. И не имеет значения, насколько старательно мы будем пытаться выразить свою любовь, говоря по-английски, если супруг говорит только по-китайски. В проявлениях любви недостаточно быть искренним, надо говорить на языке, понятном тому, кого мы любим.

М.К. Что ж, в завершение рассказик.

Домик для мишки

К О С Т Я, муж, тридцать лет.

Д И Н А, жена, двадцать семь лет.

Л Е С И К, пять лет.

Н Ю Ш А, три года.

Утро. Прихожая. Костя собирается на работу.

К О С Т Я *(раздраженно)*. Где мой зонт?

Д И Н А *(спокойно)*. Висит на крючке.

К О С Т Я. Если бы он там был, я бы ...

Д И Н А *(рассеянно)*. Сегодня разве обещали дождь?

К О С Т Я. Грозу во второй половине.

Д И Н А. Действительно нет. Он же здесь всегда висит.

К О С Т Я. Черт!

Д И Н А. Сейчас найдем. *(Ищет.)* Может, ты на работе
    его забыл?

К О С Т Я. Не на работе. Я под ним пришел, три дня
    назад. В ванной его сушил.

Д И Н А. Лесик, ты не видел папин зонтик?

Лесик не отвечает, он смотрит на кухне мультик.
Дина тоже бросает взгляд на экран, недолго слушает,
смеется.

Д И Н А. Как он его!

Лесик радостно хохочет, подпрыгивает: "Пуф!"

———

К О С Т Я. Ты собираешься мне помогать?

Д И Н А. Не знаю я, где он! Возьми ветровку.

К О С Т Я. А ты ее зашила? Там дырка!

Д И Н А. А ты мне сказал? Давай зашью.

К О С Т Я. Я уже опаздываю!

Д И Н А *(примирительно)*. Ну что я могу сделать, Пузь?

К О С Т Я. Я же просил тебя. Никогда меня! так! не называть!

Д И Н А. Прости. Ну куда он мог деться? С моим же ты не пойдешь? В цветочек.

Ходит по квартире, ищет.

Д И Н А. В ванной нет, на кухне нет, Лесик не брал. В комнате — нет. В холодильнике посмотреть?

К О С Т Я. Прекрати!

Нервно мечется по прихожей, заглядывает на все полки, сбрасывает с верхней шапки, шарфы.

Д И Н А. Что ты творишь?

К О С Т Я. Да пошла ты!

Д И Н А *(грозно)*. Ты как разговариваешь?! Совсем сдурел?

К О С Т Я *(вдруг устав, измученным, жалобным голосом)*. Как я разговариваю? Не хочу тащиться от метро под дождем. Сто лет! И все что-то строят, строят — лужи по колено!

Д И Н А. Я тоже жду не дождусь, когда мы отсюда переедем.

К О С Т Я. Ты на что намекаешь?

Д И Н А. А что тут намекать? Живем в тьмутаракани, друг у друга на голове. От метро двадцать минут пешком. Ни автобуса, ни маршрутки. Сам же и злишься!

К О С Т Я (*резко повышая голос*). Это ты мне? Да я пашу на вас с утра до ночи, света белого не вижу. Ты бы хоть зад оторвала от дивана, убралась в квартире. Только грязь разводишь, все разбросано, ничего не найдешь. Зонт — где?

Д И Н А (*постепенно заводится*). Зад оторвала? Ты посиди с детьми хоть день. Ты часа с ними не можешь! "Лесик такой капризный". На площадке погуляй два часа на самом ветру, в магазин сходи, обед приготовь, Нюшу на ручках покачай минут сорок, а она уже с пудик, в папочку! Потом еще ужин! Любимому мужу.

Костя багровеет.

Д И Н А (*продолжает*). Уж не знаю, что ты там пашешь, денег все равно нет, живем за родительский счет.

К О С Т Я. Вот дрянь! Забыть не может. Ну купил твой папа нам стиральную машину, что теперь? Да мне легче в химчистку всё отнести!

Д И Н А. Что ж не носишь?.. Вместо того чтоб спасибо сказать.

К О С Т Я. За что спасибо? Лезут и лезут, дышать нечем! Раньше надо было думать. Выходила бы за Рокфеллера.

Д И Н А. В очереди стояли! Отбою не было. За тебя, дурака, пошла.

К О С Т Я. Кому ты нужна была! Мать правильно говорила: "Ни кожи, ни рожи".

Д И Н А. Мать! Вспомнил! Сама-то… агрегат на сто киловатт.

К О С Т Я. Заткнись! (*Зашнуровывая ботинки, глухо.*) Сука.

Л Е С И К (*отвлекаясь от мультика, привычным голосом*). Мама, папа, не ругайтесь!

Д И Н А. Козел.

К О С Т Я. Задолбала. Задолбала меня! Ужины свои сама жри. В кафе поем.

Д И Н А. Это на какие ж шиши? Опять к мамочке поедешь! И накормит, и носик утрет. Катись, нам так только лучше, правда, Лесик?

Костя хлопает дверью с сокрушительной силой.
В коридор выходит Нюша.

Н Ю Ш А (*чуть картавя*). Папа ушел? А я домик делала. Для мишки.

Тянет Дину в комнату.
Комната.
В углу, между окном и кроватью — черный раскрытый зонт, под ним детское одеялко, подушечка. Под одеялом спит мишка.

Глава седьмая
ПРОСВЕЩЕНИЕ ЧУВСТВ

---

1. ЯЗЫКИ ЛЮБВИ

м.к. Мы остановились на том, как важно говорить с любимыми людьми на языке, который им близок, понятен. Означает ли это, что у любви есть свои собственные, не побоюсь этого слова, любовные языки?

т. б. Да, именно. Психологи выделили несколько таких языков, и первый из них — слова поддержки. *Одобрение* необходимо всем людям и в любом возрасте. Неодобрение возвращает нас в детство, когда мы страдали от слов родителей: "Посмотри на себя! На кого ты похож?!" Осуждающие слова причиняют нам привычную с детства боль, за которой по пятам следует злость. А злость, которую не выпускают наружу, становится ненавистью.

Любовь — добра. И одобрение — лучший способ ее передать. Важно не просто говорить добрые слова, но говорить их так, чтобы им верили. А верим словам мы тогда, когда их *смысл* не расходится с *тоном*, каким их произносят.

Проявлением любви является также *качественное время* — когда наше внимание безраздельно отдано другому. Именно оно дает нам ощущение близости.

Вы никогда не замечали, что в ресторане можно сразу определить, где за столиками семейные пары, а где — нет? Те, которые пришли на свидание, смотрят друг на друга и разговаривают. Семейные пары смотрят по сторонам. Они рядом, но не вместе.

Когда отец сидит на полу с двухлетней дочуркой и катает с нею мячик, его внимание сконцентрировано не на мячике, а на его дочери. Если же, катая мячик, он разговаривает по телефону, его внимание рассеянно — он вовсе не с дочерью.

Ключевым аспектом качественного времени является сфокусированное на человеке внимание. Некоторые мужья и жены думают, что проводят время вместе, в то время как в действительности они просто живут по соседству друг с другом.

М.К. Потому что любовь — это отданность другому. Собственному ребенку, игре с ним и полной погруженностью в построение, например, дворца из лего. Мужу. Определенные отношения названы словом "отдаваться". Но в семье мы не отдаемся, а отдаем. Хочется сказать — служим.

т. б. И хочется правильно, потому что еще одним — очень важным для некоторых — языком любви является *служение*. Да-да, то самое, о котором вы говорили, начиная разговор о супружестве.

м. к. Опять выдохну, как и с кротостью: наконец-то!

т. б. Но служить-то тоже надо уметь! К сожалению, чаще служение выглядит так: "Я служила ему двадцать лет. Я прислуживала ему во всем. Я была его ковриком для ног, а он не обращал на меня никакого внимания, унижал меня перед своими друзьями".

м. к. Понятно, рано я выдохнула.

т. б. Эта женщина "служила" мужу в течение двадцати лет, но ее действия не были выражением любви. Именно против такого "служения" я и протестую. Или другая жена — выросшая в семье, где служение также было основным языком любви. Она часами стоит на кухне, готовит изощренные блюда, а ее муж любит макароны с сыром. Он говорит, что не хочет, чтобы она тратила столько времени на готовку, тогда у них было бы больше времени друг для друга, а она обижается и считает, что муж ее не ценит.

Или наоборот, муж приходит с работы первым, готовит еду, моет посуду и делает много чего еще в доме ради жены, стараясь взять на себя груз домашних дел, а жена чувствует себя обделенной. Ей хочется, чтобы он просто посидел с ней, обнявшись, на диване, выслушал бы ее. Потому что она чувствует, что любима, когда ей уделяют качественное время.

Для многих людей *прикосновение* является основным языком любви. Прикосновения необходимы не только ребенку, эмоциональное здоровье и развитие которого зависят от того, есть ли у него физический контакт с матерью. Оно совершенно необходимо и взрослым. Некоторые психологи даже утверждают, что для эмоционального здоровья нам необходимо не менее семи объятий в день.

Без тактильного контакта трудно почувствовать себя любимым. Однако физическое прикосновение может и улучшить, и разрушить отношения. Оно может вызвать и любовь и ненависть, если тот, кто нас касается, не чувствует, как его прикосновения действуют, и вынуждает нас переносить неприятные нам ощущения.

Понятно, что для мужчин язык прикосновений необычайно важен — попробуйте убедить мужчину, что вы его любите, если отказываете ему в физической близости. И эта тема одна из самых трудных для обсуждения между супругами. Еще одним, последним по значению, языком

———

любви являются *подарки*. Вспомните, как приятно, когда кто-то своим подарком нам угодил. Угодил потому, что знает, что мы любим, чем можно нас порадовать. А значит, он внимателен к нам, и именно это мы и ценим. Иногда подарок — некое баловство, и это важно тоже, потому что мы чувствуем, что дать сверх необходимого можно только по любви.

Чтобы вернуть теплоту в отношения, восстановить контакт, необходимо, прежде всего, научиться общаться на том языке, который понятен другому. Конечно, хорошо, если это стремление обоюдное, но даже усилия, принятые в одностороннем порядке, могут изменить ситуацию к лучшему.

И людей этому надо учить.

———————

2. УЧИТЬСЯ ОТНОШЕНИЯМ: КАК?

м.к. Людей надо учить! Давайте замрем в этой точке. Мне тоже кажется это чрезвычайно важным, что учиться выстраивать отношения, разрешать конфликты, не вслепую, а прозревшими душами — необходимо. Поэтому мы и пишем с вами эту книжку. Я не хочу сказать, что наша книга — учебник жизни, нет. Нет! Но я верю, что можно показать: отношения — искусство, как игра на флейте, как живопись, и им тоже можно учиться,

———————

разучивать гаммы, потому что наша *психе*, наша душа подчиняется определенным законам, которые можно хотя бы просто узнать. И если наши читатели закроют эту книгу с пониманием, что учиться отношениям действительно можно, нужно — это уже много! Много, но не всё. Потому что — да, учиться, но как?

Помню, в нашем десятом, кажется, классе внезапно ввели новый предмет — "Этика и психология семейной жизни". Даже учебник по нему совсем тоненький выпустили — довольно пустой. Вести этот загадочный предмет был поставлен наш англичанин, самый безответный из всех учителей. Он и в самом деле рассказывал нам что-то о семейной жизни, краснея, белея. Слушать его было дико — жена, муж, у нас это ассоциировалось с папой и мамой, а не нами. Мы были девочками и мальчиками, и в ответ на все его рассуждения только хихикали и опускали глаза. Словом, профанация была полная! Я к чему? Как научить людей? Как это сделать практически? Снова ввести такой урок в школе, только продумать предмет получше, учебник написать поумней? Или у каждого должен быть в поликлинике психолог, который к нему прикреплен, как ангел-хранитель, и к которому он должен ходить на диспансеризацию раз в полгода, не реже? Давайте быстренько придумаем для наших чиновников, как эту учебу можно осуществить.

т. б. Мне кажется, чиновники тут вряд ли помогут. И учиться, я думаю, надо добровольно. Вот те, кто осознал эту необходимость, те и могут пойти в психологическую "школу". Сегодня есть множество разных курсов, тренингов — без практических занятий не научишься, есть индивидуальные консультации. А еще есть книги — те самые, что читали и психологи, которые ведут занятия.

м. к. Но это всдь уже всё и так существует, всё, что вы описываете! Всё это есть.

т. б. Вот именно. И тренингов — множество, каждый тренирует что-то свое. Хорошо, что человек имеет возможность выбирать, этот тренинг ему нужен или другой.

В большинстве своем наиболее популярные тренинги есть ответ на массовые запросы. Это ведь рынок — психологические услуги. Наиболее востребованными являются, например, тренинги по развитию способности противостоять давлению — безусловно, нужная вещь. Столь же популярны тренинги на тему, как воздействовать на других, чтобы добиться от них того, что человеку нужно. Часто это делается в жанре развития способности манипулировать другими. А тренинги, направленные на развитие способности понимать другого человека и строить равноправные, удовлетворяющие обоих отношения, — еще нужно поискать.

Кому-то учиться общению не нужно — он уже владеет этим тонким искусством. А кому-то не нужно потому, что его вполне всё устраивает в его жизни. С этим дело обстоит, мне кажется, как с прививками от гриппа: хочешь — делай, не хочешь — не делай.

А есть люди, которых, на мой взгляд, учить общению нужно в обязательном порядке. Учителя, воспитатели детских садов…

м.к. И не только! Всех, у кого психотравмирующая профессия. Священников! Вот уж кого точно. Наше духовенство. Ведется, если я не ошибаюсь, психология и в семинариях, как, кстати, и в педагогических университетах, но обычно довольно формально. В семинариях/ академиях к тому же и с извинениями — мол, наши методы, в смысле православные, молитва, послушание и пост, всё равно лучше! Но так и быть, расскажем вам еще и о существовании психоанализа и лжеучителе Фрейде. Кто бы спорил — молитва и пост — дело хорошее, про них сам Христос сказал, но… Христос был и всеведущ, он видел, знал человеческие души, он был еще и гениальный психолог!

Скольких же глупостей бы не было совершено, ах, если бы только глупостей — жизней бы не сломалось, обладай те, кому вверена чужая душа, наши священники, хотя бы элементарными знаниями по психологии. Хотя бы пониманием, что давить, ломать человека бесполезно — слишком устойчивая он система, а и сломаешь, тоже к Христу не приведешь.

Психотерапия, а в идеале в ней нет насилия над тем, кто пришел "лечиться", ни в чем христианству не противоречит. Но, думаю, эта стена будет сокрушена последней. Поэтому оставим батюшек, вернемся ко всем остальным, тем, кто готов изучать психологию без оговорок...

т. б. Да в общем-то, не изучать психологию им надо, а учиться общаться. Хорошо бы учить людей этому с пленок. На примере родителей. Тогда и правильные способы общения усваиваются, как родной язык. Но если этого не произошло и человек хочет освоить правильный язык общения, он вполне может это сделать — учат же взрослые люди язык иностранный.

Но мы говорили о том, что есть профессии, в которых люди так или иначе формируют способы общения у тех, с кем они взаимодействуют. Чаще всего неправильные и невольно — потому что не понимают, что делают. И обучать их надо в обязательном порядке. И конечно не так, как учили вас в школе, а практическими занятиями — как при обучении иностранному языку.

А вообще, мне кажется, было бы здорово, если на телевидении рекламировались бы не только подгузники, фильтры для воды или пепси-кола, но и правильные, эффективные способы поведения, разрешения конфликтов. А государство финансировало бы создание коротких, занимательных роликов на эту тему и их прокат на телевидении. Думаете, не сработало бы? Очень многое мы усваиваем в жизни именно на основе подражания.

м.к. Почему? Думаю, отлично б сработало! Социальная реклама. Как избегать конфликтов в семье, как нельзя говорить с ребенком? Бесценно. Мечтаю о времени, когда мы с нашим предложением будем услышаны. Но послушайте, вот что интересно. Раньше мир обходился без психологических школ. И можно себе представить почему. Действовала сила традиций, и традиции, четкие, ясные, передающиеся из поколения в поколение, давали ответы на главные вопросы. Как жить с женой, как воспитывать сына. Никакой психологии. И я не про времена "Домостроя" даже, я про начало XX века. Люди без психологии справлялись! Что случилось с человечеством, почему вполне здоровые, психологические полноценные люди стали нуждаться в подмоге психотерапевта? Не оттого же лишь, что теперь они могут себе это позволить? Может быть, просто людей этим отношениям учили иначе? И не психотерапевты?

т. б. Учили. Розгами, наказаниями, санкциями — добиваясь от них предписанного статусом или ролью поведения. Вы правы — правила были жесткими, и задачи на понимание почти ни перед кем не стояли. Свободомыслие не приветствовалось. Людей интересовали не чувства, а поступки, действия. Родителей не волновало, что испытывает их ребенок, он обязан был слушаться. И хотя правило "Почитай отца и мать свою" адресовано детям, взяли его на вооружение родители, в смысле — мы заставим тебя почитать нас! И был у них на это дело ремешок. Соответственно, ребенок понимал — спрашивать не надо. Надо делать то, что велено... Потом он точно так же воспитывал своих детей, а те своих, и так передавался стиль отношений.

м.к. На ваш взгляд, для общества это не было здраво? способствовало тому, что важные вопросы загонялись внутрь?

т. б. Мне думается, что здравость общества действительно во многом определяется порядком. Не так важно, какой это порядок, насколько он жесткий. Важно, что он есть и он понятен, а значит, к нему можно приспособиться. Порядок определяет место человека в социальной системе и предписывает соответствующие этому месту формы поведения. И это очень облегчает человеку жизнь — надо усвоить правила и следовать им. Пока человек ведет себя в рамках допускаемых обществом форм, все в порядке. Выход за рамки, особенно нарушение иерархии, общество пресекает с помощью санкций. Это снимает множество психологических проблем. Человек знает: "Я начальник — ты дурак. Ты начальник — я дурак". И обижаться здесь нечего. И проблем с выражением агрессии тоже нет — каждый спускает ее на того, кто ниже его в иерархии. Такое положение вещей — у сильного всегда бессильный виноват — было нормой, о чем нам еще в школе поведал дедушка Крылов. Только вот что делать крайнему?

И религия дает человеку действенные инструменты регуляции эмоционального состояния — например, человек может "поручить" Богу отомстить за него. Мысль, что твой обидчик будет вечно гореть в аду, столь сладка, что ради этого человек может отложить свою месть. Веря, что возмездие непременно будет и что суд Божий будет суров, можно не только потерпеть обиду, но даже "подкопить" ее, с готовностью подставляя ударившему вторую щеку. А главное, человек может считать себя хорошим, потому что его жажда мести не воспринимается им как грех. Человек считает, что если он не мстит сам, то, значит, и претензий к нему никаких быть не может. Более того, он преувеличивает свою "добродетель кротости", потому что видит только "белую" сторону своей души.

м.к. Так случается, конечно. "Будешь гореть в аду", — приходилось слышать такие слова. Я только хочу заметить, что это люди навязывают Богу свои представления о Нем. Это люди своими представлениями о справедливости и воздаянии пытаются подменить подлинную волю Божию — непостижимую и совершенно свободную, особенно свободную от человеческой узости и мстительности.

т. Б. Да я и не говорю, что Бог по нашему поручению исполняет функции карателя или палача. Но мысль, что Бог отомстит за нас, накажет нашего обидчика, успокаивает.

Общество всегда контролировало агрессию, направляя ее на менее ценных, например, самых слабых своих членов — "козлов отпущения", оберегая тем самым все общество от разрушения. Когда порядок в обществе нарушается, что является признаком кризиса, поводов для агрессии становится больше и каждый считает себя вправе ее проявлять. Уровень агрессивности и напряжения возрастает, соответственно усиливаются и психологические проблемы. Но углубляться в это — в рамках нашего разговора — мне кажется, не стоит.

Когда гонимому, обиженному, угнетенному человеку некуда деваться — он вынужден оставаться в системе, какой бы разрушительной для него она ни была, он может только приспосабливаться к ней. Терпеть, угождать, "смиряться". Зачем гонителю в таких условиях нужно учиться общению? Он априори прав, ведь он действует в соответствии с той, освященной веками традицией, о которой вы и говорите — так поступали его деды и прадеды, не говоря уже об отце, которого он боялся и "почитал".

Но в наше время резко возросшей личной свободы люди достаточно легко могут выходить из социальных связей, которые их не устраивают, разводиться, например. Изменившиеся социальные и экономические возможности и менталитет общества позволяют не терпеть. Общество больше не предоставляет родителям силовых рычагов воздействия на детей — наоборот, дети могут "найти управу" на родителей, а родители часто лишены такой возможности. Что же остается людям? Остается ладить. Строить такие отношения, в которых обе стороны — муж и жена, родители и дети — удовлетворены тем, что они вместе.

Когда порядок нарушается, размываются границы и утрачиваются критерии того, что считается в обществе хорошим или плохим, тогда психологическая нагрузка на человека возрастает — он должен самоопределяться, делать выбор, как поступить в той или иной ситуации, и нести ответственность за свой выбор. Ему не на кого перевести стрелки.

Людям приходится самим определять пределы дозволенного, вырабатывать свои критерии добра и зла. И следовать добру становится труднее — общество, находящееся в кризисе, не препятствует злу и не поощряет добра. Действующие ранее рычаги больше на работают, а новых общество еще не выработало. Следование добру становится личным выбором человека, что в глазах окружающих может не только не иметь цены, но и восприниматься как наивность, глупость или слабость. По принципу — "Если ты такой умный, то почему такой бедный?".

Быстрый переход "из грязи в князи" есть нарушение установленного ранее порядка, что неизбежно приводит к смятению во многих головах. Экономическое расслоение общества, произошедшее на наших глазах, когда в нарушение всех принятых ранее норм успех и достаток пришли вовсе не к самым лучшим, "вдохновляет" людей на расширение рамок своего поведения в сторону вовсе не лучшую.

Социум всегда стремился регулировать самые грозные "стихии" в человеке — агрессию и сексуальное влечение. Когда рамки жесткие и общество контролирует поведение своих членов с помощью предписаний и табу, нарушение которых ведет к санкциям, открытые сексуальные отношения однополых людей, например, невозможны. Такие отношения, конечно, всегда существовали где-то в порах, в недрах общества, но было известно — это плохо и должно быть наказуемо, о чем нам поведала, в частности, Библия в истории о Содоме и Гоморре.

м.к. Да, а теперь хорошо то, от чего мне хорошо, примерно так. Всё для человека, вполне гуманная как будто модель. Неважно, что человек этот я. Но оттого, что свободы столько и возможностям в сущности почти нет предела, критерии размылись, почти исчезли… Оттого человек и не знает, как вести себя в самых простых ситуациях, и идет к психологу, который научит его — чему? Встретиться с собой, быть свободным? Но он уже захлебывается этой свободой, у него ее и так выше крыши! Горшочек, не вари.

т. б. Многие и в самом деле не знают, как своей свободой распорядиться. "Добавлять" свободы в этом случае не нужно. У всего ведь должна быть разумная цель. Если свобода не делает человека счастливее, человечнее — зачем она? Получив свободу вести себя так, как заблагорассудится, не принимая во внимание последствий, человек очень скоро окажется вовлеченным в еще более напряженные, еще более разрушительные отношения, чем те, которые были у него до "свободы". Потому что он получит в ответ то, что посеял.

Искусство слушать

Игорь Чепуров работал инженером в банке. Он должен был следить за системами видеонаблюдения, сигнализацией, но на самом деле исполнял все, что нужно по технической части: чинил, паял, подключал, отвечал и за электричество, и за телефонную связь. Был Игорь мастер на все руки, оттого и числился уже год как на две ставки, и изматывался после работы так, что домой почти приползал. Дома его поджидала Людка. И пятилетний Сема, но обычно уже в полусне.

Людка вкусно кормила, следила за его одеждой и обувью, и Игорю до сих пор очень нравилась, одно было тяжело... жена любила поговорить. И когда? Вечером! Когда Игорь вообще без сил. И ведь как заведет прям за ужином. Чтобы спокойно поесть, с чувством-толком посмотреть Спорт-ТВ, расслабиться впервые за день — нет, этого никогда не было, телевизор работал без звука, а звуком работала Людка. Ля-ля-ля, ля-ля-ля. Му-му, му-му. Ты меня слушаешь вообще? А я ему говорю, а он мне... нет, ты представляешь? Игорь измученно мычал что-то в ответ. Одно спасение — Сема. Сын плохо засыпал, звал к себе, и жена регулярно к нему убегала.

Так продолжалось почти весь этот трудный год, пока терпение у Игоря не кончилось. И вот однажды, вернувшись с работы, он так и сказал: "Хочешь, чтобы мы жили вместе дальше, за ужином со мной не разговаривай. Дай спокойно пожрать. Под телевизор". Но Людка на это, конечно, возмутилась: а обсуждать всё когда? Потом. Да когда потом, целый день тебя не вижу, целый день ты на работе пропадаешь, а у меня... и пошла. Он глянул. Замолчала, но на следующий день всё снова повторилось. Ля-ля, тополя, ку-ку, кукареку. А вот Семку в садике обижают, а я их воспитательнице говорю...

Не поняла, в общем. Рявкнул Игорь снова да погромче прежнего. Снова всё объяснил. И Людка, наконец, стихла, причем надолго. Стало Игорю хорошо — жена молчит, сын спит. По выходным, впрочем, они общались, но тоже особо лезть к себе он не позволял, надо ж когда-то и отдохнуть человеку.

И тут вызывает Игоря в банке начальник отдела, Валерий Евсеич, Людкин родственник, благодаря ему Игорь здесь и оказался. Мужик уже не молодой, но надежный — полжизни проработал главным конструктором на крупном заводе. Вызвал и странно так на Игоря смотрит. Будто смеется, а вроде и серьезный.

— Вот что, Игорек. Тут партнеры нас донимают, "Институт саморазвития", тренинги бесплатные предлагают и буквально давят уже. Хотят отдариться, мы им кое в чем сильно помогли. Я их футболил-футболил, но отказываться дальше уже неудобно. И начальство меня замучило, пошли кого-нибудь да пошли. А мне жалко, что ли? В общем, решили, ты пойдешь. На какой-нибудь их однодневный тренинг.

— Я? Куда? — Игорь даже поперхнулся от изумления. — Да я-то при чем, Валерий Евсеич, мне работать надо, какой еще тренинг?

— От работы ты, само собой, освобождаешься. А какой тренинг... да тут целый список. Что тебе больше нравится? — Евсеич погрузился в какой-то сайт и начал зачитывать: — "Знакомства без отказа: в бизнесе и личной жизни..." как тебе? "Искусство соблазнения", "Как очаровать мужчину с первого взгляда", так, ладно, это не то. "Бесконфликтное управление персоналом",

"Как жить эффективно". А вот, может, это? "Как стать счастливым в семье: искусство общения". Как раз сегодня после обеда, годится?

Игорь был так потрясен, что ничего не ответил.

А Валерий Евсеич уже набирал номер.

После обеда Игорь сидел в небольшом зале в мягком синем кресле в компании молодых и не очень женщин. Из мужчин он был здесь один. Вела тренинг тоже женщина, полногрудая, большая, но шустрая; долго тянуть она не стала и сразу же сказала грудным, чуть гипнотизирующим голосом, что главное в семейной жизни — общение, нужно уметь говорить друг с другом, слушать друг друга и обсуждать все проблемы вместе. Начать иногда трудно, но существуют простые фразы, которые помогают сделать первый шаг. Например: "Давай спокойно это обсудим" или "Знаешь, я думаю, нужно об этом просто поговорить", а где-нибудь в середине разговора надо произнести "Я тебя понимаю", еще лучше "Как же я тебя понимаю", и не забывать подбадривать собеседника словами поддержки. Да, важно эти фразы произносить в предельно спокойной обстановке, ни в коем случае не во время конфликта, а например, уже улегшись спать, в супружеской постели.

Игорь слегка смутился, ведущая особенно не церемонилась, оглянулся вокруг: все благоговейно внимали, некоторые даже строчили за лекторшей в свои блокнотики. Интересно, так и выводили "в супружеской постели"?

— Но прежде чем приступить к тренировке и оттачиванию практических навыков, — продолжала как ни в чем не бывало ведущая, — давайте посмотрим ролик.

Тут она включила приятную психоделическую музыку, свет в зале погас, на экране появились симпатичные мужчина и женщина, видимо, муж и жена, они о чем-то взволнованно разговаривали и, кажется, собирались поссориться. Что случилось дальше, Игорь так и не узнал. Как всегда не высыпался, а тут музыка, темнота — кто это выдержит? Он проснулся уже под конец тренинга, женщины в зале были сильно возбуждены, что-то они, видимо, только что бурно обсуждали, а когда увидели, что он открыл глаза, засмеялись.

"Мы пытались вас разбудить, но... не получилось!" — пояснила ведущая.

Вечером Игорь пришел домой не такой уставший, как обычно. Все-таки полдня не работал плюс поспал на тренинге. После ужина поиграл даже с Семой, построили домик из Лего, поселили в него пластмассовую собачку и мальчика. И Людка более-менее молчала, как всегда в последнее время, но поздно вечером, когда уже легли спать, все-таки не выдержала.

— Знаешь, Сема наш "р" не выговаривает, нужно заниматься с логопедом. Сегодня сходила с ним на первое занятие, а этот логопед... — и Люда вдруг всхлипнула.

Тут Игорь медленным гипнотическим голосом, в точности, как ведущая на тренинге, проговорил:

— Подожди-ка, давай это просто спокойно обсудим.

Людка так и подскочила.

— Что?

— Ничего. Предлагаю всё это спокойно обсудить.

Дальше случилось невероятное. Людка крепко обняла Игоря, еще немного поплакала, а потом заговорила. Она говорила и говорила: про логопеда, про то, что логопед этот, кажется, совершенно не профессионален, про школу для Семы, пора было уже об этом задуматься, про Верочку, ближайшую подругу, которая собралась, кажется, разводиться с мужем. Игорь иногда вставлял: "Как же я тебя понимаю", а изредка поддерживающе: "Так само собой". В конце концов он тихо уснул и произносил эти фразы сквозь сон, а потом и не произносил вовсе. Но Люда всё говорила, вздыхала, улыбалась и, наконец, замолчала, задумалась.

"Неужели письмо мое дяде Валере так подействовало, а я-то тряслась, боялась, что наврежу. С другой стороны, ничего особенного я там не написала, только, что поговорить никак не могу с собственным мужем. А может, это и не письмо, а просто добрый он у меня, Гоша, сегодня не так устал, и надо же, как внимательно он умеет слушать. Как сочувствует!"

С тех пор они жили душа в душу. Перед сном Игорь произносил заветную фразу, одну, другую, Люда начинала говорить, он вставлял третью, дальше все шло как по маслу.

Глава восьмая
ЭМОЦИОНАЛЬНОЕ ВЫГОРАНИЕ

---

1. КОГДА ДОМА ТЕБЕ НИКТО НЕ РАД

м.к. После десяти, иногда пятнадцати лет общей жизни муж и жена все же привыкают друг к другу. Это происходит естественным образом, без чтения психологических пособий, само собой. Мы обсудили ситуацию, когда супруги, как им представляется, исчерпали друг друга, но как выяснилось — это иллюзии, не исчерпали, а подчинились сочиненному в соавторстве сценарию. Существует еще одна проблема, даже не "надоело", не "скучно", а "больше не могу". Кажется, это называется эмоциональное выгорание? Когда кончились силы. Вообразим себе сцену. Она входит в дом. Уже не ранний вечер. Никто не идет к ней навстречу, все заняты. Сын, подросток одиннадцати лет, в наушниках перед компьютером, он ничего не слышит; дочь, старшая сестра,

---

перед айпадом, ей тоже ни до чего; в их комнате жуткий беспорядок — тетрадки, одежда, носки, в сто лет не мытом мутном аквариуме грустно плавает некормленая черепаха. В другой комнате муж лежит перед своим лэптопом, он тоже... устал. Они, впрочем, поужинали, голод не тетка, сварили сосиски и макароны; в раковине гора немытой посуды. Посудомоечную машину — ее давнюю мечту — просто негде в этой кухне разместить. И только любимый пёс, лабрадор по кличке Багратион, радостно скулит и прыгает на нее, наконец-то с ним погуляют! Что она чувствует? "Всё! Больше в этом доме я находиться не могу! Я должна отдохнуть! Уехать! Я должна сейчас же, немедленно покинуть это собрание людей. И зверей".

Понятно, что это эмоциональная реакция, и можно сказать, как вы не раз в подобных случаях говорили, что такис сцены долго готовятся, годами, что это лишь конечная станция длинного пути. Но именно на этой станции я хочу выйти и спросить: когда человек понимает, что он больше не может всё это выносить, насколько он должен себе верить? Надо ли быстренько собрать чемоданчик и уехать на три дня в санаторий? Или следует уехать вообще навсегда?

т. б. Думаю, верить себе надо всегда. Кто же лучше нас самих знает, в чем мы нуждаемся? Но почему — уехать навсегда? Что именно так непереносимо?

———

м.к. Как что? Что этому человеку никто особенно не рад, что он в сущности вытеснен из этого пространства, ему нет в этом доме места, что к нему относятся потребительски. И от всего этого вместе он страшно устал. Поэтому хочет выйти хотя бы ненадолго, набраться сил.

т. б. Вы сразу несколько вещей отметили. Во-первых, что человек вытеснен, ему нет места. И следуя логике вытеснения, которой он, по-видимому, не сопротивлялся, ему больше ничего не остается, как выйти за пределы того пространства, из которого его вытесняют. Поскольку отступать больше некуда...
Вторая мысль — человек устал. И он хочет выйти, чтобы набраться сил, отдохнуть. А что он устал делать?

м.к. Служить ближнему своему!

т. б. А-а, это тот самый "метод создания семейного счастья", про который вы говорили, начав беседу о супружестве... Служить ближнему. А что это значит? Исполнять свои обязанности, не давая себе возможности отдохнуть? Так истощился он. Сил не осталось ни капельки. Многие люди разрешают себе передохнуть, только будучи доведенными до крайней степени изнеможения. А если еще есть силы шевелиться, то отдыхать не имеют права. Такая у них установка. И окружающие вовсе не деспоты. Они, может, даже призывали его отдохнуть, остановиться, поберечь себя. А он, как заведенный, все "служил" и "служил". За таким вариантом самоэксплуатации обычно стоит какой-то психически ощущаемый дефицит, какая-то скрытая беда.

Но, может быть, близкие действительно воспринимали его как прислугу? Тогда почему он на это соглашался? Возможно, окружающие не видели его усталости, потому что невнимательны к нему, а может быть, потому, что он скрывал свою усталость? Но кто должен следить за степенью его усталости? Иногда люди доводят себя до полного истощения сил умышленно, хотя и не вполне сознательно, чтобы сказать: "Вот, посмотрите, до чего вы меня довели!" Как ребенок, который, обидевшись, думает: "Вот заболею, и лучше даже умру — будете тогда знать!" Может быть, окружающие и пытались облегчить его ношу, но он отказывался, говоря: "Нет-нет, я сам!" Потому что не может доверить ничего никому. Он всё сделает лучше других! А если и не лучше, то некого будет винить, если что не так.

м.к. Ну, или ему просто трудно принимать чужую заботу и помощь, не привык.

т. б. Возможно. Но это всё из разряда психологических игр и не имеет отношения к служению.

Но что же это такое — служение? И чем оно отличается от службы? И в том, и в другом случае человек как бы себе не принадлежит. Но разница всё же есть. Служение — бескорыстно. Служба должна быть оплачена. В служении человек не ищет награды, хотя и бывает вознагражден, причем главная его награда — удовлетворение от исполненного долга.

В семье есть много обязанностей, которые люди либо берут на себя добровольно, либо вынуждены их исполнять, потому что "деваться некуда". В последнем случае вполне возможно, что исполнять их они будут так, как солдат в карауле, мечтающий о дембеле, — внутренне отсутствуя. И никакое это не служение, а служба, от которой нет ни радости, ни удовлетворения.

И вот еще что важно. Если служение добровольное, то заботиться о себе человек должен сам. А если жена берет на себя подвиг служения ближнему добровольно, а при этом считает, что те, кому она служит, *должны* заботиться о ее самочувствии, то на ее претензии окружающие вполне резонно могут заметить: "Ты сама на себя все это взвалила! Мы тебя не просили!"

Но вернемся к тому, с чего мы начали.

Ситуация, которую вы описали, заканчивается *уходом*, а до этого имела место другая стратегия поведения в конфликте — *подавление*. Помните? Человека давно что-то не устраивало, но он делал вид, что всё в порядке. А больше делать вид не может. Подавление всегда заканчивается либо взрывом, либо уходом — тихим или с хлопаньем дверьми.

Но почему человек не высказывал своего недовольства раньше?

м.к. Например, потому что не хотел ссориться, боялся испортить отношения. Был уверен, что так и надо, и честно "нес свой крест", считая, например, что живет, как требуется, проявляя терпение, смирение, кротость... И действительно же терпел!

т.б. Боялся испортить отношения и потому терпел. До последнего, пока хватало сил... Поэтому протест — "Не могу так больше!" — бывает часто очень неожиданным для окружающих. Муж мог давно подвинуться, пойти навстречу, если бы знал, что происходит в душе у доведенной до крайности жены.

Но эмоциональное выгорание — это не совсем "не могу больше!". Этот термин употребляют тогда, когда имеет место отсутствие чувств. Человек перестает чувствовать то, что чувствовал раньше — любовь, нежность, сострадание. Они были, но "выгорели". Человек функционирует — то есть всё, что положено, делает. Помыл, приготовил, убрал. Отвел-привел. Выслушал. И даже по голове ребенка погладил, потому что хорошая мать должна так делать. И даже сказал:

"Ты у меня молодец". Но ни капельки душевной теплоты в это не вложил. Жена может исполнять свой супружеский долг так же без всяких чувств — сказано же: "Не уклоняйтесь друг от друга" и "тело жены принадлежит не ей, а ее мужу". Конечно же, апостол устанавливал симметрию — что и муж не хозяин своего тела, оно принадлежит жене. Но как пользоваться этим принадлежащим ей телом, она не знает. Отвернулось к стенке и храпит...

Эмоциональное выгорание — это состояние истощения, паралича наших сил, чувств и утраты радости по отношению к жизни.

м. к. Вот-вот, и я про это!

т. б. Знаете, явление эмоционального выгорания первоначально было замечено у людей помогающих профессий — врачей, священников, сестер милосердия.

м. к. Психологов, психотерапевтов...

т. б. Да, и у них тоже. Но в наше время эмоциональное выгорание все чаще случается с людьми в отношениях с близкими, в семье.

Женщина, полная благих намерений служить ближним, через какое-то время может обнаружить, что у нее нет сил, чтобы исполнять то, что взвалила на себя сама. Требования окружающих, которые раньше она исполняла с легкостью, теперь кажутся ей чрезмерными. Всего для нее слишком много. При одной только мысли, что завтра всё начнется сначала — снова нужно вести ребенка в сад, готовить обед, у нее возникает чувство усталости. Ее чувства выгорели до горсточки пепла. Она не только не способна любить, но и перестала чувствовать себя — как будто она машина, робот.

Для последней стадии процесса эмоционального выгорания характерен "синдром отвращения" — человек испытывает отвращение ко всему. Он полностью сломлен. Он заболевает — телесно и психически, переживает отчаяние, но все равно не может перестать функционировать и остановиться. Смерть может казаться ему единственным выходом из этого замкнутого круга. При этом часто людям удается скрывать от близких свое состояние, и лишь когда они уже не могут больше жить, они пытаются что-то сделать для своего спасения.

Эмоциональное выгорание можно понимать как особую форму экзистенциального вакуума. Это страдание от чувства пустоты и отсутствия смысла. Следуя за *кажущимся* смыслом, мы не можем быть эмоционально вовлечены в то, что делаем, и механически исполняем свой долг. Эмоциональная вовлеченность и удовольствие от того, что человек делает, защищают его от выгорания, несмотря на усталость.

Если я не могу подарить свое сердце тому, что я делаю, то я неизбежно отсутствую там, где нахожусь. Если я слушаю кого-то, а думаю при этом о чем-то своем, я обманываю этого человека. Он думает, что я здесь, с ним, а фактически меня нет. И наше общение выхолащивается. И это приводит к утрате отношений и к несоответствию самому себе. И если я не присутствую сердцем в каком-то деле, не только это дело не имеет для меня ценности, ценность утрачивает также моя жизнь.

Выгорание — это такой счет, который нам выставляют за долгое отчужденное отношение к жизни, за жизнь, которая не является по-настоящему моей.

м.к. Ничего себе. Жизнь, которая не является по-настоящему моей! То есть я во что-то верю, верю, что нужно быть хорошей матерью, растить шестерых или двоих своих детей, оставаться верной любящей женой, не огорчать своего мужа, быть во всем ему доброй помощницей, другом, любовницей, наконец. И всеми силами стараюсь жить по своей вере. Быть и такой, и эдакой. А потом оказывается, что эта жизнь не моя. Что мое — это, предположим, танцы? Я же с детства любила танцевать. И значит, надо было вообще никого не рожать, а становиться танцовщицей кордебалета, тогда и никакого эмоционального выгорания бы не настало? Как страшно жить!

т. б. Да нет. Если рожала, потому что хотела, если наслаждалась своим материнством, а не делала то, что "положено" делать, чтобы быть хорошей матерью, то всё в порядке. А танцевать можно и с детьми. И семейный "кордебалет" организовать можно! А вот если я варю щи, глажу пеленки, а сама думаю о том, что вместо этого могла блистать на сцене, то точно — живу не той жизнью. Не своей.

м.к. Признаем: даже живя своей жизнью, можно очень устать. Вопрос. Откуда все же взять силы? Как освежить свои чувства, эмоции?

т. б. Ну если человек оставляет ту же самую стратегию — служить изо всех сил без продыха, то это тупик, как в ситуации, которую вы описали. А если остановиться — может, получится найти источник где-то на стороне. Пополнил, принес в семью — отдал. Принес — отдал. Где взял? А где смог. Поехал в санаторий, отдохнул, поднакопил силенок. Можно дальше лямку тянуть. Пошел в фитнес — взбодрился. Стал в храм ходить, молиться — "Господи, помоги!"
Но если эмоциональной отдачи, удовлетворения от служения нет, то качать в одну сторону никаких сил не хватит, это бездонная бочка… Значит, что-то в самой системе отношений — к близким и к самому себе — глубоко неправильно. Ложная жертвенность, например, берущая начало в же-

лании быть хорошей. Ложное понимание служения. Отрицание себя. Отсутствие или забвение собственных интересов, заполнение пустоты и бессмысленности жизни. Мотивов такого поведения много. Но если систему не изменить, истощение случится.

м. к. В какую сторону изменить? Всё же выгородить свое пространство на территории семьи, сказать: *а вот здесь моя площадка, здесь мое личное время, мой покой, и никто, пока я принимаю хвойную ванну, — да, полтора часа, и что? — так вот, ни один из вас не трогает меня, не стучится, не плачет, не подвывает под дверью.* Так?

т. б. Нет, перемена заключается в том, чтобы сказать: "Я взяла на себя непосильную ношу — служить и ничего не требовать для себя. На самом деле я тоже хочу получать. Внимание и заботу. И вы мне тоже должны! Не только я вам". Потому что если эта территория, которую я пометила как свою, она для того только, чтобы забиться в нее, как в нору, отдышаться и снова выйти на служение, то это всё та же стратегия. Просто теперь не нужно выходить за пределы семьи, чтобы отдышаться. Направление перемены в том, чтобы процесс отдачи энергии перестал быть односторонним. Чтобы не только давать, но и брать.

м. к. Но как брать — от детей, от малышей особенно? От мужа, он тоже как дитя, поскольку муж у нас, в смысле в России, тоже инфантильный пошел. Взрослеет годам к сорока двум. Может, сразу за стареньких выходить? Идея!

т. б. От детей получать удается, если мы умеем уловить границу наших возможностей и не делаем больше, чем можем в данный момент. Мы не останавливаемся часто именно из-за этой идеи "служения". Или идеи "хорошей матери" — хорошая мать должна поступать так-то и так-то. Ведь по законам формальной логики естественным является вывод — если я не делаю так, как положено, то я плохая мать. А кому же хочется считать себя плохой?

Но если я не слежу за уровнем заряда своей энергетической батареи — по аналогии с мобильным телефоном, — то могу остаться в нужный момент без связи с миром. И если моя внутренняя батарейка разрядится, я лишу близких моего тепла. Лишу их любви, в которой они нуждаются. Поэтому именно из-за любви к ним я должна быть внимательной к сигналам своей внутренней обесточенности, чтобы вовремя обеспечить подзарядку. Должна остановиться. А если я делаю столько, сколько могу, а не "через не могу", то я в состоянии и любоваться своими детьми, и играть с ними, и шутить. И веселее проводить время. Ведь в отношениях с детьми есть не только долг, там есть и радость. Но и для радости должны быть силы.

А с мужем дело обстоит, с одной стороны, проще, потому что ему можно сказать — я больше не могу так жить. Устала. Он, конечно, может этого не услышать…

м.к. Или не понять. Или не согласиться — чем ты лучше? с какой стати ты устала? А я? Ты посмотри, сколько делаю я!

т.б. Да, он может не понять или не захотеть понять, ведь чтобы стало по-другому, он тоже должен измениться. А любая перестройка — энергетически затратное дело. Где же взять энергию, чтобы изменить семейную систему?
Можно извне, если люди проходят семейную психотерапию. Тогда добавочная энергия — от психотерапевта. Он добавляет свою энергию к той, которая есть у пары, пришедшей, чтобы изменить свою жизнь. У них есть желание измениться, а значит, есть и энергия, но она движется по рельсам, заданным сложившимися отношениями. Внешней энергии для изменения траектории движения может требоваться немного, просто терапевт знает, в какой точке ее надо приложить.
Или изнутри системы, когда жена, доведенная до отчаяния, говорит: "Не могу-у больше!!!" Тогда система может измениться от энергии протеста. Откуда взялась эта энергия у тихой, безответной, измученной женщины? Она взяла ее из того "ре-

зервуара", из которого мы берем энергию, когда речь идет о жизни и смерти. Ту энергию, которая позволяет сделать прыжок отчаяния через пропасть.

К сожалению, чаще всего этим "Не могу больше!" дело и заканчивается. Всё остается как прежде. Ведь женщины, которые "служат", обычно не умеют брать.

м.к. Брать... Да ведь это тоже не просто, особенно если брать не очень привык. Как брать? В какой форме? Тем более что многого-то и не надо. Вот в чем грусть. Не надо многого. В моей нарисованной выше картинке — придуманной, конечно, но, как мне кажется, придуманной похоже, — всё, что нужно было, это выйти из комнаты. Выйти к маме, жене в коридор, улыбнуться. Подхватить сумки, помочь раздеться. Может быть, обнять. Тогда и невымытая посуда оказалась бы не так страшна, и беспорядок в комнате — всё померкло бы, все печали перед лицом этой встречи пришедшего домой усталого человека. Но все мы знаем, и я в том числе, как невероятно трудно иногда совершить это элементарное мышечное усилие, просто поднять себя с дивана. А совершив его, еще и разозлишься — ты же не хотел вставать! Но никто, конечно, не оценил, как ты старался. И все-таки это уже шаг. И немалый! Почти без иронии говорю. Мышечное усилие! Но бывает и на меньшее, на слово доброе, нет у супругов сил. Просто слово. Легкое шевеление губ и языка. Произнести от сердца "Милый", "Милая". Всё! Видите, я всё о том же. Семейная жизнь — это усилие, иногда элементарное.

---

2. ПОЧЕМУ ТЕБЕ НЕ РАДЫ

Т. Б. Странно всё же это, вам не кажется? Элементарное усилие, легкое шевеление губ — и то человеку не под силу! Ребенок, которому так свойственно радоваться приходу мамы и бежать ей навстречу, должен приложить усилие, чтобы ей улыбнуться, ее обнять. А приложив его, злится — как будто его заставили это сделать!

Придется сделать отступление от темы, чтобы поговорить о том, как еще люди отбивают охоту общаться друг с другом.

Все мы проходили в школе теорию условных рефлексов. Но, видимо, плохо ее поняли. А жаль. Потому что открытые Павловым законы, такие же непреложные, как законы физики, лежат в основе всех ситуаций обучения. Суть этих законов заключается в следующем. Если я делаю что-то и получаю в этот момент удовольствие, я буду стремиться это действие повторить. А боль, страх или любые другие неприятные эмоции, совпавшие по времени с моими действиями, приведут к тому, что я буду стараться таких действий избегать. Реакцию страха и избегания можно сформировать практически на любой нейтральный или даже изначально позитивный стимул.

В жизни мы используем отрицательное подкрепление, сами того не подозревая. А потому получаем вовсе не тот результат, на который рассчитывали. Вот ребенок пришел из школы радостный и хочет рассказать маме, что он увидел во дворе. Ворона гналась за собакой! Но мать встречает его грозным окриком: "Ты почему так задержался? Суп давно остыл!" И радость от встречи с матерью отравлена. На следующий день ребенок "почему-то" опять задерживается. Он помнит, что мама была недовольна его опозданием, и хочет избежать ее гнева, но ноги "не хотят" идти быстрей. И снова та же история — грозная мама на пороге! "Еще раз задержишься неизвестно где — выпорю!" Его приход домой и встреча с мамой получают не положительное, а отрицательное подкрепление.

Конечно, не всегда мать ведет себя так грубо, как в ситуации, которую я описала. Придя домой усталая с работы, она может просто холодно посмотреть на сына, вышедшего ей навстречу, увидев его грязные ботинки посреди прихожей или куртку, брошенную на пол. Может спросить: "Ну, и сколько двоек ты сегодня принес?" или "Опять проторчал у телевизора весь день?"

И если это повторяется, ребенку будет требоваться усилие, чтобы выйти навстречу маме.

м.к. Но вернемся к возможности изменения ситуации.

т.б. Какой? Отношений с мужем, зашедших в тупик из-за идеи служения? Знаете, есть такой образ: муж — это дерево, растущее посреди дома. И с этим нельзя не считаться — оно занимает много места, на него натыкаешься всякий раз, когда хочешь пройти через середину комнаты. Но если жена считает, что ее долг поливать и удобрять это дерево и вжиматься в стены, чтобы у дерева было больше места куда расти, то это одна ситуация. А если она может посидеть под сенью этого прекрасного дерева, прислониться к нему, опереться на его ствол, когда она устала, вкусить плодов, растущих на его ветвях, — это совсем другая история. И мне думается, что изменяться надо в эту сторону. Потому что если мы начнем на этой поднявшейся изнутри энергии протеста встречное движение — отвоевывать свое пространство, стремясь к компенсации по принципу "Теперь я буду деревом! Я буду здесь расти, а ты должен меня обслуживать!" — мы продолжаем строить отношения исходя из идеи служения, в которой слагаемые просто меняются местами — один все равно должен служить другому.

Мне думается, что идея служения часто бывает неправильно понята, извращена. Служение есть на самом деле естественное проявление любви, а когда любви нет, люди пытаются замаскировать ее отсутствие ревностным исполнением своего долга. Обязанностей, за которыми они прячутся, чтобы скрыть, в первую очередь от самих себя, что любви нет. Что они не удовлетворены отношениями, что супруг их раздражает. Это вообще-то обычное дело в отношениях — скрывать истинные чувства. Но может быть лучше, правильнее любить своих близких, а не служить им? Потому что когда любишь человека, делаешь для него все, что можешь. И с радостью. И делать больше, чем можешь, не требуется. А когда любви нет, то и служить, в общем-то, не удается.

И можем ли мы любить ближних, если не любим себя? Ведь о том, что это связанные вещи, напоминает нам заповедь "Возлюби ближнего *как* самого себя".

м. к. Да, не больше, не безоглядней, а в точности как себя.

т. б. То есть любовь к себе и есть тот образец, к которому мы должны стремиться в отношениях с другими. Мы же часто пытаемся возлюбить ближнего как раз "больше себя", занимаясь самоотречением, принижая себя, жертвуя своими интересами и потребностями. А в результате наше ущемленное "я" мстит не только нам, но и тем, кому мы себя принесли в жертву.

м.к. Да, всё это верно. Но вот интересно. Мы говорили с вами, что даже такой, вроде бы естественной, вещи, как человеческие отношения, можно и нужно учиться. Узнавать законы существования души и следовать им. А можно ли научиться любить? Стоит ли за "стерпится — слюбится" психологическая правда? И наверное, до сих пор бывают браки, когда вроде бы это подтверждается. Один знаю сама: будущих мужа и жену познакомили за три недели до свадьбы. Ему пора было становиться священником, в православной традиции священником может стать лишь человек женатый, но у этого молодого человека никого на примете не было. И его духовник предложил — а вот взгляни-ка. Вскоре они обвенчались. Уже двадцать с лишним лет они вместе и, похоже, очень любят друг друга. Количество их детей достигло той самой цифры, после которой уже боишься сбиться. Семь? Восемь? Примерно столько.

Значит, научиться любить по заказу все-таки можно?

т. б. Если речь идет о том, чтобы научиться испытывать определенные чувства, которые мы принимаем за любовь, то вряд ли. Любовь не сладкие чувства, а *отношение*.

Любящий человек может испытывать разные чувства, но его отношение к тому, кого он любит, от чувств не зависит.

А про любовь "по заказу" хочу рассказать вам историю. О Доме малютки, который мы посетили во время студенческой практики в Будапеште почти сорок лет назад. Зная, как обстоят дела в наших детских домах, мы готовились к встрече с обездоленными малышами, жадно ищущими внимания взрослых. Но наши страхи оказались напрасными — нашим взорам предстала совершенно идиллическая картина. Милые, спокойные воспитательницы. Детки, которые настороженно относятся к чужим — точно так же, как домашние в их возрасте. И по уровню развития — интеллектуального и физического — ничем от своих одногодок, живущих в семьях, не отличаются.

Как же удалось такого достичь? Можно сказать, что вся система воспитания в этом райском месте основана на ненасилии. Когда девушек принимают на работу, им говорят: "Вы не обязаны любить детей, вы просто должны делать то, что положено. И если вы ударите их хотя бы раз, вы будете тут же уволены". А дальше они получают подробные инструкции, как им действовать. Например, как кормить грудничков, приучая есть из ложечки. Все просто — кормить надо так, как это делает любящая мать или бабушка. Не спеша. Ласково приговаривая. Дожидаясь, пока кашка будет проглочена и ротик откроется, чтобы получить новую порцию. Не надо тыкать ложкой, заставляя ребенка открыть рот. Пусть он съест столько, сколько захочет, нет цели впихнуть в него всё и побыстрей. Кормить надо так, как будто это единственный ребенок на их попечении. А как же другие дети? Ведь накормить надо всех! Но не все хотят есть одновременно. И когда дойдет их очередь, они получат свою порцию внимания и заботы.

Почему я про это вспомнила? Да потому что создательнице этой системы воспитания удалось вычленить из поведения по-настоящему любящих матерей те элементы, которые позволяют детям ощущать себя любимыми, и описать их в виде инструкций. А когда молодые, неопытные девушки-воспитательницы начинали эти инструкции выполнять, они проникались заложенной в их основу любовью — внимательным, добрым отношением к малышам. И вот что интересно — эта система отношений на пользу не только детишкам. Она позволяет воспитательницам делать свою работу с удовольствием, наслаждаясь контактом с ребенком.

Так что овладение понятным для тех, кто нам дорог, языком любви и есть один из путей овладения искусством любви.

м.к. Что же, звучит оптимистично, наконец. В царство трезвости пришло утешение под самый занавес.

Можно полюбить, я тоже так думаю, к языку внешних жестов и установок подключается и сердце, и заложенное в него умение любить. В честь такого светлого окончания главы на такую непростую тему — рассказик.

Тренировки по плаванию

Своего мужа я полюбила на шестнадцатом году совместной жизни. Почему? Ванечка вырос. Начал бриться, а когда долго не брился — обрастал по подбородку мхом — такими кусточками темными, кудрявыми. Я вдруг увидела: красивый. Не потому что сын мой, а правда.

Девушка Ванечки, Алена, его не любила. В эти-то годы что они умеют! Но даже и щенячье, на что они способны, Алена к нему не испытывала. Однако и от себя не гнала, придерживала. Он ей создавал хорошую репутацию в классе. Девочка при мальчике совсем не то что без. Вот и держала на привязи. Но Ванечка все чувствовал и страдал. Он-то был по уши.

И вот впервые за много лет я пригляделась к своему Гене и как прозрела — оценила его в первый раз. Хотя ведь что я в Ванечкины-то годы говорила: "Вот что угодно, девочки, но за человека по имени Геннадий замуж не выйду ни за что! И за Вениамина, одно и то же". Как в воду глядела, только наоборот.

А вышло вот как.

Гена спас меня, так получилось, но благодарности к нему я никогда не испытывала. Любовь у меня главная до него случилась, и какая. Сначала я влюблялась во всех подряд. Как окошко какое было внутри распахнуто, и каждый, кто посимпатичней мимо проходил: одноклассники, однокурсники потом, преподаватель, один знаменитый актер даже — меня зачаровывал. Но это как ветерки были: полюблю-полюблю денечек, другой, неделю, один раз почти месяц продержалась, но выдувало, проехали, дальше мчимся. А тут — началось.

Тренером он был моим, у меня по плаванию разряд еще со школы, но в десятом классе я плавание забросила, стала готовиться в институт, и потом как-то всё не до того было, а в конце института вдруг вспомнилось, и опять начала ходить в бассейн, больше, конечно, для себя. Сначала сама ходила, а потом записалась в секцию. Получилось, как раз к нему. Высокий такой, мышцы под футболкой, как шары бильярдные, лицо — кровь с молоком, но главное — глаза! синевы необыкновенной. А иногда вдруг раз! — и просто серые. Я запала. Хотя секция была так себе, всего три человека в ней на тот момент оказалось. Два парня-первокурсника, салажата, да я. И вот показывает наш тренер, как вдыхать, а сам прямо-прямо смотрит, и не в глаза — в душу глядит. Я стала думать, может, он не тренер, а экстрасенс? Приворожил меня, это точно. Но что-то не хочется вспоминать, скажу только, что любовь у нас была с картинками, с купаньями ночными, и с по крышам гуляньем, один раз даже с мордобоем — приревновал он меня сильно, зато когда понял, что не прав, на коленях стоял, босоножки мне целовал и все по очереди пальчики.

Встречались мы полтора года, пока он не отвалил в Америку, причем молча.

Как я его искала! Везде! Милицию на ноги подняла, но уже и узнав, что случилось, поверить не могла: как так? как можно было взять и исчезнуть. В субботу сходили в парк культуры, на колесе обозрения катались, как дети малые, смеялись, как всегда, а в воскресенье он к телефону уже не подходил. В понедельник тоже. Во вторник я к нему в общежитие поехала — так меня там даже на порог не пустили. Потом-то я выяснила, его уже и не было там, он в понедельник улетел, накануне вечером. То есть мы же даже не попрощались.

Так я и попала в психушку, на нервной почве, ничего, выкарабкалась, Гене как раз благодаря. Но пока таблетки глотала, всю эту историю постаралась выжечь, и выжгла. Почти. Только помню как нес меня до метро на руках, когда дождь лил, воды по колено, а мне нужно было быстрей на экзамен по философии, там препода злючка была! Он подхватил меня и понес, сильный был очень человек — несет, я держу над ним свой, в цветной горошек зонтик, но что-то мало помогает, заливает со всех сторон! Я в одном сарафане, с утра жара была, мерзну жутко, смеюсь от стеснительности, а он сжимает меня крепко-крепко, хочет согреть и не улыбается, только в глаза глядит, как всегда прямо, ровно, и так чисто, ясно — вот это забыть не могла, и каждый раз казалось: как я могла, нужно было получше разобраться тогда, в чем дело, и все-таки найти его, даже в Америку за ним поехать. Тогда всё, всё бы могло бы сложиться по-другому!

Гена приходил в психушку к матери, соседке моей по палате, она была у него с сильным приветом, но довольно тихая. Мне что, я хоть и в отключке полной, но матери его помогала — она есть не хотела и ходила у него еле-еле, я ее каждый раз уговаривала и водила то на обед, то на ужин, то в туалет. Гена за мать сильно меня благодарил, так и познакомились, а как вышла я на волю, начали встречаться. Правда, был он меня на восемь лет старше. Институт свой я так и не закончила, мне всё руки на себя наложить хотелось, а он меня утешал и очень поддерживал — натренировался уже на маме-то. И более-менее я успокоилась. Потом и замуж позвал. Для бедной Тани все были жребии равны, как в школе мы учили, — я согласилась.

Родили мы вскоре Ванечку. Сынок был похож не на Гену, а на того... тренера! Такие ж глаза — серое с ярко-голубым намешано, и также цвет меняют от освещения — иногда синие-синие, как небо летом, а то — сталь. Это притом, что и у меня, и у Гены глаза темно-карие. Не только глаза, ушки той же формы у Ванечки были — чуть лопоухие, отогнутые сверху, даже форма черепа! И какой высокий, стройный потом вымахал, хотя мы с Геной оба низкие. Но есть, говорят, такое явление, телегония. С научной точки зрения это, конечно, бред, я не спорю, но ведь — факт. И факт этот — мой Ванечка. Только смуглый он вышел в Генку — там вся их родня по отцу из Молдавии.

Рос Ваня добрым мальчиком, рисовал очень хорошо, собирался стать дизайнером, и надо ж, напасть. Влюбился в эту Алену, да так, как только в пятнадцать лет бывает. Спать перестал, все чего-то рисует да эсэмэски ей эсэмэсит. И нет бы отшила его, так и не отшивает, но особенно и не откликается, а он вот буквально! худеет на глазах. Жаль до слез, а как поможешь? Тут звонит его классная руководительница, ваш сын три недели не был в школе, все в порядке? Как не был? Каждое утро уходил, с рюкзаком, учебниками, вот только, оказывается, не в школу. Призвала я Ваню, а он на все вопросы отмалчивается, на контакт не идет и смотрит до того... странно! Отсутствующе так. Уговорила его сходить к психологу, но большого толку от этого не получилось, точнее, совет ее был — куда-нибудь переехать, в новое место, в новую обстановку. Но куда переедешь, осталось-то год в этой школе домучиться, и потом, какая разница — все равно и по интернету, и по телефону все друг с другом сейчас связаны. И я надеялась, что как-нибудь постепенно пройдет.

Папа наш вечно на работе, в автосалоне своем, начну ему вечером жаловаться, хочу посоветоваться — молчит; а однажды как сказанет: "Ну, а что ты хочешь, Надь, наследственность. Мать моя из депрессий не вылезала, и с тобой мы где познакомились, помнишь?" Вдруг вскакивает, и к Ваньке в комнату — раз, я — следом бегу! Берет его за грудки, мрачно так, и говорит: "Будешь мать расстраивать, не будешь в школу ходить, ты мне не сын. Дома можешь не появляться!" Ванечка на это смолчал, а потом, как мы с отцом вернулись на кухню, тихо-тихо собрал вещички и вышел. Ночевать не вернулся, на мобильный не отвечал.

Что за ночь мы пережили, рассказывать не буду. Утром пришла эсэмэска: "Мама, всё ОК". И опять ни слуху, ни духу. Еще два дня прошло. В школу идти выяснять не хочется — выгонят его, будет на плохом счету. Кое-как разведали, что ночует он у друзей, по очереди. Вернулся домой только через четыре ночи. Гена вообще с ним не разговаривает, но хотя бы и не трогает, еле уговорила его. Что ж, такое время у мальчика, надо пережить. Хотя как пережить, непонятно. И Алена эта вроде как в конце концов вообще его бросила, с другим кем-то начала гулять, уже, значит, вышла в тираж. Ванечка буквально почернел. Даже рисовать больше не рисует, целыми днями сидит у себя в комнате и слушает музыку. На все вопросы глядит исподлобья и говорить не хочет. Только с каждым днем все худее. Бородой зарос, одни глаза остались.

И тут моя хорошая знакомая из нашего же турагентства дала мне совет. Съездить к одной женщине, живет не так далеко, в городе Дмитрове, и женщина эта будто бы прозорливая. Что-то типа гадалки, но не совсем, а вроде как и лучше. Этой знакомой она в свое время помогла найти мужа. Смешно мне стало — чушь ведь! И стыдно — к гадалкам ходят малолетки да несчастные женщины. С другой стороны — сын, единственный. К лучшему ничего не меняется, учиться Ваня так и не хочет, в школу почти не ходит. И я решилась.

Взяла, как и было велено, Ванечкину фотографию и поехала в город Дмитров. Ехала два часа, а разговор наш с прозорливой продолжался минут, наверное, двадцать. Ни на ведьму, ни на гадалку она мне похожей не показалась, скорее, на певицу оперную — статная такая дама, грудь, волосы темные распущены, но одежда самая обыкновенная, скромная. Хотя вид королевский.

Правда, королева показалась мне сильно уставшей. Не успела я дорассказать про Ванечку, она и говорит, глядя прямо на фотографию: "Психические заболевания мальчика не коснутся, погрустит и забудет, сложность тут другая. В роду вашего мужа по материнской линии жены не любили мужей. Четыре поколения! Образовался порочный круг. Надо его разорвать, тогда и сына вашего любить будут, от этой девушки он скоро и сам отойдет, но когда появится другая… Принимайте меры!" И — зырк!

Меня как ударило: правда. Всё правда! Мать-то Гены, Ирина Васильевна, Царство Небесное, тоже не сразу свихнулась, сначала трех мужей бросила, в том числе Гениного отца, и про бабку свою он всегда говорил: суровая была женщина, зимой снега не допросишься, с дедом жила как кошка с собакой.

Вот ведь. Не полюблю Гену, Ванечка будет мучиться всю жизнь.

Только я открыла рот, чтоб спросить, да как же, как мне Гену-то полюбить, не любила ведь его толком никогда, и замуж пошла за него, чтобы в дурку опять не загреметь — он меня очень поддерживал!

Но прозорливая меня остановила, не позволила говорить. Помолчала, посидела с закрытыми глазами, потом снова глянула и говорит: "Другой, другой на сердце у вас. Сколько лет уже. Надо эту дрянь…" — и рукой так показала, как выбросить из сердца дрянь. Будто гадость какую — раз и бросила за левое плечо, и поморщилась, как от скверного запаха. "Да ведь я… и Гена…" — но она уже прочь меня выпроваживает.

Ехала я в электричке и всё думала, как же мне полюбить Гену. И ведь хороший! Работящий, заботливый, слова дурного не слышала от него. Бывает, даже ужин приготовит, и Ванечку, конечно, любит, хотя и по-своему, не на словах. Он вообще не очень-то на слова, молчит больше. Зато если скажет — так скажет. Давно еще, когда женихался, спросила его: "Я тебе зачем? Что ты нашел во мне! В психованной". А он: "Ты — моя женщина". И всё.

Да разве он-то — мой, мой мужчина? Но получается — да?

Думаю дальше: так, сказано ж было — другой на сердце, надо выбросить. Но кто? Тренера я почти забыла, только вот дождик да глаза остались. Стала пытаться, прям в электричке, этот дождь вырвать из памяти, а как? Да вот так: будто не было! Не было такого, ни дождя, ни рек по колено мутных, ледяных, прям у метро "Университет", и не нес меня никто, не прижимал крепко. Но как не нес, когда нес? Только вспомнила, опять сердце забилось, и мысли вернулись прежние: да я ж любила его! и не отвоевала, не догнала! вот кто мой мужчина, и никаких сомнений.

И тут как ворота передо мной распахнулись. Поняла я, нужно мне его снова увидеть. Заново с ним встретиться и всё, наконец, понять. Семнадцать лет спустя! Если надо — выкинуть, как прозорливая повелела, а нет — значит, такая судьба.

При нынешних-то возможностях — найти человека — пустяки, фамилия у него была редкой, хотя звали его Сергеем, даже отчество я его вспомнила, и нашла очень быстро в "Одноклассниках", поглядела, почитала — похоже, и правда побывал он в Америке, но как будто недолго, тогда же и вернулся. Фотографии у него были сплошь старые, только совсем молодого его, почти каким я его помнила, недавних ни одной. И объявление прямо там же, на странице его висело, что дает тренировки частным образом. Зайчик ты мой, неужели так ничему больше и не научился в жизни? Написала я ему письмо, не от своего, конечно же, имени, что ищу для сына-подростка тренера. Он ответил только через неделю, но очень вежливо и велел приходить с сыном прямо в бассейн. А надо сказать, что с тех пор, как я к прозорливой съездила, Вансчка стал получше. Может, увидел, что ничто ему дома не угрожает, и поуспокоился, даже в школу снова начал ходить. Я уже и дышать на него боялась, тем более, думаю, надо дело довести до конца.

Поехала я в бассейн. В бассейне "Школьник" он, оказывается, работал, возле универмага "Заря", теперь уже бывшего, кто из наших краев — знает это место. Подошла к дежурной у стойки, сказала, что нужен такой-то. Вызвали его.

Выходит. В тренировочном костюме, в кроссовках. Неузнаваемый. Раздался! — и в плечах, и живот выпер, и красный весь какой-то цвет лица, и лысый наполовину. Где ж, Сережа, твои пышные волосы? И будто ниже стал ростом, совсем как высокий уже не смотрится. Меня, конечно, не узнаёт.

— На тренировку?

— Да, — говорю.

— Мальчик ваш в раздевалке уже?

— Да нет, я пока сама хотела выяснить у вас кое-что, без него пришла.

Он глаза поднимает, недовольно так, глядит на меня... Ба!

Глаза-то! Глаз нету! Вместо того что было — блёклые и будто умершие блюдечки. Как под целлофаном застиранным, кто советское время пережил, помнит, стирали тогда пакетики, сушили; вот этим пакетиком как будто укрытые — бледно-серые, угасшие. Ни твердости никакой, ни ясности.

Я говорить не могу, стою столбиком.

— Так что вы хотели выяснить, — разочарованно так, и даже вроде и злится уже, что молчу или что без ребенка.

— Сережа, я Надя, не узнал? Помнишь меня?

Дернулся он.

— Надя?

Вижу, узнает постепенно. Не обрадовался, не улыбнулся даже.

— Вот так да! Не ждал. Надо же. Ну, пойдем, пойдем.

Весь как-то засуетился, завел меня в тренерскую, в каморку их крошечную.

— Надо же. Так ты нарочно?

— Ну, не совсем. Сын у меня и правда есть, плавать умеет, но не особенно, хорошо бы ему еще поучиться, вот у тебя, например.

— Чай будешь?

Я отказалась, но он все равно за водой сходил, вскипятил чайник, наливать начал, гляжу: руки дрожат. Вот тебе и тренер.

Спросила я его, конечно, куда он делся тогда, почему не простился. А он вспомнить не мог! Разве я не простился? Наверное, не хотел тебе делать больно! Что ж с собой меня не позвал? Да куда, Надь? Ехал наугад, то ли найду работу, то ли нет... Но сказать "до свиданья" ты мог? Да я сказал, что ты? Нет, правда не сказал?

А я-то... А он вспомнить не мог. Ну а как под дождем меня нес, это хоть помнишь?

Тут он сразу разулыбался:

— Помню! Вот времечко было! Девушки меня любили!

— Ты и сейчас ничего, — вроде и утешаю его. Тоже любят наверняка.

— Нет, — рукой машет, — Надя, нет.

И как-то в сторону всё глядит. Но в чем дело, не объясняет. Поговорили мы в итоге недолго.

Узнала я, что из Америки несолоно хлебавши через год он вернулся обратно, женился, два раза подряд, две дочки растут в разных браках, сейчас то ли в разводе, то ли нет, до конца я не поняла. Много работ сменил, и не только по специальности, вот сюда тоже недавно совсем устроился, и то с большим трудом, хотя зарплата — курам на смех... И всё вниз косится, в глаза не смотрит. Стала я собираться, а он вроде как тянет, не дает уйти и намекает, что вообще-то рассчитывал провести тренировку... Оставила я ему денег. Пять тысяч, аванс за пять тренировок, сказала. И бегом, бегом домой!

А дома — Гена. Рано сегодня вернулся, выходит ко мне.

— Что с тобой? На тебе лица нет.

Молчу я, не отвечаю.

Плащ помогает снять, из кухни чем-то вкусным тянет.

Поглядела я на него, в глаза ему — а глаза-то у него… нормальные, смотрит внимательно, так по-доброму, беспокойно только немного. Но беспокоится-то он обо мне!

Обняла я его покрепче и отпускать не хочу.

Глава девятая
ИЗМЕНА

——————

м.к. Не так давно я узнала: существует, оказывается, на свете "свободный брак". И многие, особенно люди молодые, его действительно практикуют! Это значит, что если он и она договариваются на берегу, что брак у них свободный, — каждый может заводить параллельные отношения с другими, и понятие измены исчезает. Они же договорились! Заранее. Насколько, на ваш взгляд, эта модель эффективна? Или это какой-то самообман?

т. б. Вообще-то, чтобы *оценить* эффективность чего-либо, надо знать, чего пытались достичь. Эффективность ведь означает меру достижения поставленной цели. Но если вы думаете, что свободный брак свободен и от измены, то это не так. Просто измена — нарушение договоренности, данных друг другу обещаний — проис-

——————

ходит в другой сфере. Что является предметом договоренности в свободном браке? Общее имущество, общие дети, общий досуг. Муж может спать с кем он хочет, но ходить в театр, например, он должен с женой. И если он идет в театр с любовницей — это измена. Но брак всегда был договором. А свободный брак сочетает договор с промискуитетом.

м.к. Да-да, ситуацию с женой в театре называют "высокие отношения". Но я бы хотела обсудить сейчас другую народную мудрость. "Хороший левак укрепляет брак". Можно себе представить, что здесь имеется в виду. Сходил муж/жена на сторону, навестил милую вдовушку за рекой, разрядился, услышал, что он лучше всех, самый-самый — настроение у него сразу повысилось, сил прибавилось, веселый и бодрый он возвращается домой, нежно обнимает жену, ласкает деток, напевает негромко. От избытка сил чинит даже сломанный полгода назад стол. Левак укрепил и брак, и мебель.

И если бы так всё и было. Но эта идиллия только для незамутненных лишними мыслями душ. Для тех, кто дитя и разумом, и сердцем. Таких немного. Чаще — там, на стороне, эти такие приятные вроде бы и почти необязательные свидания порождают отношения. Складывается привязанность, растет взаимная тяга, вскоре уже не только физическая, которая не так уж редко вырастает в любовь. Во всех известных мне историях "левак" отношения мужа и жены разрушал и заканчивался разводом. Или — гораздо реже — мучительным возвращением друг к другу, долгим восстановлением доверия. Что скажете?

т. б. Думаю, случайная измена брак вряд ли разрушит. Да ведь и без измены браки разрушаются достаточно часто.

Измены могут быть однократными, не имеющими никакого продолжения — мужчина выпил, расслабился и… не устоял. В командировке, например. Сколько анекдотов на эту тему! Например, что секс еще не повод для знакомства. Но случается, что мужчина изменяет жене регулярно, "добирая" на стороне то, чего не может получить в браке, которым дорожит. Такое бывает, когда мужчина выбирает в жены идеальную мать для своих детей, покладистую, домовитую и внешне привлекательную женщину — принуждать себя спать с ней не приходится. Все в ней хорошо. Но чего-то не хватает. Холодновата, излишне сдержанна. В постели с ней он не может быть свободен так, как ему хотелось бы. И он "оттягивается" с другими женщинами и изменой-то это не считает. Он прекрасный отец и действительно заботливый муж — бережет душевный комфорт жены, тщательно скрывая от нее свои приключения на стороне. Должен же он что-то получать и "для себя" — обычное

оправдание, которое он дает собственной измене. Возможно, это и есть тот самый левак, который может помочь сохранению брака. Да и жены
часто смотрят на сексуальные шалости мужей
довольно снисходительно, при условии, что лю-
бовницы случайны и что они "ничего не значат"
для мужа. Особенно если сексуальный аппетит
мужа превосходит их собственный. А вот на наличие эмоциональной привязанности, возник-
новение отношений реагируют очень болезненно. И именно это считают изменой.

м.к. И все же чаще *любая* измена, во всяком случае
любая сознательная измена (та, что совершалась
в состоянии измененного сознания, сильного
опьянения например, ладно, вынесем за скоб-
ки) — признак неблагополучия, вспыхнувшая
красная лампочка, даже если всё внешне хорошо,
и муж и жена как будто приспособились. Нет,
все равно — это дурной знак, предвестие смерти
искренних отношений.

т. б. Знаете, некоторые психологи считают, что измена *планируется*, причем *обоими* супругами.
Часто жена, которая чем-то недовольна в браке
и не может до мужа достучаться, фактически
вынуждает его — своей холодностью, отказом
в близости или как-то иначе — ей изменить. Зачем? Измена обнажает, делает очевидным тот
факт, что "не всё благополучно в королевстве

датском". И тогда на фоне разборок по поводу измены у обоих супругов появляется возможность посмотреть друг другу в глаза, высказать то, чего они раньше высказывать не решались, и передоговориться. И пойти на новый виток отношений. И люди с удивлением отмечают, что их брак просто умер бы, не случись измена.

И женщина может, "сходив налево", обнаружить, что чужой мужчина ничем не лучше ее мужа и в измене вовсе нет ничего привлекательного. И начинает своего мужа больше ценить. А бывает, что "обогатившись" опытом в сексуальных отношениях на стороне, она становится более чуткой к потребностям мужа, более раскованной. И стали они ладить в постели. А до этого не мог муж, как ни старался, объяснить ей некоторые вещи, не мог преодолеть ее жесткие стереотипы — так можно, а так нельзя! Мы не знаем, какими путями люди идут, чтобы прийти друг к другу. Так что наперед ничего сказать точно нельзя. Вот как Господь в силах обернуть наше зло во благо, так и измена может повернуть ситуацию к лучшему. И это не намек на то, что надо изменять. Благополучный исход — скорее исключение из правил. А если измена длится годами — велика вероятность, что альтернативные отношения станут важнее, ценнее в человеческом смысле, чем отношения с супругом.

А бывает еще и так — женщина разлюбила, не хочет больше с мужем жить. И если у нее не хватает мужества взять на себя ответственность за развод, она может вынудить так незаметненько мужа ей изменить, а потом встать в позу, "не простить" его за измену. И выгнать. Он плохой, она — хорошая.

м. к. Еще один вариант, когда муж сознательно толкает жену на сторону. Страшный, но великий фильм Триера "Рассекая волны" построен на этом. Иди, переспи с кем-нибудь и потом изложи мне подробности. Встречалось вам такое?

т. б. К сожалению, да, и нередко.

м. к. Даже обсуждать это трудно — лучше просто рассказик.

Немного об искусствоведении

Один человек соскучился жить со своей женой, в том самом определенном смысле. Они были супругами много лет, родили четверых детей, он знал ее от мизинчика до кончика волос, до звучания каждого вздоха. Невозможно! И ведь всё уже перепробовали, шутка ли — двадцать лет вместе, студенческий брак, но всё еще вполне здоровые сорокалетние люди.

Тогда муж сказал жене: "Пойди и будь с кем-нибудь, можешь даже не говорить, с кем, но потом приходи и расскажи мне подробно, как всё прошло. Пора расширить границы". Жена же отвечала ему: "Нет, милый, нет. Мне это совсем не нужно, это нужно тебе. То, о чем ты говоришь, — измена. А я не хочу и не буду изменять, но тебя отпускаю, иди сам и будь, с кем пожелаешь". Муж сказал: "Ты хочешь, чтобы я потом рассказал тебе обо всем?" Жена отвечала: "Как хочешь ты". Нет, огорчился муж, тогда это и в самом деле будет изменой, а я совсем не хочу тебе изменять. Жена же сказала: это не будет изменой, я ведь отпускаю тебя сама. Муж сказал: хорошо. Но никогда так ничего и не сделал, то ли стеснялся. то ли не нашел никого подходящего, хотя казалось бы, мало ли одиноких голодных женщин на свете? Тем не менее. Однако сам он по-прежнему мечтал, чтобы жена изменила ему, и подталкивал ее к исполнению своего желания неотступно.

Судьба словно бы расслышала его жажду. У жены появился новый знакомый, который начал ухаживать за ней весьма настойчиво. Дважды они встречались в кафе, несколько раз побывали на выставках — знакомый был профессиональным искусствоведом, специалистом по современному искусству. О современном искусстве он говорил много и увлекательно, особенно часто повторял мысль о том, что истинное искусство не знает никаких границ, оно — свобода. Жена чувствовала, что незаметно всё сильнее привязывается к новому приятелю, всё внимательнее слушает его рассуждения, и, кажется, даже влюбилась! Как и искусствовед, который уверял ее, что влюбился с первого взгляда, как мальчишка, и молил о решительном свидании. Жена отказывалась, смущалась и в конце концов рассказала мужу о своем поклоннике и его предложении. Муж обрадовался! И сказал: да конечно, иди! Наконец-то!

Она пошла. Свидание прошло чудесно. Она и не знала, что такое возможно — такое понимание, близость, такое тепло. С мужем всё проходило совсем иначе, гораздо более плоско, но главное, конечно, привычно. Искусствовед тоже был счастлив. Они договорились встретиться снова в ближайшие дни. Но выйдя из его дома, жена увидела, что солнце в небе ярко-черного цвета.

Мир померк, а сердце ее разрывалось от непонятной, но совершенно невыносимой боли. Она почувствовала, что жить дальше невозможно, ни минуты нельзя больше жить, что она попала в зону ядерного взрыва и должна умереть. Она пыталась возражать себе, бороться, лепетала что-то о расширении границ — тщетно. Мимо мчались машины, ни о чем больше не думая, она бросилась под колеса ближайшей — и... отделалась двумя переломами, выжила, но из больницы уже никогда не вернулась домой. Переехала вместе с детьми от мужа, прервав с ним всякие отношения. Как, кстати, и с искусствоведом. Не смогла простить им ярко-черного солнца. Избавился ли ее бывший муж от тоски по богатству ощущений, история умалчивает.

т. б. Да... Сюжет прямо из драмы Островского "Гроза".

м. к. Только из какой-то очень модернизированной "Грозы". У вас есть объяснения тому, что произошло в этом рассказе?

Т. Б. Хотите комментариев? Их есть у меня.

Итак, ситуация — муж с женой подталкивают друг друга к измене. Муж жене не изменяет, а она начинает встречаться с другим. Ей *нравится* с ним общаться, и постепенно она привязывается к нему и даже *влюбляется*. Но пойти на близость — согрешить — не решается. Тогда она открывается мужу и, получив его одобрение, идет на свидание, вроде как выполняя его "заказ". Свидание проходит чудесно. Но выйдя на улицу, она чувствует, что ее сердце разрывается от непонятной боли. Не в силах ее терпеть, она бросается под машину. Почему?

Вообще-то, человек совершает самоубийство тогда, когда ощущает безысходность — не может найти выхода из ситуации. В какой же ситуации оказалась наша героиня?

Свидание поколебало основы ее картины мира. Измена — то, что было недопустимо, *осуждаемо ею самой*, — оказалась вовсе не омерзительной, наоборот. "Она и не знала, что такое возможно — такое понимание, близость, тепло". И от *этого* она в шоке — как, как такое может быть?! Мир — как человек его себе представлял — рухнул, и человек не знает, как ему теперь жить.

Если бы свидание ей не понравилось, она могла бы продолжать думать, что изменять мужу не хочет, и что это и не измена вовсе, а потакание прихоти мужа. И сохранить представление о самой себе — неспособной грешить. Но, договорившись о новой встрече с любовником, она должна признаться себе, что *хочет* этих отношений. И собирается сознательно и по-настоящему мужу изменять.

Так она оказывается в ловушке — не может оставаться в отношениях с мужем, потому что хочет быть с другим, и не может пойти за своим чувством, потому что не может разрушить свой брак. А неудавшееся самоубийство облегчает эту задачу — как можно жить с человеком, которой довел ее до этого?! Но человек всегда направляет агрессию на себя, если не может позволить себе направить ее на другого. Например, на мужа, стоящего на пути к нечаянно обретенной ею любви.

Нарушив супружескую клятву верности, она, возможно, столкнулась со сценарным требованием — нарушение запрета должно быть наказуемо. Дискомфорт от нарушения запрета бывает столь силен, что человек стремится наказать себя сам. Восстанавливая, как ему думается, справедливость, а на самом деле — свою картину мира.

Думаю, она и до этого черного солнца хотела порвать отношения с мужем, но даже допустить такую мысль не могла. Потому, например, что развод в ее картине мира был за пределами возможного.

м.к. Хотите ли вы сказать, что картина мира может стать для человека клеткой, ограничивать его свободу?

т. б. Да, если она содержит представления, не позво-
ляющие человеку найти выход, объективно в ситуации существующий. Картина мира ограничивает возможности человека, его мышление, если
она построена на допущениях, имеющих мало
отношения к реальности, или содержит ограничения, которых на самом деле нет. Вот пример:
задание *построить четыре треугольника из шести спичек* невыполнимо, если пытаться сделать
это на плоскости. А в трехмерном пространстве
эта задачка решается с легкостью — построением
трехгранной пирамиды. В условии речи о таком
ограничении нет, но некоторые люди *добавляют*
его *от себя*, что делает невозможным решение
задачи.

м. к. Послушайте, но в конце концов моя героиня во
многом шла на поводу у мужа, который хотел
"расширять границы", и этические, и отношен-
ческие, проверить, что станет с ним и с ней, если
она побудет с другим?

т. б. Чего на самом деле хотел муж, неизвестно. Ведь
сам он эти границы раздвигать не стал, изменять
жене не захотел. Возможно — и тут мы опять во
власти домыслов — хотел проверить, насколько он ей дорог, по-прежнему ли она его любит.
Может быть, ощутил *миметически*, что жена тяготится их отношениями, и услужливо ей поды-
грал. А мог и вправду думать, что это приведет

к изменению в их отношениях — к лучшему, конечно.

Но расширения границ не случилось. Произошло то, что муж предвидеть не мог, — резкое обрушение картины мира жены. Шок. А расширение границ было бы в понимании, *почему* мужу с ней в определенном смысле скучновато. В том, что она *может* сказать мужу "нет", отказаться идти у него на поводу. Наконец, в обретении возможности прервать отношения с мужем, не убивая себя, — если уж дело до этого дойдет.

м.к. Смешно, конечно, обсуждать собственные фантомы. Но вот смотрите, получается это ее "картина мира", картина ее представлений о добре и зле погрузила ее в отчаяние? Значит ли это, что "картина мира", система ценностей, которой придерживается человек, обладает над его сердцем властью, словно бы автономной от него самого? Ведь на уровне сознания моей героини все было прекрасно, это же не сознание просигнализировало ей: умри! Не сознание, а картина мира?

т. б. Ну да, картина мира "правит бал". Наши взгляды, наши мысли определяют нашу судьбу. Система ценностей и есть тот фильтр, которому подвергаются наши желания и поступки. Высший суд, который мы вершим сами.

Измена может восприниматься человеком очень по-разному. Например, как в анекдоте еще из советских времен. Жена приходит на работу к мужу, как теперь говорят, на корпоратив. Выясняет, кто из присутствующих директор, кто его замы. Просит показать их любовниц. Потом спрашивает: "Ну а твоя-то любовница кто?" Муж показывает. Жена внимательно рассматривает соперницу и удовлетворенно замечает: "Ну, наша-то лучше всех!"

м.к. Хочу добавить, что люди редко, почти никогда не изменяют друг другу сразу после свадьбы, это всё же путь, путь медленного расхождения, постепенного разрушения отношений, по которому муж и жена часто идут почти вслепую, долгое время даже не осознавая, куда движутся.

т. б. Конечно! Не в один же день до этого дело дошло. Признаки неблагополучия были, но их либо не заметили, либо отмахнулись от них. Жена отказывает мужу в сексе, а на его попытки донести до нее, что он от этого страдает, говорит: "Что ты придумываешь? У нас с тобой всё в порядке!" Он приезжает домой из командировки, соскучился, мечтал оказаться с ней, наконец, наедине, обнять ее. А она уклоняется — "Завтра воскресенье, я хочу причаститься. Перед причастием нельзя!" И наоборот бывает тоже. Жене хочется ласки, простой человеческой близости — уткнуться носом в родную подмышку, прижаться к мужу, раствориться в нем. А он говорит: "Отстань, мне не до *этого*. Завтра рано вставать". Потому что думает, что объятие — призыв к сексу. Или понимает ее нежное прикосновение как разрешение на доступ к телу. Отлично! Оттарабанил — и заснул.

Но если альтернативные отношения есть, то их неизбежным следствием является раскол мира не только того, кто изменяет, но и того, кому изменяют. Жена, не знающая о параллельной жизни мужа, не может не ощущать, что в их общей жизни что-то не так. Что есть какая-то тайная комната, куда ее не пускают. Может быть, она и сама не хочет в эту комнату заглянуть из страха — а вдруг то, что она увидит, разрушит их отношения? И потому старается обходить стороной ту часть их "дворца", где эта комната может, по ее мнению, находиться. Но ощущение тайны, чего-то скрываемого мужем, всё же будет. И когда эта тайна по какой-то причине раскрывается, жена восклицает: "Господи! Как я могла этого не видеть?! Ведь были же, были признаки того, что он обманывает меня! И его холодность, отсутствие желания, "снижение потенции" теперь нашли свое объяснение — у него есть *другая*!"

м.к. Обманывает... Да ведь часто специально и не обманывает, просто о чем-то не рассказывает, умалчивает.

т.б. Когда человек скрывает от жены часть своей жизни, он должен быть всё время настороже, чтобы себя не выдать. Он всё же вынужден врать, изворачиваться. Возможно, испытывать страх перед разоблачением или чувство вины. Не все люди переживают это остро. Для некоторых такое состояние привычно. Но это не значит, что они могут быть избавлены от психологических последствий раскола, потери целостности своей жизни. Как соединить несоединимое? Он не может предъявить любовницу жене, и хотя любовница и знает о существовании жены, она с ней никогда не встречается. А если встретится, должна будет сделать вид, что между ней и ее любовником "ничего нет". За редким исключением, когда любовница решается жену устранить и идет в атаку, ва-банк. Как Гурченко в фильме "Любовь и голуби". Бывает, что в атаку, узнав о любовнице, идет жена. И часто это заканчивается так же, как в фильме — она вцепляется разлучнице в волосы. После чего раскол в жизни мужчины преодолевается устранением одной из женщин.

Конечно, вы правы: измена — признак неблагополучия в отношениях. Она может случиться даже с теми людьми, которые женились по любви. Что же говорить о тех браках, которые заключены по голому расчету?

М.К. И расчет этот может быть разным. Например, карьерным. Человек женится на семье известного режиссера, дипломата, знаменитого ученого.

Знаю подобный случай — когда ему, молодому ученому, очень хотелось войти в семью заслуженных в области науки людей — и... давным-давно они в разводе. Чаще расчет грубее: девушки выходят замуж за нелюбимых, потому что уже пора. С помощью молодого или не очень молодого мужа они рассчитывают получить иной статус в обществе. Но совсем не всегда брак по расчету обречен на взаимное отчуждение.

В сериале "Аббатство Даунтон", уже упоминавшемся в наших беседах, есть такой эпизод. Муж и жена, любящие друг друга, обсуждают прошлое, и тут выясняется, что он женился на ней потому, что она богатая американка. Она не аристократка, зато с капиталом. Он аристократ, из старинной английской фамилии, обедневшей. Ему надо спасти главную семейную ценность — аббатство Даунтон, замок, лужайки, сад. Она хороша собой, и все же женится он на ее деньгах. Но в их откровенном разговоре выясняется, что он ее полюбил. Не сразу. Через год после свадьбы. Вдруг что-то щелкнуло, и он влюбился в собственную жену. Так ведь тоже бывает?

т. б. Не щелкнуло, и не влюбился. А полюбил, разглядев. Конечно, расчет, даже такой прямой, грубый — деньги — не означает, что любовь невозможна. Но только в том случае, если мужчина не ощущает себя ущербным, чувствует себя равным женщине. И если мужчина выбирает из нескольких желанных ему женщин ту, которая еще и состоятельна, у них есть возможность отношения развивать — она ему уже приятна.

А если женится на той, кто кажется ему страшнее крокодила, то на благодарности за деньги, которые она ему предоставила, далеко не уедешь. Чаще всего даже благодарности не будет — это он ее осчастливил, дал ей свое имя, титул, привилегии. Благодарность вообще очень тягостная вещь, а для некоторых непереносимая. Чтобы искренне благодарить, надо иметь чистое сердце. То есть не иметь скрытых от самого себя подспудных мотивов. Ущемленной гордости в том числе. Я пошел на мезальянс из грубой корысти, и мне неприятно сознавать, что это так. Я стыжусь своей неотесанной супруги-купчихи, как же я могу быть ей благодарен?! Наверное, о таком браке говорил Корнель: "У брака и любви различные стремленья: брак ищет выгоды, любовь — расположенья".

Вообще-то, браки по расчету были всегда. Женились по сословным признакам и старались хорошую партию составить — помните, было такое выражение? То есть удачно жениться. Поправить дела за счет приданого невесты, например. Породниться со знатным родом, обменяв богатство на статус — причем в обе стороны: не всегда богатой была именно невеста, она могла быть знатной, а он богатым, но безродным. Купцом или промышленником. Любовь-то не очень принимали во внимание. Другое дело, что были такие браки, в которых супруги и раньше могли не очень стеснять друг друга. У каждого была своя спальня. Жена не расположена исполнять свой супружеский долг — ничего страшного, на то есть милая горничная. Но чем ниже был сословный, образовательный, а главное — экономический уровень супругов, тем меньше, как правило, было свободы.

м.к. Но даже когда люди женятся по любви, оба с годами меняются. И жизнь вокруг меняется. Вот распался Советский Союз, жена смогла перестроиться, а муж, старший научный сотрудник стремительно нищающего НИИ, нет. Он вспоминает старые добрые времена, ходит в Российскую государственную библиотеку, в присутственный день в институт, пьет чай с такими же "бывшими", иногда даже получает гранты. У нее — бизнес, она зарабатывает на семью и однажды знакомится с таким же предприимчивым, энергичным, как она, человеком, тоже коммерсантом. Муж как ребенок, его, понятно, не бросишь, зато этот… Я про что? Про то, насколько вообще можно требовать от человека верности. Как известно, изменять не обязательно телесно, изменить можно и в сердце своем, влюбиться в другого, в другую. Способен ли человек в принципе на верность?

т. б. Некоторые люди однолюбы, как лебеди. Другим такая верность не под силу. Потому, возможно, не под силу, что они не могут построить глубоких отношений с женщиной в принципе или пока не встретят "свою" женщину. Известны ведь случаи, когда мужчина, который слыл бабником, встречает женщину, с которой ему так хорошо, что больше он никем уже не интересуется.

Вообще-то я не знаю, что присуще человеку от природы. В христианстве моногамность рассматривается как изначально естественное устроение человека и единственно правильный тип отношений между мужчиной и женщиной. Но в библейские времена это вовсе не было так. И царь Давид, и царь Соломон, и их праотец Авраам, и многие другие библейские праведники имели не только несколько жен, но и массу наложниц. Кто сколько сможет. Или захочет.

Не помню, чтобы Христос требовал моногамности. Возможно, это требование в христианстве основано на словах апостола Павла "да будут двое одной плотью…", понятых буквально. Поскольку плоть у человека одна-единственная, то это означает, что вступить в телесные отношения он может только с одной женщиной в своей жизни. И чтобы это стало возможным, и мужчина, и женщина должны хранить до брака девство.

Но что делает мужчину и женщину одной плотью? Совокупление?

М.К. Какое ужасное слово! Все-таки наш язык не всегда хорошо справляется с называнием самых естественных вещей. Нет, не оно, которое не хочу повторять, все же не оно, а общая жизнь, наверное, делает их одной плотью?

Т.Б. Мне кажется, язык справляется вполне! Все словари говорят, что оно означает соединение. Чего-то или кого-то. Тел, например. И эту естественную, как вы говорите, вещь, это слово вполне отражает — два тела соединяются, сливаются в одно...
Я тоже думаю, что дело всё же не в соединении тел как таковом. И вопросы на тему единой плоти можно найти и в Библии. Помните, в Евангелии есть эпизод, когда Христа спрашивают, кто будет в царстве небесном мужем женщины, бывшей последовательно женой нескольких братьев. Был такой обычай у иудеев. Если жена старшего брата становится вдовой, то средний брат должен стать ей мужем, чтобы восставить семя брату. И если, взяв ее в жены, он тоже умирает, то теперь уже младший брат должен жениться на ней. С моей точки зрения, они спрашивают как раз про это — с кем у нее будет единая плоть? Но Христос фактически уклоняется от ответа, говоря, что в царстве небесном никто не женится.
В общем, с этой единой плотью легко запутаться. Идеологам христианства в этом вопросе наверняка больше ведомо, чем нам. Но может быть здесь главное — не иметь несколько жен одновре-

менно, в смысле — переходя от одной к другой и обратно? А последовательно — сначала только с одной, а потом только с другой — можно? Ведь Церковь допускает не один брак, и даже венчает второженцев. Правда, особым чином. Не так торжественно. Снисходя к немощи человеческой.

м.к. И троеженцев, кстати.

т. б. А может быть, под единой плотью имеется в виду нечто другое? Например, слияние душ, связанных еще и телесными отношениями? И образование этой единой плоти — результат долгого процесса всё большего прирастания душ друг к другу?

м.к. По-моему, это просто образ, метафора. Единой плотью не в буквальном смысле, просто единым организмом, почти единым существом, когда все мое — твое, все твое — мое, так мать и ее новорожденный младенец — одно, ведь недавно они и были буквально одно. Вот что тут, думаю, имеется в виду. Но это территория богословов, святых отцов. Про это столько написано!

т. б. Мне думается, что христианский образ брака есть идеал, и, как все идеалы, трудно достижим. Да и не все люди — христиане. Есть общества, религия которых не запрещает мужчинам иметь несколько жен. И есть культуры, в которых полигамной является женщина.

А как обстоят дела с изменой в полигамном браке? Мужчина в нем также не свободен, как и в моногамном. Он может иметь столько жен, сколько способен содержать, но промискуитет — свободные, беспорядочные половые отношения — при таком устройстве общества также считаются недопустимыми. И измена — нарушение верности обетам — существует и в полигамных браках, и их также разрушает.

Но чем альтернативные отношения, неизбежно возникающие в полигамном браке с появлением новой жены, лучше альтернативных отношений, возникающих в случае измены, в моногамном браке? Если такое сравнение вообще возможно. Когда мужчина открыто имеет несколько жен, они могут знать друг друга и даже жить под одной крышей — как в гареме. А могут только знать о существовании друг друга, никогда не встречаясь. Между ними, конечно, есть соперничество, каждая хочет, чтобы "господин назначил ее любимой женой". Но мужчине нечего скрывать. Как он делит себя между своими женщинами, это другой вопрос, но все они — его мир. И этот мир целостен — как дом, в котором несколько комнат.

Но и внутренний мир женщины в этой ситуации тоже целостен, потому что в ее жизни существует только один мужчина. Он в центре ее жизни. Он не принадлежит ей с утра до вечера, это нормально, и в нашей жизни никто никому не может принадлежать всё время — мы ходим на работу, занимаемся другими делами. Мужчины ходят на рыбалку, на футбол, пьют пиво с друзьями.

м.к. Отлично! Возвращаемся к этой системе? И меняем российское законодательство! Если, конечно, я верно вас поняла, вы ведь описываете ее как лучшую, идеальную для человека, не христианина, а просто слабого и грешного человека, как он есть?

т. б. Отнюдь. Она, может быть, вовсе не идеальна не только с точки зрения женщины, которой хочется "самодержавно мужем управлять", но и мужчины тоже — чем больше жен, тем больше его бремя. В отличие от отношений измены — ни к чему не обязывающих отношений со случайными любовницами.

В моногамном браке измена — появление альтернативы жене — раскалывает мир и того, кто изменяет, и того, кому изменяют. Полигамный брак позволяет людям оставаться целостными — и только этим он лучше.

Сегодня людей, считающих, что моногамия принципиально устарела, что нет никаких вторых половинок, а есть просто отрезки времени, в которые нам с кем-то хорошо — три дня, пять лет или несколько минут, — становится все больше. И последствия нынешней половой свободы, вернее, полной безответственности в сексуальных отношениях, нам еще предстоит увидеть и пережить.

м.к. Вот чтобы этого не пережить, христианство и предлагает притормозить. Ради человека, ради его цельности, его внутренней красоты — притормозить. Не против, а за. И поэтому на всё про всё у христианства по сути один ответ: терпи. Потерпи, еще и еще немного, как Христос на кресте! Тогда твоя жизнь, твои отношения с дорогими для тебя людьми не будут разрушаться, а будут, наоборот, переводиться в другое измерение. Не хватает, не хватает, но твое ангельское терпение превратит твою душу в золото, и станешь ты золотым. Как вроде бы здорово. Но нельзя не понимать: это "терпи!" в сущности означает "умри!" Умри. Как умер и Он. В воскресение же, собственное, не Его, слишком трудно поверить. Не трудно, нет, почти невозможно.

т. б. Честно говоря, я не знаю, как терпение может перейти в любовь. Может быть, мы по-разному понимаем слово "терпение"? Для меня оно ассоциируется со словом "мучение". Человек мучается, а ему говорят — терпи, то есть оставайся в том, что причиняет тебе боль, не изменяй ничего к лучшему, сожми зубы и не докучай своими стонами! Я еще не видела человека, который мог бы любить в то время, когда ему больно. В этот момент он нуждается только в том, чтобы боль уняли. И я не понимаю, как мучение может озолотить душу.

А если терпение есть *принятие* другого, то есть отказ от попытки его переделать на свой лад, к своему удобству, то я — за такое терпение. Например, у мужа взрывной характер, заводится с пол-оборота. Жена может обижаться, возмущаться, пытаться это пресекать — "Прекрати на меня орать!", а может подумать: "Бедненький! Как же он нервничает! Разве это стоит его здоровья? Ну пусть покричит — разрядится и успокоится. Я же знаю, какой он отходчивый". В таком случае ей и терпеть нечего. Подумаешь, говорит громко.

Так что ваш тезис "терпи!" я могу интерпретировать как пожелание — оставайся в отношениях, не выходи из них. И тут я тоже двумя руками *за*. Ведь если я сохраняю верность своему выбору, если супруг по-прежнему в *центре* моей жизни, моего внимания, значит, есть шанс, что эти отношения изменятся к лучшему.

м.к. Вот история в тему.

Не изменяя себе

Жил поэт. Был он хорош собой — высокий, тонкий, классические черные кудри, темные глаза с легкой поволокой да к тому же талант. Год от года стихи его становились все совершенней, отделка их все изящней, сборники его стихотворений выходили все регулярней — и не слишком большой, но надежный полк поклонников всякий раз очень ждал их явления в свет.

Поэт легко и сладко влюблялся. В лазурь весеннего дня, в шорох ручья, в склоненную над ручьем серебристую иву, усыпанную зябликами, как яблоками, в ароматы, в прохладу свежей рубашки, вынутой из комода, в музыку, в строки другого поэта и, конечно, в красивых женщин. Они платили ему тем же — чудные кудри, дар говорить сильно очаровывал многих.

Раза два-три поэт даже женился, но всякий раз ненадолго — ни одна из жен не могла выносить его любвеобилия, желая быть для него единственной. Но он знал, выскользни он из состояния восхищения, нежной влюбленности в мир и женскую красоту — постоянной! — Муза ехидно упорхнет. Стихи иссякнут. Этого допустить было нельзя, и пока сверстники растили детей, он растил то бурные, шумные, то тихие, словно роща перед рассветом, романы. С кем-то горько и светло прощался, другим дарил счастье и пищу для воспоминаний.

Покинутые женщины его в конце концов прощали, снисходительно улыбались ("Что ж поделаешь? Артист! Художник! Зато какой талантливый. Не всякому дано"). Просторная четырехкомнатная квартира, которую поэт сдавал, его исправно кормила. В свободное от поэзии и свиданий время он читал, беседовал, думал, изредка где-нибудь без большого обременения для себя служил.

Пока всё не обрушилось. Как-то раз поэт навестил свою квартиру-кормилицу по случаю затеянного там ремонта, тянуть дальше, увы, было невозможно, потолки буквально сыпались. Большая часть ремонта была позади, оставалось немного, он осматривал посвежевшие владения и ждал рабочих, которые вот-вот должны были вернуться с новыми стройматериалами. И тут он почувствовал неприятный запах — но слишком поздно! В квартире вспыхнула проводка, мгновенно перекинулась на паркет, поэт сейчас же позвонил пожарным, начал пытаться гасить огонь сам, носить тазы с водой, но почти сразу почувствовал, что задыхается. Он бросился к выходу — дверь заклинило. Но тут и приехали пожарные.

Его вытащили сильно обгоревшего и в глубоком обмороке. Так в один день поэт лишился и заработка, и здоровья, и красоты.

Он долго лежал в больнице и нескоро, но выписался, восстал, вот только с изуродованным ожогами лицом. Тяжкие страдания привели его к неизбежному — вере. Он поверил в Бога, не как прежде ("что-то, безусловно, есть"), а от сердца, с молитвой и слезами. Господь его, как и всех, принял. Поэт исправно посещал по воскресеньям церковь, читал Евангелие, постился, молился и постепенно расправил плечи, не до конца, но все же ожил. Стал даже сочинять, только вот новые стихи, преимущественно философские, получались деревянными, пресными. Им недоставало соли. Бормотанья ручья, влажного шелеста ивовых веток. Поэт понял намек, снова стал поглядывать на женщин, но тут выяснилось: или женщины, вдохновение и стихи, или церковь и вера. Поэт заметался. По ночам ему снились музы, тонкие быстроногие девушки в прозрачных туниках, в снах они легкомысленно играли в салки, пели хором, пили из чаш вино, дремали на лужайках оливковых рощ и вдруг снова поднимались, бежали, находили его, окружали, уже неповоротливого, немолодого… и хохотали. Они смеялись над ним! Утром он шел каяться батюшке в своих грешных снах.

Долго поэт мучался, вздыхал, стихи окончательно спрятались, жить стало серо, студенисто, скудно, словно опять он попал в больницу. И поэт махнул, наконец, рукой — не могу я изменять себе! поэзии! Не могу и не буду.

И влюбился, и закрутил роман.

Интересно, что женщины, пусть не такие юные и не в прежнем количестве, зато и поотборнее, пожертвеннее, любили его даже сильней, чем раньше. Израненного, пережившего столько сражений, но по-прежнему мечтателя, сочинителя чудес. На одной из поклонниц он вскоре женился и — невероятно, обрел наконец покой. Перестал гореть, бурлить, бормотать на ходу и из вечного уже с проседью юноши стремительно начал превращаться в старца и мудреца. В эту минуту, возможно, лучшую для него, героя нашего оставим, удаляясь тихими шагами, чтоб не дай бог не спугнуть его трудного счастья.

Глава десятая
ОБ ЭТОМ

т. Б. Знаете, мне кажется неправильным обойти такую важную тему, как интимная близость между мужчиной и женщиной.

Сегодня, когда в области секса нет никаких запретов, удивительно, что порнография, порожденная ищущим выхода, подавляемым сексуальным желанием, не исчезла. Наоборот, она процветает как никогда. И если раньше ее основными потребителями были мужчины, не имеющие возможности реализовать свою потребность в сексе — неспособные завязать отношения или находящиеся в изоляции от женщин в силу условий жизни, то в наше время порнография составляет конкуренцию женщинам, живущим вместе с мужчинами.

Мои пациентки часто жалуются, что мужья и возлюбленные предпочитают им порнографические фильмы и могут заниматься «самоудовлетворением под порнушку», в то время как они находятся в соседней комнате.

м.к. Так гораздо проще! Женщины, тем более жены... вечно им что-то мешает, то голова болит, то суп не сварен, то погода нелетная. Вечером жена всегда хочет спать, муж тоже, но с ней.

т. б. Да, женщина может быть не расположена заниматься любовью, когда муж этого хочет, но в моей практике случаи, когда женщина хочет, а муж этого избегает, встречаются достаточно часто. Мужчины говорят, что предпочитают удовлетворять себя сами потому, что такой способ богаче ощущениями и менее затратен — к живой женщине нужно прилаживаться, принимать во внимание ее интересы. Да и женщина может не уметь или не захотеть воплотить в жизнь его смелые сексуальные фантазии. Секс с реальной женщиной менее разнообразен, а когда из него уходит ощущение новизны, подогревающее желание, партнерша перестает волновать.

Любовницу реальную еще надо постараться найти, и секс с нею будет разнообразием только в первый раз. А проблемы будут всё теми же, что и с женой. Да и жена может узнать об измене! Вот и выходит, что порнуха лучше.

Становясь «соучастником» порнографических сюжетов, мужчина не только получает ощущение разнообразия, которого ищет. Он может представлять себя суперменом в области секса, отождествляясь с «героями» фильма, будучи на самом деле весьма посредственным любовником. Однако, даже вступая в физический контакт с женщиной, мужчина может фактически заниматься онанизмом. Он может абстрагироваться от партнерши, занимаясь во время секса «просмотром» виртуального порно — с той лишь разницей, что при отсутствии женщины он удовлетворяет себя сам, а в сексуальном контакте с живой Барби использует для этого ее тело. Нередко мужчина представляет на месте женщины, с которой он занимается сексом, другую — чей образ больше соответствует его «идеалу».

Признаки «отсутствия» мужа в сексуальном контакте, конечно же, есть, и некоторые жены их безошибочно улавливают. И видят в этом признак неблагополучия в интимных отношениях. Но женщины, которым секс с мужем по какой-то причине в тягость, закрывают на это глаза – скорее бы только все закончилось!

И вот что интересно – изменяя жене с виртуальными любовницами, мужчина уверен, что претензий в неверности ему предъявить нельзя — сидит дома, не гуляет. И может изменять жене, не вставая с дивана.

м. к. Разделение такого контакта и чувства, человеческого отношения к тому, с кем ты это делаешь, — вообще говоря, не новость. Продажная

любовь и ее не столь откровенные разновидности из века в век строились именно на этом. Но складывается ощущение, что одержимость человечества сексуальными переживаниями за последние десятилетия заметно выросла. Массовая культура подогревает это нарастающее безумие все новыми и более изощренными способами. Неудивительно, что человек, тем более молодой, легко ловится. Верит, что вот этот трах-тибедох и есть самое важное, самое желанное в жизни.

Т. Б. Именно поэтому сегодня у людей появились новые, неведомые ранее, проблемы в области секса. Люди, например, начинают беспокоиться, если какое-то время в их жизни секса нет, и считают своим долгом заниматься любовью вне зависимости от того, хочется им этого или нет. Удивительно, но некоторые женщины могут не придавать значения рукоприкладству своих партнеров, но отставание "от графика" занятий сексом они воспринимают как свидетельство утраты своей женской привлекательности.

Желание и потребность удовлетворить партнера являются выражением основного элемента полового акта — удовольствия от ощущения своей способности *отдать себя* любимому. Проблемой является то, что эти потребность и желание воспринимаются в техническом смысле — как достижение партнером кульминации физических ощущений. "Насколько хорошо я справился со своей задачей?" — типичный вопрос, который задает себе мужчина после акта любви. Он может поинтересоваться у женщины, всё ли у нее "получилось", и бывает разочарован, когда узнает, что она "не догнала".

Еще одна разновидность "тирании оргазма" — это озабоченность одновременным оргазмом, который воспринимается как высшее достижение в сексуальном плане.

м.к. Да, это невероятно устойчивый миф. Это почти как "умерли в один день" в сказке. Когда люди умирают в один день — я, кстати, знала таких супругов, они любили друг друга всю жизнь и умерли с разницей в три недели. Она была смертельно больна, он очень не хотел жить без нее и внезапно умер первым, она — вслед. Когда любящие люди умирают в один день или месяц, это, наверное, может означать: они друг для друга — действительно жизнь. Нет любимого — нет жизни. Но "одновременно", о котором вы говорите! Оно не свидетельствует ни о чем, кроме искушенности партнеров. И само по себе не означает ни гармонии отношений, ни тем более любви. Это, скорее, искусство, знание определенных правил. Хотя хорошо исполненное дело, любое, тоже доставляет удовольствие. Исполнил ловко танец, каблуками прищелкнул — ай, молодец! И сам доволен, и она аплодирует.

———

т. б. Удивительно, но стремление к самоутверждению, которое свойственно как мужчинам, так и женщинам, становится чуть ли не главным мотивом при вступлении в сексуальный контакт. Однако чем сильнее человеку хочется продемонстрировать свою половую мощь, тем больше он относится к самому интимному и личностному из всех актов любви именно так, как вы говорите, — как к выступлению, которое будут оценивать по каким-то внешним параметрам.

У мужчин, чересчур озабоченных демонстрацией своей половой мощи, как правило, снижается уровень потенции. Сравнить нынешний уровень импотенции с тем, что было в прошлые времена, невозможно, но есть основания предполагать, что в наше время он повышается. Все терапевты отмечают, что к ним приходят с этой проблемой всё больше и больше мужчин, хотя о чем говорит этот факт — о действительном росте импотенции или просто о появившейся возможности обратиться с этим к врачу — неизвестно. Однако косвенным свидетельством возрастающей импотенции является распространение стимуляторов "половой мощи", а также средств, позволяющих продлить половой акт.

м. к. М-да, половая мощь, половой акт. Знаете, в том, *как* происходит соединение мужчины и женщины, я всё же вижу тонкую иронию небес по отношению к человеку, напоминание о том, что не стоит эту страсть боготворить. Клайв Льюис в эссе "Любовь" пишет о том, что, очевидно, недаром занятие любовью породило столько шуток и анекдотов, они разгоняли тучи звериной серьезности по этому поводу: "Отгоните смех от брачного ложа, и оно станет алтарем". Возвращается муж из командировки, а в холодильнике... Но не будем смеяться. Ваши пациенты вряд ли так уж смешливы. С чем люди еще приходят?

т. б. Психологи уже начали привыкать к такого рода жалобам: "Мы занимались любовью, но я ничего не чувствовал".

Способность растворяться в другом — условие сексуального наслаждения. Слияние влюбленных — это повтор архаических моделей, воспоминание о той первобытной радости, которую человек вкусил сначала в младенчестве, когда он еще не отделял себя от матери и жил в мире, лишенном барьеров и границ. В зрелом возрасте умение полностью раствориться в партнере, а значит, ощутить радость глубинной гармонии со вселенной, которую Фрейд называл "океаническим чувством", — залог счастливой сексуальной жизни. Именно неспособностью испытать это ощущение и объясняется блеклая сексуальная жизнь некоторых людей.

Переживаемое единение — через обладание друг другом — всегда было основной целью секса. Сегодня, к сожалению, телесная близость сама превращается в средство достижения других целей — релаксации, самоутверждения или "для здоровья", как иногда советуют женщинам врачи. Безучастие всё больше становится нормой сексуальной жизни, но именно оно, а вовсе не ненависть, как думают многие, является настоящей противоположностью любви.

м.к. Не на пустом месте, наверное, это безучастие, апатия возникают?

т. б. Конечно, и причины могут быть разные. И вполне безобидные с виду. Вот молодая женщина, озабоченная тем, что не может забеременеть, говорит только что пришедшему с работы и еще не успевшему раздеться мужу: "Давай-давай скорее! У меня сейчас самое подходящее время, чтобы зачать". А он почему-то не ощущает в себе возбуждения от этой перспективы. Его половой аппарат не поддается приказам, и секс не удается. А если и удается, то лишенный силы спонтанности, энергии Эроса, этот акт опять оказывается безрезультатным.

При такой мешанине сексуальной мотивации не стоит удивляться притуплению чувств и практически полному исчезновению страсти у людей, которые прекрасно справляются с механическими аспектами полового акта.

м.к. Но, кстати, существует немало способов, русскому пользователю известных в основном по прозе Мишеля Уэльбека, разнообразить рутину.

т. б. Да, пожалуй. Свингерство — групповой секс, практикуемый устойчивыми парами, или БДСМ — больше известный как *sado-maso*, вполне могут сексуальную рутину разнообразить. Но это, на мой взгляд, признак того, что люди утрачивают понимание смысла любви, заменяя ее всё больше "радостями" секса.

Но есть и еще одно обстоятельство, которое тревожит, — всё больше молодых людей предпочитают гомосексуальную любовь гетеросексуальной. Конечно, у каждого гея и лесбиянки есть своя — вполне веская — причина предпочесть однополую любовь, но *масштаб* распространения этих явлений свидетельствует все же о глубоком кризисе общества.

м.к. Позвольте, вы ставите в один ряд очень разные вещи! Сегодня написаны горы книг, проведены сотни исследований о происхождении и причинах гомосексуализма, социальные причины, о которых вы отчасти говорите, там далеко, далеко не на первом месте. Это трудная тема. И всё же, мне кажется, мы должны ее хотя бы обозначить. До сих пор мы всё время говорили о традиционной семье и гетеросексуальной любви, но семьи, как известно, бывают разные. "Пусть всегда будет папа, пусть всегда будет папа, пусть всегда буду я…" Знаете такую песню? К вам наверняка приходят люди и той и другой ориентации. И вот интересно, всё, что мы обсуждали в связи с гетеросексуальными отношениями, актуально и для гомосексуальных? Те же ссоры, разводы, примирения, врастание друг в друга… Хотя когда я начинаю говорить об этом со своими друзьями левых убеждений, я слышу: да как ты вообще можешь так ставить вопрос — то же самое, не то же? Разумеется, в гомосексуальной семье все точно так же; гей, лесбиянка — ничем, кроме одного-единственного пункта, не отличаются от гетеросексуала. Все — люди. Вовсе этого не отрицаю, однако мне кажется, женщина и женщина вместе — это не совсем то же, что женщина и мужчина. Исходя из вашей психологической практики нашу книжку можно смело порекомендовать *любой* семье?

т. б. И не семье тоже. Мне думается, что непонимание, обиды, ссоры присутствуют в любых отношениях — с мужьями, друзьями, соседями и даже коллегами.

м. к. Читайте нас все! И вот еще что, по-моему, важно. В последнее время мне всё чаще кажется, что в век нарастающего бесчувствия, когда человек предпочитает быть ни холоден, ни горяч, но тепел, как сказал Иоанн Богослов, любовная страсть, одержимость несет не разрушение, не катастрофы, а наоборот, жизнь. Мы замерзаем, оледеневаем, все желания исполнились, запахи побеждены, старость сдвинута на тридцать лет вперед, смерть — вот-вот сдастся, мы плаваем в нежно-голубом виртуальном пространстве и вяло друг другу улыбаемся. На этом фоне охотник за юбками воспринимается как гость из мира реального, настоящего. Он хоть чего-то хочет!

Эти юбочники превращаются в уходящую натуру, ведь элемент охоты из любовных отношений уходит, всё позволено, а значит, все доступны, высокое искусство флирта, соблазнения исчезают, как и романтический флер. Дон Жуан был поэтом, но кто сегодня будет париться, еще стихи ей писать… Поэтому всякий раз, когда вижу таких, желающих соблазнять, пленять и побеждать, я почти ностальгически ими умиляюсь.

т. б. Конечно, когда у мужчины нет необходимости охотиться, чтобы подстрелить дичь на обед, и ему не просто гарантировано четырехразовое питание, как в санатории, а еще и отбиваться приходиться от желающих его накормить, то аппетит у него пропадает. Положение вещей в "сексуальной сфере" сегодня практически такое же.

Женщины добиваются мужчин, их сексуальный аппетит намного превосходит возможности ослабевших, потерявших форму мужчин, у которых *отобрана необходимость* соблазнять. Теперь это знают даже дети. Вот, видела недавно на детской площадке такую сцену — две девчушки-дошкольницы играют в "любовь". Одна бегает за другой и без устали взывает: "Мужчина! Мужчина! Поцелуй меня!" А "мужчина" от нее наутек...

Знаете, всё чаще встречаются случаи отказа от секса молодыми людьми. Часто матери жалуются, что их взрослые — под тридцать — сыновья предпочитают компьютер общению с девушкой. Играть в игрушки или иным образом развлекаться за компьютером им интереснее, чем заниматься любовью.

Сегодня молодые люди уже не могут ощущать себя бунтарями, поскольку не осталось ничего, против чего можно было бы в области секса бунтовать, и воспринимают то, что когда-то называли занятием любовью, как жалкое пыхтение с игрою в ладушки. Секс навевает им скуку, в то время как наркотики являются для них синонимом запретного плода, приключений, любопытных ощущений и дарованной им обществом вседозволенности...

м.к. Это похоже на мужа, предпочитающего порнографию живой жене, и возвращает нас к началу разговора. И здесь расчеловечивание. Были времена, когда старшее поколение ужасалось распущенности нравов, скоро об этой распущенности мы будем вспоминать ностальгически... Лучше уж живые грешные люди, чем киберы.

т. б. Некоторые западные психологи считают, что мы движемся даже не к бисексуальному или мультисексуальному обществу, а к асексуальному.

"Если женщина получит гарантированный Ежегодный Доход и Противозачаточную Таблетку, то захочет ли она выходить замуж? Да и зачем ей это будет нужно?

Как насчет того времени, когда потомство можно будет выбирать из банка спермы и оплодотворенное яйцо можно будет помещать в матку женщины, для которой это будет ее работой?

Захочет ли женщина воспроизводить своего супруга, если мужья вообще еще будут существовать?

…Никакой ревности, никаких проблем, никакого обмена любовью…

Оказавшись в таких условиях, не утратят ли женщины чувство самосохранения и не станут ли они ориентироваться на смерть, подобно нынешнему поколению американских мужчин?" —

говорится в докладе "Асексуальное общество" Элеоноры Гарт*.

Справедливости ради надо сказать, что сходные мысли — зачем нужна жена, если всё, что нужно, можно получить, не вступая в брак, — всё чаще озвучивают и мужчины.

Попытки представить себе, что будет происходить с обществом исходя из тех тенденций, которые мы наблюдаем сегодня, предпринимают мно-

* Eleanor Garth. "The A Sexual Society".

———

гие ученые, и не только психологи и социологи. Американский ученый-этолог Джон Кэлхун провел ряд экспериментов на мышах, целью которых было моделирование будущего человеческого общества. Самый известный его эксперимент называется "Вселенная-25". Многие, правда, считают, что это история из области научной фантастики.

Для популяции мышей были созданы райские условия: неограниченные запасы еды и питья, комфортная температура, отсутствие хищников и болезней, регулярная уборка территории, достаточный простор для размножения.

Эксперимент начался с четырех пар здоровых мышей. В идеальных условиях мыши жили долго. Пожилые самцы не освобождали места молодым, и те ломались психологически — не желали защищать своих беременных самок. Самки же становились все более нервными и агрессивными, в том числе по отношению к своим детенышам. На последней стадии эксперимента появилась категория самцов, получившая название "красивые". Они отказывались бороться за самок и территорию, а только ели, пили, спали и очищали свою шкурку, избегая конфликтов и выполнения любых социальных функций.

Вымирающие мыши практиковали гомосексуализм, девиантное и необъяснимо агрессивное поведение в условиях избытка жизненно необходимых ресурсов. Процветал каннибализм при одновременном изобилии пищи.

На 1780-й день после начала эксперимента умер последний обитатель "мышиного рая".

м.к. Назидательно. Это не фантастический рассказ, нет? И почему такое странное название у эксперимента — "Вселенная-25"? Что это значит?

т. б. Это была двадцать пятая попытка ученого создать рай для мышей. Все предыдущие закончились смертью всех подопытных грызунов...
Безусловно, люди не мыши, но нельзя не заметить некоторых параллелей со многими явлениями в современной жизни. Поневоле посмотришь на библейскую фразу "В поте лица будешь добывать хлеб твой" не как на проклятие, а как на спасительную заповедь.
Но есть и хорошие новости. С торжеством свободной любви стало более заметным истинное зло в человеческих отношениях — бездушие, манипулирование друг другом. Осознав это, мы можем искать пути к подлинно человеческим отношениям, используя мощь Эроса для личностного роста и обретения подлинной любви.

Анекдот

Возвращается муж из командировки, дома никого. Кровать аккуратно застелена. Под кроватью пусто. В холодильнике — кастрюля с щами, котлеты, но самой нет.

Пообедал мужик, снова всю квартиру обежал — нету! Заглянул в шкаф — а там только его пиджаки висят, все ее вещички вывезены.

Засмеялся мужик от счастья, даже запел. Сколько лет пытался вытурить — не соглашалась, всё "люблю" да "люблю тебя". И вот надо ж, съехала! Даже суп приготовить не забыла. Видать, и правда любит.

Глава одиннадцатая
РАЗВОД

м.к. Развитие свобод в обществе постепенно привело и к долгожданной для многих легкости развода. Легкость эта и сегодня мнимая: на самом деле жизнь, прожитую вместе, трудно напополам разделить, но мало кого это останавливает. Всё так сложно в этом браке — и с терпением, и с служением, и с интимными отношениями. Везде надо думать, напрягаться, из последних буквально сил. И люди бегут друг от друга, как от чумы, в развод!

т. б. Мы до развода уже дошли? Конечно, если женщина ощущает, что больше не может оставаться в ситуации — еще немного, и она разрушится совсем, — развод для нее избавление. Лучше я буду одна, зато целее буду.

м.к. Целее-то — да, но из этой битвы трудно, наверное, выйти совсем без ущерба. Приходилось мне,

---

и не раз, поглядывать на разводы друзей — болезненно это всегда. Всех жаль, и мужа, и жену, и детей. Всё срослось, все срослись почти намертво, но узел этот морской оказался оплетен водорослями, кое-где прогнил, какая-то мошка над ним кружится, вонь. И легче иногда просто рубануть, освободиться. Но далеко не все и далеко не сразу на это решаются. Из чувства ответственности перед когда-то близким человеком, из вины перед детьми, из-за материальных проблем обычно люди с разводом не торопятся. Выжидают, терпят, тянут, может быть, надеются, что всё еще как-то сложится. И вот что я хочу спросить: когда уже действительно пора и можно и нужно, наконец, развестись?

т. б. То есть вы спрашиваете, не ошибаются ли люди, когда им кажется, что ничего уже не нельзя изменить к лучшему, и потому развод — единственно возможное решение в этой ситуации?

м. к. Давайте так развернем.

т. б. Вообще-то жизнь показывает, что некоторые из них ошибаются. Статистики такой нет, и получить ее невозможно, потому что жизнь не знает сослагательного наклонения — что было бы, если... Супруги приходят к мысли о разводе, когда всё, что они до этого попробовали, не изменило ситуацию к лучшему, — а других способов они не знают. Но это не значит, что этих способов не существует.

Важность вовремя полученного правильного совета или даже иного взгляда на зашедшую в тупик ситуацию нельзя переоценить. Один из ведущих американских психотерапевтов всерьез считал, что трагедия Ромео и Джульетты не случилась бы, если бы у них была возможность обратиться к консультанту. Правда, они к нему и обратились, но к чему это привело, всем известно. А почему? Потому что советчик нарушил основной закон консультирования — исходить исключительно из интересов клиента. Аббат Лоренцо увидел в любви Ромео и Джульетты возможность примирить враждующие кланы. А потому решил использовать их любовь — с "благородной", естественно, целью, но лежащей в плоскости других интересов.

м.к. Но, наверное, бывает так, когда метаться уже действительно поздно, ничего не спасешь, потому что пробоины в корабле такие... их не законопатишь.

т. б. Конечно, не законопатишь, всех щепок не соберешь и не склеишь. И может быть, действительно лучше строить новый корабль из нового "материала". Так бывает всегда, когда дело зашло слишком далеко — чего бы это ни касалось. Есть, однако, люди, которые сильно торопятся и при первом шторме считают, что надо спрыгнуть с корабля.

Непросто понять, какой мост следует перейти, а какой — сжечь. Но всё же хотелось бы, чтобы люди знали, что отношения в браке проходят несколько стадий.

Первая всем известна — зефирно-шоколадная фаза, или "химия любви". Вторая — когда чувства умиротворяются — фаза *пресыщения*. Затем наступает третья стадия — *отвращение*. Партнерам как будто дали лупу, и они концентрируются на недостатках друг друга, без конца ссорясь. Многие браки приходят к концу именно на этой стадии.

Но развод — самый легкий и самый плохой выход из этой фазы. Почему? Да потому что люди снова вступят в зефирно-шоколадную фазу, только с другим партнером. Некоторые всё время так и ходят по кругу.

Кстати, именно эти три стадии проходят и отношения ребенка с матерью. Вначале, когда ребенок совсем маленький, его отношение к матери выражается словами "Прижми меня покрепче!". Взрослея, ребенок хочет все больше свободы, и на этой стадии его лозунг — "Отпусти меня!". Дай поиграть, побегать. И если мать не дает ему нужной свободы, то наступает следующая фаза — "Отстань!". И если люди не смогли построить взрослые отношения с собственной матерью, пройдя третью фазу, им нелегко перейти на четвертую стадию отношений и с партнером в браке.

Когда люди, находящиеся в третьей фазе брака, думают, что они разлюбили, им стоит узнать, что любовь у них еще не начиналась... И если они решатся остаться в отношениях, то вступят в следующую фазу, суть которой — терпение. Да-да, то самое терпение! Ссоры продолжаются, но они уже не носят такой фатальный характер, так как оба знают, что когда ссора закончится, отношения снова восстановятся.

Пятая фаза — фаза долга или уважения. До этого любви еще не было. Каждый был сосредоточен на себе. Теперь супруги начинают думать о том, что каждый из них должен другому.

И, наконец, шестая фаза — дружба. Только на основе дружбы становится возможной любовь.

К любви люди идут всю жизнь. Любви обучаются через различные жизненные ситуации, причем в долгосрочных близких отношениях. Для любви мы зреем, отказываясь от эгоизма внутри себя. Не каждому человеку под силу все эти стадии пройти. Но попытаться-то можно...

м. к. Кое-кто всё же пытается, в России это примерно половина семей, чуть меньше. Но знаете, что любопытно: 40% называют причиной развода вовсе не несовместимость характеров или измену супруга, нет — алкоголизм и наркотики! Инициаторы таких разводов, разумеется, женщины: 40%

семей в России распадаются из-за элементарного: муж пьет. Муж колется. А мы-то с вами... отношения, конфликтогены, выгорание. Впрочем, я отдаю себе отчет, что эту книгу мы пишем не для сорока процентов населения, а для тех, кто подобные книги читает и кто как раз может переквасить общественное сознание, нет, не надо общественное, хотя бы для себя самого что-то понять, как я сейчас, говоря с вами, понимаю.

т. б. Да, алкоголизм, наркомания и другие следствия личностной незрелости мужчин, не вышедших из первой стадии отношений с матерью, а потому всё время ищущих утешения, — можно сказать, наша национальная проблема. Так же как гиперфункциональность наших женщин, воспетая еще Некрасовым — и коня на скаку остановит, и много чего еще на себя возьмет. Гиперфункциональная женщина пытается заменить мужчине мать, но от этого он не только не взрослеет, он еще больше деградирует.

м. к. Еще одна распространенная иллюзия, связанная с разводами, такая: вот разведусь с ним, и всё. Больше его в жизни моей не будет. Но если у вас общие дети, ты всё равно будешь встречаться с ним, глядя на своих детей. На их лица, носы, цвет волос, их характеры, слыша их голоса. Браки совершаются на небесах в этом смысле, они до какой-то степени уже необратимы. Он все равно

был твоим первым. Она все равно мать твоих, не чужих, твоих детей. Многие, и совсем неглупые, люди уверены, что можно это выкинуть из своей жизни. Мне кажется, они заблуждаются...

т. б. Они точно заблуждаются. Не важно, это первый твой мужчина или второй, если у вас ребенок, то отцом его этот мужчина будет навсегда. Пройдут тысячи лет, а в архивах — земных или небесных — всё равно будет написано: "этот мужчина и эта женщина — родили этого человека". И их связь — опосредовано, через ребенка — навечно. И многие женщины, которые развелись и были переполнены, одержимы такими чувствами — "Знать тебя не хочу! Уеду на край света, чтобы тебя никогда не видеть!", понимают через какое-то время, что нет, не только отца ребенка, но и бабушку с той стороны из жизни ребенка не выкинешь, и дедушку не выкинешь. И это тоже из вечности. Они бабушка и дедушка навсегда. И надо строить отношения с ними, какие можно построить.

Но мы перескочили вот через какую вещь. Развод. Всё абсолютно поломано, и строить заново нет никаких сил, но развод — это всё равно боль. Вы начали говорить про это, вспоминая своих разводившихся друзей. Развод — не просто болезненная вещь. Когда последний шаг совершается, и супруги — теперь уже бывшие — выходят из загса или суда, расторгнув свои отношения, они выходят оттуда с огромной зияющей раной в груди, которая может не зажить никогда. Она может затянуться, покрыться пленочкой, но след от нее останется навсегда. В лучшем случае — как шрам, который почти не беспокоит, в худшем — как постоянная ноющая боль. Пережившим развод людям может казаться, что они уже "выздоровели", но заденешь случайно умолкнувшие струны, и вновь нахлынет боль.

м.к. Отчего им *так* больно?

т. б. Наверное, люди всё же прирастают друг к другу. Ведь для образования пары необходима хотя бы минимальная степень слияния, взаимного присвоения друг друга, благодаря которому, собственно, и формируется понятие "мы". В отношениях каждый из нас вынужден отдавать партнеру частицу своей души, а тот, в свою очередь, отдает нам кусочек себя. Эти "кусочки" прорастают в нас, а при разводе мы выдираем друг из друга свою душу с корнем.

Бывает, люди бравируют своим бесстрашием перед разводом, правда, это всё больше среди молодых — раньше разводом как-то не гордились.

м.к. Да, расставание, как ни удивительно, может стать желанным еще и потому, что его так легко романтизировать. Пастернак сказал: "и манит страсть к разрывам". Страсть. Как жадность, за-

336

висть, властолюбие. Сильные эмоции привлекают, и некоторые в этом смысле наркоманы.

т. б. Хотя апологеты разводов и убеждают нас, что развод — лучшее событие в их жизни, почему-то боль и опустошение, которые испытывают во время и после развода люди, не обходят и их. Правда, у некоторых людей на очень глубоком, бессознательном уровне может быть установка, что брак у них будет не один. Поэтому и развод они воспринимают иначе, чем те, кто считает, что замуж выходят/женятся навсегда. Есть мужчины, которые открыто декларируют свое планируемое многобрачие. "Жен у меня может быть много, — говорят они, — а мать у меня только одна", то есть вовсе не считают, что жена должна быть одна и на всю жизнь. Так и происходит в их жизни. Один такой известный мне мужчина испытывал на "прочность" каждую свою следующую жену (а их у него — официальных — было пять), проверяя ее на лояльность к своей сумасбродной, ревнивой матери. И ни одна такого испытания не выдержала. Функция матери в том и состояла, чтобы, показав свое недовольство невесткой, дать сыну алиби для развода с очередной женой, отношения с которой вошли в третью фазу брака.

"Вступаясь" за мать, сын мог не видеть истинной причины развода — своей неспособности строить долговременные отношения с женщиной. И выглядело это как необыкновенная сыновья любовь и преданность — ни одну женщину он не ставит выше матери! Что, в общем-то, недалеко от истины...

м.к. Читала, что у некоторых психологов существует даже такая услуга: развод. Людям помогают проститься мирно. Или уходя уходить. Иногда люди принимают решение о разводе, даже штамп ставят в паспорте, а расстаться не могут, возвращаются друг к другу, потом снова расходятся, и так по кругу.

т. б. Мне такие услуги оказывать не приходилось, хотя в моей практике и были похожие истории — люди не могли жить вместе, но и расстаться не могли тоже... Зато довольно часто встречалось такое — приходит на прием пара, причем инициирует поход к психологу мужчина, а в процессе разговора выясняется, что на самом деле он привел жену на прием не для того, чтобы улучшить отношения, а чтобы подстелить соломки под уже принятое им решение расстаться. Чтобы психолог смягчил удар, который он собирается нанести жене или подруге, с которой живет не один год. Чтобы ей быстренько оказали психологическую помощь, когда он удар нанесет, реанимировали бы ее.

м.к. Как милосердно!

т. б. Да уж… А некоторые пытаются использовать психолога как орудие удара — прямо говорят: "Скажите ей, что я не хочу с ней жить, *вместо меня!*"

м. к. Неужели нет возможности облегчить пытку этого разрыва, не погружаться в такую полную пустоту?

т. б. Само слово — "рвать" — означает грубо, насильственно, болезненно разъединить, разрушить то, что было целым. Ущерб и боль ощущает каждая часть этого бывшего целого. Рвать больно любые отношения, в которых имело место взаимопроникновение душ. Дружеские в том числе. Разрыв отношений означает — ты для меня больше не существуешь. Отказывая человеку в контакте, мы символически убиваем его. И когда в контакте отказывают нам, может ли нам не быть больно?

А еще есть древний страх — выжить без семьи невозможно! И кто подаст тебе стакан воды в старости?! Вот из-за этих страхов, в том числе, люди тяжело переносят расставания, и многие живут во мраке и ненависти, лишь бы не расходиться, чтобы не пережить *такое*.

Я вообще не сторонница того, чтобы люди рвали отношения. Но не рвать отношения вовсе не означает, что их не надо менять. Если люди понимают, что, живя под одной крышей, они могут друг друга уничтожить, им лучше разъехаться, чтобы человеческие отношения сохранить. Они могут при этом даже остаться семьей, правда, не совсем в привычной, установленной традицией форме — перейти к браку гостевому. Заботиться друг о друге, проводить вместе время. Это возможно, если цель — отношения, то есть содержание, а не форма. Разъезд в этом случае вовсе не будет разводом. Конечно, со временем их отношения могут вновь потребовать изменений — в сторону увеличения дистанции или, наоборот, уменьшения ее. Большей заботы друг о друге или большей автономии. Возможно, потребность видеться и проводить вместе время и отпадет — тогда отношения иссякнут. Не без грусти, возможно, но без боли.

Проблемы в отношениях, когда они только возникают, часто бывают вовсе не такими серьезными и непреодолимыми, как это кажется, когда дело зашло далеко. Кому-то из супругов, например, может быть в тягость слишком тесный контакт, слишком большая близость. И стремиться в отношениях надо к тому, чтобы найти зону комфорта для обоих. Например, увеличив дистанцию или делая перерывы в общении. Я знаю супругов, которые в отпуске всегда ссорились. Пока не поняли, что им обязательно нужно расходиться хотя бы на некоторое время, каждому делать то, что ему ближе, — жене ходить по музеям, а мужу играть в теннис. И всё, проблема была решена.

м.к. Вот-вот, нужно было потерпеть, помучиться, и решение было найдено. И такая точка зрения существует, христианская: надо идти до конца. Даже когда проблемы кажутся неразрешимыми, надо все-таки оставаться друг с другом и получить в конце жизни или даже за пределами ее — венцы, те самые, царские, о которых мы уже говорили. Но это будут венцы не золотые, а сплетенные терпением и доверием друг к другу, не говоря уж о любви. Вот что означают наши венчальные венцы на самом деле, согласны?

т. б. Да нет, не согласна. Царские венцы в бракосочетании символизируют то, что супруги становятся царями-основателями рода, который произведут. А что касается венцов загробных, о которых вы говорите, боюсь, что это только миф. Но людям нужно какое-то объяснение, желательно красивое и возвышенное, почему нужно что-то терпеть. И загробная награда может быть для кого-то основанием оставаться в отношениях, которые мучительны. Но если цель — венцы, а не отношения, и лежит эта цель за пределами жизни, то прижизненную ситуацию можно и не улучшать. Тем более что дают их, как я понимаю, именно тем, кто мучается, но претерпевает всё до конца.

А кстати, супругам, прожившим жизнь мирно, в любви и согласии, тоже положены венцы?

м.к. У них венцы будут не терновые, а пуховые, из веточек вербы, например, вот и вся разница, думаю!

т.б. Вот награда-то! Мало того что в жизни натерпелись, так и на том свете — колючки на голове! Ладно, терновые венцы — символ мученичества — хотя бы понятны, а пуховые — легкие — они зачем? Чтобы голову прикрыть от солнца?

м.к. Ладно, проверим потом, да? Интересно всё-таки, что нас там ждет? Ну, о смерти мы наговорим следующую книгу, а пока про жизнь земную. Мало того, что люди мучают друг друга, им в этом нередко еще и помогают. И часто буквально разводят... На сцену приглашается еще один мифологический персонаж. Теща!

— Что это твоя теща умерла?
— Грибами отравилась...
— А почему вся в синяках?
— Есть не хотела...

Ой, вы же тоже теща, Татьяна Борисовна! Ничего личного, народный юмор.

т.б. И жива, как видите...

м.к. Под занавес главы — рассказ о разрывах и разводах.

———

342

Не прощаясь

1. Света Давыдова и Толик Горман познакомились еще на вступительных экзаменах по физике. На втором курсе они поженились, на пятом развелись.

2. Гарри и Вари были похожи даже внешне. Оба белокурые, тонкокостные, но мускулистые, пружинистые. Ну, просто брат и сестра! Вот Варю и прозвали в рифму с Гариком. Гарри и Вари сдружила яхта, они постоянно участвовали в регатах, и близких, и дальних, сначала в одной команде, но на разных яхтах, потом на одной яхте, тогда же они съехались, прожили вместе три года, оформили отношения, а еще через восемь лет Гарик влюбился в одну и правда безумно красивую полячку, певицу, и покинул Варю навсегда. Они давно живут отдельно, хотя официально так и не развелись. Полячку всё устраивает, а Гарику просто дико лень.

3. Рома с Нютой познакомились в чате, вышли в реал, друг другу приглянулись — женились через два месяца после знакомства, друг за другом родили двух мальчишек, но все чаще ссорились, до ора, а после появления третьего младенца окончательно выяснилось, что Рома — мешок, бездельник и полный козел. Развелись, но мальчиков поделили, старшенький пересехал к папе, так сам захотел, двое младших остались при маме. Потом Нюта передумала, пыталась вернуть Рому с сыном, да было поздно. Рома уже бурно влюбился в Иоанну, молодого, найденного все по тому же интернету психолога, к которому ходил зализывать раны, и несмотря на прозрачные Иоаннины намеки о профес-

сиональной этике, предложил ей руку и сердце. В ответ Рома услышал, что с пациентами "не заводят романов". "А семью?" Иоанна подумала и через два мгновенья кивнула.

4. Агриппина женила на себе Валентина собственными руками. Ей было скучно, одиноко, пусто! Не век же вековать в одной квартире с матерью. А Валя был единственным мужчиной в их отделе. Валентина женитьба заметно изменила — из явно убогого, сутуловатого, бледно-рыжего человека неопределенного возраста и занятий он превратился в энергичного, стройного, пусть и несколько экстравагантного молодого мужчину. Все сотрудницы отдела ожили и тоже стали на Валю бурно реагировать, причем одна, разведенка Полесова, начала действовать совсем уж в лоб, и вскоре Валя женился второй раз — соперница так сумела обстряпать дело, что Вале показалось: это его собственный совершенно свободный выбор. А Агриппина на него оказывала давление. После всей этой истории Агриппине пришлось из отдела уйти, но и она внакладе не осталась — в животе у нее уже кое-кто шевелился и бил маму ножками. А это и было то, о чем они с матерью всегда мечтали: вдвоем растить ребеночка.

5. Костя влюбился в Анастасию Сергеевну так, что буквально поехал. Громадные букеты, так сказать, случайные встречи в самых неожиданных местах, тоже с цветами, надписи масляной краской "Я обожаю Вас" под окнами Анастасии Сергеевны и даже, во что трудно и поверить, но факт — однажды красивейшей из живущих была пропета серенада. Когда Анастасия Сергеевна

возвращалась ранним утром с поезда, из далекой командировки, путь в собственном дворе ей преградили Костя и два его друга. Втроем, под гитару, на которой недурно лабал Костин друг, они исполнили романс, отчего-то на мотив "Пара гнедых", но, по счастью, с сильно измененными словами. Анастасия Сергеевна была заметно тронута, но устояла и перед романсом, учитывая наличие мужа, да-да, она давно и в общем удачно была замужем, не говоря уж о том, что Костя годился ей в сыновья, если бы она решилась родить его в шестнадцать лет. Костю не смущал ни сыновий возраст, ни муж — он продолжал засыпать любимую мелкими подарочками, сюрпризами, наклейками в мобильном и буквально топил в своем восторге. И в конце концов Анастасия Сергеевна не выдержала напора. Поплакала-поплакала да и развелась с мужем. Началась подготовка к пышной, полной неожиданностей и фейерверков, всё по сценарию изобретательного Кости, свадьбе. Свадьба получилась такой! Анастасия Сергеевна перестала о чем-либо жалеть, жизнь с Костей обещала вечный праздник. Но непосредственно после торжества Костя исчез. Совершенно бесследно, оставив Анастасии Сергеевне только краткую записку: "Я желал лишь победы, но не плодов ее. Прости, если сможешь".

6. Илья Васильевич Кононенко, профессор и автор множества научных работ, оставшись вдовцом, после трех лет одинокой жизни сделал предложение своей аспирантке Леночке Дмитриевой. Несмотря на тридцатилетнюю разницу в возрасте Леночка согласилась. Их браку уже десять лет, любимый сын Саша в этом году

пойдет в первый класс, они живут мирно и счастливо и даже не собираются разводиться. Как они только попали в эту подборку? Видно, ветер занес.

7. Ростислав Леонидович Абалкин и Ирина Николаевна Сабинина, ровесники (39 лет), оба были женаты по третьему разу. На пятом году совместной жизни — развелись. Видимо, не сошлись характерами. Без особых волнений, терзаний и скандалов, вот что значит привычка!

8. Наташка оказалась стервой. Верещала так!.. И всегда про деньги. Куда дел, на что потратил, мне ребенка кормить нечем. Нет, ну а кому такое понравится? Паша сначала запил, а потом подал на развод и с огромным трудом, всё ей оставив, с Наташей развелся. Три года потом благодарил судьбу, что так дешево отделался.

9. Лев Викторович Вахромеев и Анна Витальевна Гульнюк развелись из-за смертельной болезни Анны Витальевны. А кто это выдержит вообще? И Лев Викторович не выдержал.

10. Юрий Константинович Л. и В.А.Н. развелись из-за матери В.А.Н. — она так невзлюбила Юру, что буквально сживала его со света. И весьма удачно сжила, он вернулся в свой родной город и твердо пообещал себе: в Москву больше ни ногой! Детей завести они, по счастью, не успели.

11. Елена Андреевна Сипягина, вирусолог, один из лучших диагностов Москвы, и знаменитый орнитолог, член-корреспондент АН РСФСР Владимир Маркович Сипягин прожили вместе пятьдесят четыре года. Так и живут по сей день. Оба до сих пор работают,

Елена Андреевна ездит по частным вызовам, Владимир Маркович ведет две программы на радио, и всеми они любимы, чтимы, и всем по-прежнему очень нужны, но особенно друг другу. Бывает и такое, ага.

12. Мой милый. Твоя улыбка, твой картошка-нос, лоб, щеки, расстегнутый ворот рубахи — самые прекрасные на земле. Я люблю тебя. Разведись с ней прям завтра и тут же приходи ко мне. Я буду ждать тебя в сталактитовой пещере, той, что скрыта под утесом, нависшим над вечно бьющей в него волной, справа на маленькой круглой площадке, там всегда сухо, совершенно одна. Твоя навеки.

13. Любимая. Я тоже люблю тебя. Но прийти не смогу. В этот день и час у меня совещание, а потом я должен срочно ехать домой, дочка как раз сдаст свой самый важный экзамен, она так волновалась, и все мы волновались за нее. Я никак не могу их бросить. Понимаешь, я не могу.

14. Прощай, мой милый, прощай, единственный, хотя говорят, проститься ни с кем невозможно. Поэтому не так, нет. Прощай, но я не прощаюсь, прощай, но я с тобой, невидимо, тайно, крепко держу тебя за твою самую любимую на свете руку — какая широкая, какая крепкая и мягкая у тебя ладонь — и не могу отпустить. Остальное — совершенно неважно, главное, будь счастлив ты.

15. Люба, Лена, Света, Толик, Юра, Лева, Петя, Ося, Валя, Катя, Гарри, Варенька, Андрюша, все вы, потерявшие друг друга, знайте: потерять друг друга невозможно, потому что однажды это уже случилось — вы

встретились. Вы были друг в друге, пусть на мгновение, на день, а может, на годы, в сердце или теле — это абсолютно неважно, главное: каждый из вас подарил другому часть себя, а значит, каждый был для другого чудесным и в общем совершенно незаслуженным подарком. Поблагодарим же за это Господа и Бога нашего. За этот вздох счастья. Господи, благодарим Тя. Это Ты нас свел, Ты соединил, Ты подарил.

И передадим друг другу привет, запустим воздушный змей нашего привета в синее море неба — всем, кого мы когда-то любили, а может быть, любим до сих пор, невесомый, добрый. Точно долетит, легким поцелуем ветра, благоуханием процветшей сирени, свистом свиристели, покрасневшей рябинкой в излучине глинистой дороги, замершей точно в уголке вашего длинного, тяжкого, но такого осмысленного и совершенно неповторимого пути.

Глава двенадцатая
О ТЕЩАХ И СВЕКРОВЯХ

---

1. ПОЛИТИКА НЕВМЕШАТЕЛЬСТВА

м.к. Была я тут на свадьбе. Нас так интересно посадили! Стол стоял буквой "П". Вдоль одной палочки расселись родственники жениха, дальние, ближние, седьмая вода на киселе. Вдоль другой — родственники невесты. У перекладинки, во главе стола, сидели молодые, жених и невеста. Как это было наглядно! Почти символично. Два совершенно разных мира, два клана, у каждого своя философия, свои представления о жизни и смерти, — и примиряющая их пара посередине. Но как один молодой человек, за счет каких сил и возможностей, должен принять не только свою невесту, но этот чуждый мир, который породил его любимую, — ума не приложу. И два этих клана соединить все равно немыслимо.

т. б. Мне думается, что соединять их — вовсе не та цель, которую следует ставить. Наоборот, нужно внутренне отмежеваться от обоих, чтобы создать свое *суверенное* государство под названием семья.

м. к. Да, я читала. "Оставит человек отца и мать свою и прилепится к жене своей, и будут двое одна плоть". Звучит довольно жестко. Почему, интересно, Бог так устроил, что человек должен оставить родственников, которые его растили, любили, и прийти к другому? Чтобы расти самому дальше? Чтобы развиваться? Для чего нужно отлепиться?

т. б. Иначе не удастся прилепиться. Но вы спрашиваете, почему нельзя быть прилепленным одновременно и к родительской семье, и к супругу? Потому что это ситуация на разрыв. Центростремительные силы в базовой, родительской, семье могут оказаться сильнее, чем в еще не устоявшейся семейной системе молодоженов. Оторвут свое чадо от нее.

Нельзя принадлежать одновременно двум организмам с одинаковой, скажем так, пользой для обоих. Вот сиамские близнецы — две головы, одно тело. Сколько проблем! Но это крайний и очень наглядный случай, и они, по крайней мере, близнецы, то есть равны между собой. А если один кто-то — главный? Или более сильный? Вы думаете, сильный всегда будет принимать во внимание интересы слабого? К сожалению, часто именно сильный "подпитывается" слабым, подчиняет своим интересам и даже поглощает его.

Знаете, для описания отношений в семьях вполне подходит понятие из химии — валентность. Образно говоря, это руки, которыми атомы держатся друг за друга, образуя молекулы. Семья — такая же молекула. И чтобы перейти из одной молекулы в другую, образовав новое вещество, надо эти руки разжать, освободиться. Чтобы было чем схватиться за другие атомы.

Родительские семьи и семьи их детей — молекулы разного вещества, хотя и образованы атомами, вышедшими из состава родительской молекулы. Но отлепиться не означает забыть своих родителей, перестать с ними общаться. Просто общение это теперь должно быть иным. И заповедь "почитай отца и мать своих" — пожизненная. Некоторые заповеди кажутся нам жестокими потому, что они вырваны из контекста, в котором одна заповедь уравновешивается другой, а в Библии их — целая связка.

Несоблюдение заповеди "отлепиться" приводит к тому, что, поженившись, люди продолжают ощущать себя членами родительской, базовой семьи, и когда говорят "моя семья", имеют в виду семью родителей. Многие свою совместную жизнь на отдельной от родителей территории далеко не сразу семьей начинают считать. Если начинают. Чаще говорят о себе — "мы с мужем", чем "наша семья". Задача *психологически* отделиться от родительской семьи не воспринимается молодоженами как необходимость.

м.к. Да почему это необходимость? Вы же сами сказали — общение с родителями должно стать другим, это обязательно значит отмежевание?

т. б. Психологически это выбор — на чью сторону встать. Мамы или свекрови? Тещи или мамы? Вот почему каждый вольно или невольно доказывает другому, что его семья лучше — как в анекдоте про армянское радио: "Армяне лучше, чем грузины!" — "Чем?!" — "Чем грузины!" Каждый чувствует, что должен защищать свой клан, отстаивать идеологию родительской семьи, принятые в ней правила. Но эта проблема естественным образом отпадает, если человек "отлепился" — *разотождествился* с родительской семьей.

м.к. Как это обозначить в жизни, в чем разотождествление — только по слогам могу это слово произнести! — должно проявляться?

т. б. Должна быть четко обозначена граница двух миров, иначе конфликты неизбежны. Всем известно, что бывает, когда кто-то без спроса входит

——————

на нашу территорию и начинает хозяйничать на ней, лезть со своим уставом в наш монастырь.

м.к. Что бывает? Война.

т.б. Тем не менее, мать или свекровь нарушают границы почти регулярно.

м.к. Да, что-то в духе "Так, где у вас тряпки (иголки, пакеты) хранятся? Да кто сюда кладет, кто так хранит?" В чужом доме свекровь или теща чувствуют себя как в своем — и в холодильник заглянет, и в буфет, и в шкаф в коридоре, да и еще и переделает всё на свой вкус.

т.б. Потому что рассматривает невестку или зятя как приобретение в свою семью. Хорошее или плохое, неважно. Важно, что в *свою*. Это же моя дочь, а значит, и ее муж — он как бы тоже мой. И жить, следовательно, они должны так, как *я* считаю правильным.
Но проблема эта двусторонняя. Делать в ней что-то надо не только невесткам. И я начала бы с тещ и свекровей. Чтобы их жизнь с молодыми была для них самих менее травматичной, *им* нужно внутри себя перестроиться.

м.к. Неужели вы сейчас скажете, что суть этой перестройки в том, что они должны признать автономию другой семьи?

Т. Б. Должны.

М.К. Это так, прямо скажем, очевидно, и так редко
исполняется, что...

Т. Б. ...говорить такую банальность почти неприлично. Но — им действительно нужно отказаться
от права собственности на своих детей.

Вообще-то, задача родителей состоит в том, чтобы воспитать детей так, чтобы они стали само-
стоятельными, то есть в родителях *не нуждались*.
Но ненужность переживается обычно болезненно и может восприниматься не только как отверженность. "*Меня* как бы нет, если я не нужна" —
часто именно так ощущает женщина изменение
своей роли в жизни ребенка. Мать, боящаяся
своей ненужности, не заинтересована в самосто-
ятельности своих взрослых детей.

Но отношения, которые держатся только на ну-
жде, — корыстны по своей сути, причем с обеих
сторон. И вредны — также обеим, потому что
нужда порождает зависимость и дает власть.

В идеальном варианте нужда и потребность быть
нужной должны уступать место в отношениях
желанию общения. Причем задолго до того, как
центробежные силы, благодаря которым происходит отпочкование от семьи, перевесят силы
центростремительные. Но если этого не произойдет, то результат предсказуем. И называется

он — война. Между взрослой дочерью и матерью. Между матерью и сыном.

Но если два человека дерутся, больно обоим. И хотя наше сочувствие практически всегда на стороне молодых, тещам-свекровям тоже не сладко. Вот почему им самим нужно меняться.

м. к. Меняться? Вы предлагаете измениться людям, которым шестьдесят, семьдесят лет? Людям старшего поколения перестроиться гораздо сложнее, чем их детям.

т. б. Возможно. Но может быть, такая задача ими даже не ставится? А если и ставится, то обычно в таком залоге — чего делать *не надо*. Не вмешиваться, например. А вот что *делать*, мало кто знает. Не знала и я, когда стала тещей.

У меня были очень хорошие отношения с дочерью — тесные, теплые, доверительные, но в первые три недели после свадьбы она ни разу мне не позвонила. Мне было обидно — вот, теперь я ей уже не нужна! И, сжав зубы, не звонила тоже — чтобы "не навязываться". Не выдержав образовавшейся в моей жизни пустоты, я пошла "жаловаться" на дочку священнику. И он мне сказал — ну, во-первых, не беспокойся, у них все в порядке, потому что если было бы плохо, она бы пришла. А во-вторых, и это очень важно, — когда она придет и начнет ругать своего мужа, единственное, что ты должна сделать, — это вос-

---

становить их добрые отношения и его образ в ее глазах.

Знаете, мне это очень помогло. Я поняла, что мне *делать*. И с тех пор делаю это неуклонно. Но может быть, этим женщинам никто не сказал, *как именно* им нужно перестроиться?

м.к. Со свекровями, мне кажется, дело обстоит иначе. Потому что и сыновей матери любят по-другому — страстно, слепо. А уж единственных — просто страшно смотреть. Заласкивают их до полного паралича воли. Маменькин сыночек — вот предсказуемый результат такой материнской любви. Но что делать жене такого человека, который чуть что тянется к маме? Звонит, советуется, страдает напоказ… Понятно, от мамы и в самом деле тяжело оторваться. Она ведь любит своего сына сильнее, чем жена.

т. б. Главное, она от него ничего не требует. Наоборот, облизывает его, по головке гладит и готова всё для него сделать. И ему не нужно ни о чем заботиться, не нужно соответствовать, брать на себя ответственность… Он сыночек, который позволяет маме себя любить. И конечно, в этом плане жена маме не конкурентка. Потому что жена требует. Вольно или невольно. Словесно или бессловесно.

И ревность играет здесь не последнюю роль. Одна мысль, что невестка отняла у нее сына, очень болезненна. "Кто тебе дороже — я или *эта?*" — в сердцах спрашивает обойденная вниманием сына, обиженная мать.

Конечно, если свекровь — женщина состоявшаяся, и у нее есть чем жить, кроме сына, есть свои, удовлетворяющие ее отношения, ей легче принять тот факт, что сын любит еще кого-то, кроме нее. Но если она сама — как женщина — не счастлива, то с ревностью ей справиться трудней. Но единственной причиной, по которой мать *может* перестать так к невестке относиться, — любовь к сыну. Она должна перевесить.

м.к. Пора, по-моему, сочинить назидательный рассказик. Для разнообразия — про тестя и тещу.

В двух шагах от дома

Инга Веретенникова вышла замуж по любви. Сережа работал в той же компании, только двумя этажами выше, был ее на несколько лет старше. Сережа разглядел Ингу на новогоднем корпоративе — тогда они поиграли в боулинг, посмеялись, выпили, выиграли в лотерею белого плюшевого котика, Сережа вызвался Ингу провожать, и пошло-поехало, в мае сыграли свадьбу. И всё бы хорошо, если бы родители Инги не жили буквально в двух шагах от того здания, где Инга с Сережей работали. Честно говоря, так в свое время Инга сюда и устроилась: гуляла с Чарликом, увидела на стене красного кирпичного здания стенд с "Требуется". И через полчаса уже заходила внутрь, попытать счастья.

После того как Инга поселилась с мужем в другой квартире и на другом конце Москвы, она постоянно забегала к родителям во время обеденного перерыва — завезти продуктов, поболтать. Дочкой Инга была поздней, мама с папой уже вышли на пенсию, много времени проводили дома и, конечно, очень радовались ее приходам. И пока Инга души не чаяла в своем Сереженьке, всё шло хорошо. Но примерно через год общей жизни они начали ссориться. В основном на почве будущего ребенка и денег. Инга считала, что с ребенком нужно повременить, укрепить материальное положение семьи, дождаться Сережиного повышения, которое всё откладывалось. Сережа торопился. И злился на Ингу. Он оказался вспыльчивым. То есть он и всегда был вспыльчивым, но прежде он никогда не повышал голос на любимую жену. Те времена были давно позади.

Инга начала жаловаться на него маме и папе. Те горячо ей сочувствовали, а Сережу осуждали. Бедная девочка! Ни погулять толком не успела, ничего, двадцать два года — сама еще дите! Бесчувственный пень. И еще смеет кричать! "Хочешь, я с ним поговорю?" — гневно спрашивал папа. "И поговори!" — поддакивала мама.

Каждый раз после таких бурных обсуждений Инга выходила от родителей растрепанная. Внутри все так и горело. Сережа представлялся и в самом деле каким-то тупоголовым пнем, все разговоры — только о работе, как она себя чувствует — никогда даже не спросит! В такие дни Инга старалась ускользнуть с работы пораньше, чтобы ехать домой не как обычно, а в гордом одиночестве, без Сережи.

А к концу декабря, как раз на двухлетие Сережи-Ингиного знакомства, сроки аренды здания, в котором находилась их компания, закончились. Арендодатель нашел себе кого-то получше, а их компании пришлось переезжать в другое место. Не слишком далеко, пять станций на метро, та же ветка, но к маме с папой в обеденный перерыв уже не забежишь.

Видеться с родителями Инга стала гораздо реже. Сначала ей очень не хватало маминых обедов и обсуждения Сережи, а потом привыкла. И заметила: Сережа-то меньше кричит. И вовсе не пень. Заботится, пальто новое сам предложил ей купить — вместе ходили, выбирали, а когда она сильно обожгла руку, жалел ее, дул, целовал потом забинтованные пальцы. Даже о ребенке почти не поминал.

Еще через полгода Сережу, наконец, повысили, но это оказалось вообще не важно — Инга и так уже была на пятом месяце.

т. б.   Да, выразить дочке сочувствие — не то же самое, что выступить против ее мужа: "Ах, он такой-сякой! Как посмел нашу доченьку обидеть?!" Но так же неправильно было бы встать на сторону мужа и говорить — ты сама во всем виновата. Сама его выбрала, и нечего теперь жаловаться, терпи!

Конечно, остаться непредвзятым в такой ситуации нелегко. Но нужно помнить, что в ссоре не может быть виноват кто-то один, каждый по-своему прав и каждый — неправ.

Сочувствовать необходимо, чтобы у дочери появились силы справиться с ситуацией. Но недостаточно. Нужно еще развернуть ее в сторону мужа, помочь увидеть, *что* стало причиной конфликта, *что* она не видит в себе. Но для этого сочувствовать необходимо не только дочери, но и ее мужу.

м.к. Так, а родители мужа? Если они видят, что их сын ведет себя со своей женой ужасно, рявкает на нее или рычит — они тоже не должны проявлять сочувствие ей? Защитить ее от их же сына, которому они не объяснили, как вести себя с женой, и, значит, виноваты? Лучше поздно, чем никогда.

т. б. Защитить, то есть вмешаться в их отношения? Встать между ними? Взять на себя ответственность за поведение сына?

м.к. Подождите, еще раз: на их глазах обижают их невестку, мужчина обижает женщину — пусть? Молчать?

т. б. Но ведь не зря говорят, что молчание золото. И без слов часто понятно, что одобрения твои действия не вызывают. Вы предлагаете, чтобы свекор на глазах невестки унизил ее мужа? Сказал, вернее, заорал на сына: "Как ты смеешь кричать на женщину?!" Хорошо, если не добавил "сопляк!".

м.к. Да почему унизить? О-ста-но-вить.

т. б. Но если сын получает замечание или выговор от отца на глазах собственной жены, он из мужа превращается в мальчика.

м.к. Уговорили, не на глазах, за глаза, когда жены нет рядом.

т. б. Вы всё равно хотите, чтобы отец продолжал воспитывать своего сына, то есть относился к нему как к маленькому. Как он тогда повзрослеет? Но и невестка, которая хочет, чтобы родители мужа ее защитили, — сама находится в позиции ребенка, маленькой девочки. А значит, не берет ответственность за свой вклад в эту ситуацию. Ведь не просто так муж кричит на нее.

И родителям со стороны, возможно, видно, как и чем невестка провоцирует их сына на крик. И что же — они должны вмешаться в ее отношения с мужем и воспитывать ее? Вряд ли ей понравится, если они будут это делать.

Мудрые родители потому и не вмешиваются, чтобы не быть ни на чьей стороне, чтобы их взрослые дети научились ладить друг с другом без адвокатов, прокуроров и судей.

2. РОНЯЯ СТУЛЬЯ, ИЛИ КАК НАУЧИТЬ МАМУ НЕ ВМЕШИВАТЬСЯ

м.к. Хорошо, мужа укротили, жену тоже. Но что всё-таки делать с тещей или свекровью, как укрощать их? Если свекровь (предположим) ведет себя по-прежнему агрессивно, ничего не хочет слышать и спасенья от нее нет.

т.б. Давайте сведем задачу к уже отчасти известной. Это ведь конфликт? Значит, надо вспомнить стратегии поведения в конфликте. Напомню, разрешить конфликт возможно, если твердо держаться единственной эффективной стратегии — сотрудничества.

Вполне вероятно, что сотрудничать свекровь или теща не собираются, но и на этот случай есть приемы. Например, действовать по правилу: "утром деньги — вечером стулья", то есть вести себя так, как обычно поступают в сделках с недобросовестными контрагентами. Им ведь что-то нужно от детей? Значит, возможен "товарообмен": вы получите от меня то, чего хотите, если сначала сделаете то, что нужно мне.

Победить в этом противостоянии можно в том случае, если удастся удержаться во взрослом состоянии Я, не скатываться от обиды в позицию жертвы и не упиваться жалостью к себе. А уж тем более — гневом и праведным возмущением.

м.к. Чудесно, свекровь тоже победили. Осталось самое трудное — собственные родители. Инге из рассказика повезло, они переехали. Но если бы нет? Боже, кто их замолчать заставит — собственных мам?

т. б. Знаете, мама одной моей подруги регулярно затевала разговоры на тему "а почему твой муж…", доводя этим подругу до белого каления, потому что мама никак не могла — годами, годами! — внять ее просьбам оставить в покое ее мужа. Тогда моя подруга стала делать следующее: каждый раз, когда мать начинала свое "а почему…", дочь клала трубку. Потом тут же перезванивала и как ни в чем не бывало — ласково: "Ой, мамочка, что-то связь пропала". Но эти "неполадки" со связью происходили с такой регулярностью, что мать перестала эту тему поднимать.

Этот прием — из области дрессировки — был взят моей подругой из книги "Не рычите на собаку" Карен Прайор. Заключается он в том, чтобы давать отрицательное подкрепление нежелательному поведению.

м.к. А если мама и дочка находятся в одной комнате — в обморок падать? ронять стулья? связь-то здесь не может пропасть.

т. б. Именно. Ронять стулья! Знаете, люди очень изобретательны. Кто-то в этот момент разбивает чашку. Кто-то вспоминает — ой, мне надо… Нежелательное поведение прерывается, но не словами: "Отстань, ты меня достала!" Прерывание нежелательного поведения должно строго *совпадать по времени* с тем поведением, которое мы хотим погасить. И *каждый* раз, когда оно происходит. Потому что если хоть изредка этого не сделать, эффект будет противоположный — нежелательное поведение не угаснет, а усилится.

А для сохранения отношений с мамой важно, чтобы применение отрицательного подкрепления не было агрессивным и не воспринималось бы как личностный выпад.

м.к. Все понятно: родителей надо дрессировать. Отличный вывод.

т. б. Слово "дрессировка", конечно, смущает. Но неужели воевать лучше, чем безобидным образом прервать то, что терпеть нет сил? Вместо нравоучений, упреков, обид — всего того, что клубок конфликтных отношений только завязывает туже. Такой прием, кстати, может быть использован по отношению к любому члену семьи.

---

3. ЛЮБОВНЫЙ ЧЕТЫРЕХУГОЛЬНИК

м.к. Еще одна история на закуску. Не о свекрови и теще — о матери, которая не хотела отпускать дочь замуж.

Мой труп

Одна женщина, добрая, милая и очень красивая, назовем ее Маргарита, в молодости неудачно вышла замуж. Было ей тогда двадцать лет — и влюбилась она с первого взгляда. Статный, обходительный — этот человек показался ей мужчиной ее мечты. К тому же и сам он явно был очарован, на второй день знакомства предложил Рите руку и сердце. Он был настолько ослеплен ее красотой и добротой, что желал жениться немедленно. Рита согласилась; бултых, отыграли свадьбу. Очень скоро выяснилось: муж ее — алкоголик. И отчасти подонок. Женился он из чистого расчета. Было это в те далекие времена, когда женитьба давала московскую прописку и жилплощадь. А он приехал из другого города. Вот почему он так спешил, даже завязал ненадолго. Вскоре они развелись. Но переселяться в другую квартиру бывший уже муж не желал, жил в той же коммуналке, продолжая пить и дурно себя вести по отношению к своей бывшей уже жене. Добиться его переселения — через суд — удалось с огромным трудом. Занималась этим в основном Маргаритина мать.

———

После всех этих переживаний мать словно заклинило. Едва у ее Маргариты появлялся поклонник — а они появлялись постоянно! — мать мрачнела. Правдами и неправдами добивалась, чтобы и духу этого человека не было. И всё же один из них оказался стойким, он долго ухаживал за Маргаритой и в конце концов позвал ее замуж. Но и он, как нарочно, тоже был не из Москвы, хотя человеком, похоже, был явно надежным и Маргариту действительно любил. Любила ли его она, история умалчивает. Но она склонялась замуж за этого человека всё же выйти. Едва об этом узнала ее мать, как немедленно слегла — микроинфаркт. Не уставая повторять сквозь полуобморок: ни в коем случае! никаких замужеств с иногородними, никогда!

Отношения с женихом были разорваны.

Эта история повторялась неоднократно: едва Маргарите поступало предложение руки и сердца — интересно, что уже и не от иногородних, а от самых что ни на есть коренных москвичей, — мать сейчас же оказывалась на грани смерти, и Рита выбирала мать.

Мамы давно нет в живых. Маргарита так и не вышла замуж и живет сейчас одна. Нет, не одна — с черным веселым пёсиком.

т. б. Да, ситуация, когда мать говорит дочери словами или — как в данном случае — действиями: "Замуж?! Только через мой труп!" — случается нередко. Со стороны кажется, что мать мешает счастью дочери, а дочь — жертва материнского деспотизма и эгоизма. Но думаю, всё же это не так.

Предположим, мать действительно эгоистична. Но почему тогда она не препятствовала поспешному браку дочери в первый раз? Позволила прописать малознакомого человека в ее квартире? Почему дочь так торопилась замуж, что готова была выйти за человека, которого знала совсем недолго? И почему необходимость заботиться о матери непременно должна препятствовать браку? И действительно ли мать так больна, что дочь должна быть при ней неотлучно, стать ее сиделкой? И разве ревность матери может стать препятствием к браку, если сын или дочь твердо решили начать самостоятельную жизнь? Действительно ли дочь хотела этой самостоятельной, взрослой жизни? Здесь столько вопросов... Но мне думается, что все эти недоумения перестают быть таковыми, если принять во внимание симбиотическую связь между матерью и дочерью, которая и завязала этот гордиев узел.

Будучи созависимыми личностями, мать и дочь нашли бессознательное решение собственных противоречивых потребностей. Конечно, дочь дала матери "козырь", выйдя замуж столь опрометчиво. Но может быть, бессознательно она к этому и стремилась? Своим неудачным замужеством она как бы сказала матери: "Видишь, к чему приводит моя самостоятельность? Ты должна меня защищать от нее, чтобы я не повторила ошибки!" И мать исправно это делает. А мать, избавившая дочь от мужа-алкоголика, получила моральное право вмешиваться в ее жизнь. Она ведь ее оберегает от новых ошибок!

Мать выполняет еще одну важную эмоциональную услугу — не дает дочери возможности догадаться об истинной причине того, почему она не создает свою семью. Кажется, что дочь жертвует собой ради матери, а на самом деле она движима страхом перед ответственностью за свои поступки, за свою собственную жизнь.

Конечно, они обе боятся разрыва эмоциональной пуповины. Но поскольку ситуация выглядит так, что в своей "загубленной" жизни дочь может винить мать, она может оправдывать свои негативные чувства к матери не только в собственных глазах, но и в глазах окружающих. Вроде бы есть, за что ее ненавидеть. Она же мешает ей жить! Но — как и всегда — это только одно из возможных объяснений происходящего.

Уфф! Чувствую себя практически паталогоанатомом каждый раз, когда в наших разговорах разбираю по косточкам чью-то жизнь. Хорошо, что в жизни это делать не приходится!

м.к. А что же вы делаете, когда к вам приходит человек в трудной жизненной ситуации?

т. б. Задаю вопросы, чтобы, отвечая на них, человек сам понял, что им движет и как он оказался в таком положении. Как самые невинные, самые естественные движения души, не найдя прямого пути для реализации, искажаются, превращаются в свою противоположность и ведут вовсе не в рай.

Особенно нелегко бывает человеку, когда он движим одновременно несколькими противоречивыми потребностями. Обычно в таких случаях человек принимает решение по принципу "или — или", делая выбор в пользу одной из потребностей и отвергая при этом другую. А поскольку результат удовлетворить его не может, то через какое-то время отвергается первая, а вторая берет реванш. Но, как известно, от перемены мест слагаемых результат не меняется. Такое чередование — качели — приводит человека к убеждению, что ситуация его неразрешима. Однако подлинное решение возможно, если оно принимается по принципу "и — и", когда обе потребности удовлетворены одновременно. И в нахождении такого решения психолог также может быть полезен.

м.к. Давайте подведем краткие итоги. Получилось, что в этой нашей вполне бытописательной главе на сцене всё те же действующие лица — он, она, ее родители, его родители.

т. б. Да, получается такой четырехугольник. Любовный. Жена любит мужа, муж — жену, и каждый — свою маму. А мамы не очень жалуют друг друга и даже соперничают тайно или явно.

м.к. Стоп, а где же отцы? Ушли на работу или к другой? Почему их нет в схеме?

т. б. Их роль в этом плане меньше, чем роль матерей. Можно было бы нарисовать и их, но это слишком усложнит картину. И принципиально вряд ли что изменит, поскольку первичный образец любви, как вы помните, дают именно матери. Форма у четырехугольника может быть разной — ромб, квадрат, трапеция и другие фигуры с четырьмя углами — в зависимости от расстановки сил действующих лиц. Соединим все углы между собой и получим шесть пар связанных отношениями людей:

Муж — жена
Сын — мать
Дочь — мать
Зять — теща
Невестка — свекровь
Мать/теща — мать/свекровь

Каждый человек в этой "конструкции" связан с тремя визави. И очень важно строить отношения с каждым из них *в отдельности*, не объединяя их мысленно в альянсы по типу "ты со своею мамочкой…". И не объединяясь со своей мамой против "его мамаши".

Если муж и жена "отлепились" от своих родителей и "прилепились" друг к другу, такое положение вещей будет отражать трапеция, в которой верхняя грань, соединяющая супругов, существенно короче линий, соединяющих каждого из них со своей матерью. В противном случае — связь с родительской семьей будет сильнее их взаимного притяжения, и родительские кланы будут "разрывать" молодую семью на части.

Если фигуры супругов находятся в верхней части трапеции, это означает, что они опираются на свои родительские семьи как на фундамент, но строят свою жизнь по своему "проекту". Перевернутая пирамида — когда материнские фигуры сверху — соответствует отношениям, в которых дети оказываются под их давлением.

Молодожены обычно не задумываются о том, как выглядит фигура, отражающая систему их взаимоотношений. Мне думается, правильная трапеция — ориентир, к чему надо стремиться, чтобы силы, действующие в этом очень эмоционально заряженном пространстве, не раскололи их союз.

Глава тринадцатая
О БЫВШИХ

м.к. Осенью прошлого года в фейсбуке вспыхнул флешмоб. Все дружно начали выкладывать фотографии 1990-х. Себя, таких юных и бедных. А нынешние молодые люди вывешивали даже свои младенческие фотографии со словами: и мы, мы тоже помним то далекое время! Приятно было увидеть старых друзей и подруг совсем молодыми, но вот удивительно: те из них, кто тогда был женат, а сейчас развелся, — аккуратно избегали постить себя в компании с бывшим, но тогда-то реальным мужем, женой. Вот мать с младенцем — но чей же это младенец? Неважно. Почему так, вроде бы понятно — люди не хотели бередить старые раны. Расставаться, разводиться тяжко, мы об этом уже говорили. Такие были перестрелки в прошлом, такие травмы, что этого человека не хочется и вспоминать. Это первая причина. Вторая — твой бывший давно женат. Как и ты. Вторым, если не третьим, браком. И возможно, был бы совсем не рад, если на публичное обозрение выставили стертый им из биографии факт — эта женщина много лет назад была его женой. Так что удивляться этой цензуре особенно нечего. И тем не менее существует ли способ каждую нашу любовь — будем исходить из идеальной ситуации, что брак любой изначально был основан на любви, — любовь утраченную, разрушенную, преодоленную, рассосавшуюся вдруг... не сжигать? Хранить в себе лучшее из отношений с прежним мужем, женой, с благодарностью. Как остаться друзьями после развода?

т. б. Хочу всё же вначале ответить на ваш первый вопрос — о фотографиях. Вы сами дали на него два ответа, я дам третий. Не допускаете, что фотографии бывшего мужа нет не потому, что он выкрашен в моем восприятии одной только черной краской, а потому, что в душе у меня еще осталось к нему чувство? Любовь. И теперь, когда развод уже давно позади и рана как-то затянулась, плохое уже и не помнится. А остается вот что — здесь мы с ним впервые встретились, здесь первый раз поцеловались, ой, вот такие цветы он дарил мне на день рождения... И то хорошее, что было в наших отношениях, мне колет душу. И я думаю, а так ли я была права, когда я с ним ссорилась из-за того или этого? А надо ли было быть такой непримиримой, не надо ли было уступить? И не дура ли я вообще, что с ним развелась? И вот он уже женился, и всё у него хорошо. Ну да, и у меня, конечно, тоже все хорошо… вот, посмотрите — у меня ребенок, благополучие. Но я же знаю, *что* я утратила. И чтобы не бередить себе душу этим, вытесняю его из своей жизни.

м.к. О! То есть дело не только в том, что не хочу я видеть этого… но и в том, что и сама я тоже была не на высоте и не хочу снова испытывать вину?

т. б. Скорее, видеть свои ошибки. И свою *утрату*. Я могу жалеть, что мы расстались, но как трудно в этом признаться, даже самой себе. Но любовь, если она была, не исчезает бесследно. Ее можно душить в себе, не давать ей возможности в душе звучать — ну, мы же уже расстались, какая любовь?!

м.к. Да не проще ли и придушить? Теперь я другого люблю, своего нового мужа, вот и всё!

т. б. Нет, душить в себе прежнюю любовь вовсе не обязательно. Она может быть трансформирована в доброе отношение к человеку, с которым столько всего было связано в прошлом, столько пережито. Любовь может получить *иную форму* для своего выражения.

———

м.к. Послушайте, но так недолго дожить и до шизофрении: может ли одна женщина любить двух мужчин, причем обоих — как мужчин?

т. б. Если честно, я не очень понимаю вопрос. Что они оба привлекательны для нее как мужчины и к обоим она испытывает чувства, оба ей дороги? Ну, это всё равно как спросить, а может ли вообще человек любить не одного кого-то, а многих — не важно, мужчин или женщин. Может ли мать любить не одного ребенка, а нескольких? И родителей своих при этом. И мужа. Конечно, может. И любит она всех по-разному.

м.к. А мне кажется, эти отношения "он — она" уникальны и могут существовать в единственном экземпляре. Нет, конечно, с кем-то лучше поговорить о высоком, с кем-то ходить в походы, а с кем-то целоваться, но любимый мужчина, любимая женщина — тот самый, та самая — у человека все-таки в единственном экземпляре. В данном временном измерении, во всяком случае. Сейчас, сегодня один, одна.

т. б. Мне думается, что отношения с *каждым* человеком, которого мы любим, — неважно, мать это, отец, муж или дети — уникальны. И при этом все они существуют одновременно. Вернее, *попеременно*. В каждый момент времени мы можем отдать свое внимание, а значит, и свою любовь, всегда кому-то одному. Даже если у нас несколько детей и все они одновременно в комнате, процесс общения все равно парный — мы переводим свое внимание с одного ребенка на другого. Конечно, мы можем делать что-то для всех них одновременно, излучая — как солнышко — любовь на всех сразу, но сделать это удается, только "обобщив", соединив их в один объект, называемый "дети".

Другое дело, что любовь может содержать спектр разных чувств и проявлений. Сексуальный компонент не обязательно присутствует в любви даже к мужчине. Вот у супругов как-то со временем всё меньше и меньше этого компонента становится. Он может даже вовсе сойти на нет, а любовь при этом остается.

Знаете, недавно мне попалось на глаза обсуждение темы андроидных секс-роботов. Не надувных резиновых Барби, а имитирующих живого человека. Одни участники дискуссии считают секс-роботов благом, потому что они якобы могут избавить человечество от сексуального рабства. Другие озабочены тем, что люди предпочитают игрушки человеческим отношениям. А мне показалось любопытным высказывание одного разведенного сорокалетнего немца, который говорит: "Знаете, у меня с моим секс-роботом и секса-то уже никакого нет. У меня с ним такие отношения, что секс мне и не нужен. Просто мне нравится заботиться о нем". И это очень показательно, потому что на самом деле *сутью* отношений человеческих является именно это — привязанность, забота, внимание друг к другу. А секс — если он есть — как довесок к этому. Приятный, не спорю. Важный. Такой весомый, что у некоторых он становится не довеском, а "перевеском". Но отношения без секса (к чему, конечно, я не призываю) вполне могут быть. Да и секс, как мы уже говорили ранее, вполне может быть и без отношений.

Конечно, именно влечsение мужчины к женщине чаще всего бывает повинно в том, что люди оказываются под одной крышей, живут вместе, рожают детей и воспитывают их вместе. Но рано или поздно влечение может исчерпать себя. И что же — надо отношения рушить?

м.к. Ну, про довесок — большой вопрос, хотя да, понятно, вес этого дела постоянно меняется, пусть так, и все-таки плохо себе представляю, как это я с бывшим сохраняю добрые отношения, особенно если нынешний его ненавидит? Скрываю?

т.б. Скрывать и не демонстрировать — разные вещи. Любовь как чувство, оставшееся в душе, во множестве ситуаций *проявлять* неуместно.

м.к. Пусть. Но для того чтобы продолжать добрые отношения с тем, с кем ты в разводе, требуется, по меньшей мере, великодушие. Ситуация развода часто становится катализатором худшего, что есть в человеке. И это невозможно потом забыть! Наступает такое почти онтологическое разочарование в другом. Да, я когда-то его любила, родила от него двоих детей, а потом… потом он забрал квартиру, доставшуюся мне, мне в наследство, а вовсе не нажитую вместе, и во всём остальном тоже вел себя самым низким, неблагородным образом. Скотина! Скажите, как эту скотину простить?

Т. Б. Что значит — простить? Перестать испытывать к нему злобные чувства? В этом смысле лучше бы простить. Ну скажите на милость, зачем продолжать злиться, если этим квартиру все равно не вернешь? А возобновить человеческое общение с *таким* "бывшим" можно только в одном случае — если он искренне раскается в содеянном.

Человек проявляет во время развода не самые лучшие свои качества, потому что находится в ситуации, сравнимой с угрозой жизни. И хотя развод не обязательно сопровождается мордобоем, оскорблениями, отнятием квартиры, в душе все равно остается груз разного рода обид, в том числе накопленных во время совместной жизни — люди же не просто так расстались. Пока в душе есть обида, примириться очень трудно. Но чтобы простить *другого*, нужно посмотреть на себя. А я как себя вела? Помните, Христос говорит толпе, готовой забить камнями блудницу: "Кто без греха, пусть первый бросит в нее камень"? И толпа молча расходится.

Но если такой коперниковский переворот во взгляде на развод и прошлую жизнь произойдет, тогда можно увидеть, что мы, в общем-то, два сапога пара. А иногда прощение приходит через понимание *другого*. Лицом к лицу, как известно, лица не увидать, и разойдясь и успокоившись, люди вдруг прозревают: "А-а, так вот, значит, что это было!" Как в стихах Маргариты Алигер:

Я слишком счастлива была
В жару любви твоей,
Я слишком поздно поняла,
Что я была сильней,
Что мне на всё хватило б сил,
На долгий, долгий срок,
Что ты о помощи просил,
Когда бывал жесток...

Можно ли остаться друзьями, разведясь? Можно: если дружба была, она может быть *восстановлена*.

м.к. Кстати, эта формулировка — "остаться друзьями" — обычно очень раздражает мужчин. Это ведь женская фраза при расставании: что ж, давай останемся просто друзьями. Штамп. Но знаю не один такой случай, когда в ответ женщина слышит: "Вот как раз друзьями — с тобой! — я быть не хочу". Да, ему предлагается принять правила игры, в которую он совершенно не хочет играть.

т. б. Дело в том, что он слышит в этих словах следующее: "Я не воспринимаю тебя как мужчину". Это очень обидно. Возможно, это самое обидное для него. На *это* он не согласен. Возможно, он и хотел бы поддерживать отношения с бывшей женой, но только чтобы это не называлось дружбой.

м. к. И как же это назвать? Давай сохраним отношения?

т. б. Да не нужно никаких призывов. Как-то по-детски получается. "Давай дружить!" — "Давай! А что будем делать?" Отношения нужно просто продолжать. Добрые и адекватные тому статусу, в котором оба теперь находятся. Да, у них нет секса, но он всё равно — *мужчина*. От того, что у бывшей жены нет к нему влечения, он мужчиной быть не перестает.

Но иногда фраза "Давай останемся друзьями!" говорится женщиной, которая хочет обозначить границу в отношениях с бывшим мужем, влечение к которому всё еще есть. Он больше не *ее* мужчина, но что ей делать со своим чувством? Избегать общения, чтобы не выдать себя? Или притворяться, что он больше ее не волнует? Правильнее всего будет признать — да, волнует по-прежнему, но волю своим чувствам в отношении теперь уже чужого мужа не давать. Не умея балансировать на этой грани, люди обычно предпочитают прекращать отношения, не общаться вовсе.

м.к. Но так гораздо легче. И безопаснее. Зачем ходить ночью по краю скользкой пропасти? Пусть и всё, "всё, что гибелью грозит/ для сердца грешного таит/ неизъяснимы наслажденья", — но не хватит ли уже этих наслаждений? С годами они начинают слишком горчить. Вот люди и предпочитают полную ясность и простоту: окончательный разрыв. Мне вспоминается одна пара. Она оставила его, он и сам до этого не одну жену оставил, она была его третьей женой, но на этот раз *она* не захотела с ним жить. Развелась, вышла замуж за другого, любимого. Тем не менее прежний ее муж по-прежнему приходит в ее дом, к ее новой семье, хотя бы потому, что там остались его дети, — но это во-первых, во-вторых... я всё думала, ну зачем он приходит? Сидит. Ясно же, что он здесь лишний! С детьми можно видеться и за пределами дома. И вдруг я увидела, как он смотрит на свою бывшую жену. Любящим взглядом. Всё так просто — приходит, потому что по-прежнему ее любит.

т. б. Но проявляет свою любовь настолько, насколько она это позволяет.

м.к. Да, она ему идет навстречу, но не переступая границ. К тому же в его визитах есть и практический, прямо скажем, финансовый смысл, и она да, терпит эти приходы.

т. б. Неужели было бы лучше, если бы после развода между ними пролегла пропасть?

м.к. Вот и я говорю. Мне вообще кажется, постепенно, очень медленно, но всё же мы начинаем осваивать, что называется, "культуру развода". Когда в конце концов все вместе собираются на какие-нибудь важные даты — бывшие, нынешние, прошлые и позапрошлые, и дети, и внуки, от каких по счету жен и мужей трудно и вспомнить. Это и есть наш идеал?

т. б. Что же делать, если разводов стало так много? Раньше после развода люди почти всегда стремились сжечь все мосты, уехать, если не в другой город, то на уж на другой его конец точно. Сейчас, когда люди в своей жизни разводятся не один раз, переезжать каждый раз после развода на другой конец города…

м.к. Теперь концов не хватит!

т. б. Ну да… Мне думается, это хорошо, что люди продолжают интересоваться друг другом. Разорвав ткань общей жизни, шьют из этих обрывков "лоскутное одеяло". И у всех там свое место — и у нынешних жен, и у бывших, и даже у родителей бывших.

м.к. Как в истории, которую я хочу рассказать.

Букашечки и милашечки

Маленькой Тасе не спалось. В этом году Тася пошла в первый класс, у нее наступили первые в жизни школьные каникулы, и она приехала в гости к бабушке Маше, в ее большой уютный коттедж за городом. Тася уже вкусно поужинала, бабушка прочитала ей сказку про невидимую фею, крепко поцеловала внучку на ночь, но Тасе всё не хотела ее отпускать.

— Бабушка! Подожди, скажи мне самое-самое последнее, хорошо? Дедушка Ваня — мой настоящий дедушка? Родной?

— Конечно, детка. Он ведь папа твоей мамы Кати.

— А дедушка Владимир Сергеевич?

— Да в общем тоже.

— И бородатый дед Гаврила — тоже мой дед?

— И он!

— А дед Олег из Америки, который приезжал к тебе в прошлом году?

— Тоже.

— Бабушка! — чуть не закричала Тася. — Как же так? Разве могут четыре разных дедушки быть родными? У меня же еще есть папин дедушка, Боря.

— Могут! — улыбнулась бабушка.

— Расскажи, — потребовала Тася, видя, что бабушка не сердится и готова посидеть с ней еще. — Расскажи мне, как это бывает?

— Хорошо. Но чтобы было понятней, я расскажу тебе сказку.

— Про фею?

— Нет, моя сказка будет немного необычной, про жучков, паучков, пчелок, но это самая настоящая сказка. Или слишком поздно? Кажется, ты устала и хочешь спать?

— Нет! — взмолилась Тася. — Совсем не поздно, бабушка! Пожалуйста, рассказывай.

— Ну, хорошо, тогда слушай, — сказала бабушка, обернулась в мягкий клетчатый плед, уселась в кресле поудобнее и начала.

— Это было давным-давно в чудесной стране, в которой жили одни насекомые. Там порхали бабочки, по траве ползали жуки, сновали стрекозы, стрекотали кузнечики, пели сверчки. Вообще там было довольно шумно, в этой стране.

— Стране насекомых? — уточнила Тася.

— Да. Жили в ней и светлячок Ваня и пчелка Маня. Вот с них-то и начнется наша сказка. Ваня и Маня познакомились в первом классе 1 сентября, когда отправились учиться в районную школу. На торжественной линейке Ваню было почти не видно за огромным букетом ярко-красных лепестков, которые он еле тащил своей первой учительнице Стрекозе Таракановне. Маша, по сравнению с Ваней, была дылдой и, если честно, второгодницей. Она сразу же разглядела растерянно моргавшие из-под лепестков глаза и угадала в Ванечке внутреннее сияние. Он же был светлячком! И Ваня пронзил ее сердце.

— Как это? — снова не выдержала Тася.

— Она его полюбила, — пояснила бабушка. — И с первого же дня учебы взяла над Ваней шефство. Ты знаешь, что значит шефство?

— Нет.

— Это значит заботиться о другом. Пчелка Маша села с Ваней за одну парту, делилась нектаринами, которые в изобилии выдавала Маше ее мама, директор большой столовой при одном закрытом учреждении. Ваня Машину заботу принимал. Тем более что рос он почти сиротой, Ванюшина мама была в вечных командировках, пап же ни у Мани, ни у Вани не было. Ванин, правда, навещал семью по большим праздникам и каждый раз дарил Ване волшебные фонарики, Маня про своего папу знала одно: что носит его фамилию.

— Какую?

— Фамилия Маши была Шмель.

Ваня платил Мане, чем мог: давал списывать по всем предметам, даже занимался с ней после уроков математикой, но особенно физикой, в которой был очень силен. Стоит ли говорить, что за глаза все дразнили эту странную парочку "жених и невеста", но только за глаза — с Машей шутки были плохи. Все, даже самые задиристые жучки знали — кусалась Маша ужасно больно.

Так продолжалось до седьмого класса, пока Ваня, страшно вымолвить! не полюбил. Неприметного червячка Алину из параллельного класса "Б". Это, правда, пока не так важно, потому что тогда Маша все равно победила и вскоре Ваня вернулся к ней.

К девятому классу Ваня вытянулся, перегнал Машу, но и Маша выросла, только в другом смысле: видимо под Ваниным влиянием, она стала хорошо учиться, полюбила историю — словом, и повзрослела, и поумнела. Сразу после выпускного Ваня с Маней поженились. Поселились молодые в просторной квартире Машиной мамы, которая, едва началась перестройка, занялась ресторанным бизнесом и процвела. Только вместе Иван да Марья пробыли не так уж долго. Ваня пошел учиться в университет, на физфак, и всё глубже уходил в постижение законов оптики. Маня тоже поступила было на исторический факультет, но отвлеклась, у нее родилась сначала пчелка Катюша, вылитая мама, затем сверчонок Валера, и стало Маше не до истории. Ваня продолжал учиться и совершенно погрузился в изучение световой энергии и лучей…

— Солнечных, да, бабуль? — спросила Тася сонным голосом.

— И солнечных тоже. И вообще всяких. Вижу, ты уже засыпаешь? Ну, да недолго осталось. Ваня делал научную карьеру в оптике, а Маша занималась хозяйством, растила деток и кормила Ваню, без нее он, наверное, просто умер бы с голода, потому что регулярно забывал поесть.

И однажды Маша поняла, что очень устала. Даже тихое Ванино свечение, которое так завораживало ее прежде, на нее больше не действовало. И Маша сказала Ване: "Иди-ка ты, милый, и занимайся своими ненаглядными лучами, мы ведь тебе только мешаем". Ваня немного удивился, но почти сразу обрадовался и немедленно поехал в свою лабораторию, продолжать эксперименты. Правда, спустя неделю он вернулся домой — пообедать, заодно поглядеть на своих копошащихся в детской детей. Так и повелось: Ваня приезжал раз в неделю к Маше, съедал всё, что было в доме, общался с ребятишками и снова исчезал. Пока не закончилось и это — Ваня начал приезжать все реже. А вскоре сообщил, что женится. И на ком? На встреченной случайно под раскидистым кустиком той самой Алине из класса "Б", которая — кто бы мог подумать! — оказалась не простым червячком, а книжным, и за время разлуки с Ваней изгрызла немало страниц и переплетов. Им было о чем поговорить друг с другом.

Вскоре Маша тоже нашла себе мужа, усача Вову, был он такой красивый, высокий, ходил в блестящей кожаной куртке, в черных начищенных сапогах, но, к сожалению, предпочитал на завтрак исключительно табуретки и стулья. Вскоре всем пришлось сидеть на полу, а Вова тем временем перешел на ножки стола. Когда он перекинулся на буфет, Маше пришлось отправить его прочь, чтобы сберечь оставшуюся мебель. От Вовы у Маши родилось два веселых близнеца-усатика.

Следующим стал богомол Гавриил, но он буквально глох от шуршания, жужжания и мельтешения Машиных детей и, разочаровавшись в семейной жизни, вскоре уполз от Маши в домик к жукам-отшельникам. От Гавриила у Маши родилась девочка, богомолочка, ласковая и послушная. Четвертым и последним

Машиным мужем стал веселый и легкий на подъем Олег Огурчиков, больше всего на свете он любил скакать и прыгать, и как-то раз до того расскакался, что скакнул совсем высоко и очутился за синим океаном. А обратно вернуться уже не смог.

Пчела Маша его не забыла, как и никого из своей большой семьи. Всем своим сверчкам-жучкам и кузнечикам она отсылала на праздники подарки, кому — бутылочку медовухи, кому — медовые лепешки, Гавриилу — душистые восковые свечки. Незаметно дети ее выросли, а прежние мужья обрели счастье кто с кем. Когда Машиной мамы не стало, Маше досталась в наследство вся ее ресторанная сеть, и всё, что зарабатывала, Маша тратила на своих многочисленных родственников.

Ни на кого Маша больше не держала обиду, всех любила, и на каждый Новый год приглашала всех своих мужей и детей с внучатами в свой светлый просторный улей на Новорижском шоссе. То-то было там жужжанья, скворчанья и шебуршанья! Завершался праздник всегда одинаково — Машины гости дружно читали последнюю часть "Мухи-Цокотухи" Корнея Чуковского и пускались в пляс.

Бабушка Маша остановилась и взглянула на Тасю.

Вы букашечки,
Вы милашечки,
Тара-тара-тара-тара-

— ...таракашечки! — пробормотала внучка сквозь сон. — Потому что всем было весело и никто не обижался, да, бабуль?

— Конечно, они же родственники, — ответила бабушка, чуть помолчала, наклонилась, чтобы поправить внучке одеяло, и увидела: прижав мишку, Тася крепко спит. Бабушка погасила ночник и тихо вышла из комнаты.

т. б. Чудесная история! Всем бы так. К сожалению, преградой к таким отношениям часто бывает ревность. Нынешних мужей и жен — к бывшим, а бывших — к нынешним. Возможно ли ее преодолеть? Думаю, чем более личностно зрелым является человек, тем больше у него возможности понять, что отношения с разными людьми — это *разные* отношения. Осознать ту самую уникальность, о которой вы говорили. *Каждые* Он и Она — уникальны. И ничего не повторяется. Никогда с *другой* не будет так же, как было со *мной*.

м. к. Да, это меня всегда поражало. С каждым человеком отношения уникальны, просто потому что уникален каждый человек. В этом есть что-то глубоко утешительное.

ЧАСТЬ III

ЗАТАЕННАЯ БОЛЬ

Глава четырнадцатая
СКЕЛЕТЫ В ШКАФУ

———

т. б. Продолжая тему развода, хочу рассказать вам историю. Вижу я сон.

Теплая южная ночь. Я иду по пляжу босиком, расслабленно, наслаждаясь пьянящими ароматами моря и цветущих глициний. И вдруг спотыкаюсь, наткнувшись на что-то, и вижу — мужчина в набедренной повязке лежит на песке, пронзенный копьем в грудь. Как стрекоза на булавке... Останавливаюсь в ужасе и понимаю — *это сделала я...* Рухнув на колени, я всем своим существом кричу: "Не-е-т!!! Я не хочу этого!!!"

Просыпаюсь, но крик всё еще звучит в моих ушах. Я всё еще там, во сне, в той реальности. Проходит несколько дней, но я по-прежнему придавлена пережитым во сне.

История эта случилась в августе 91-го. Как раз во время путча. И мне по работе надо — нику-

———

да не денешься — ехать на симпозиум, который как раз был посвящен снам. Так и назывался — "Сновидения в России". И вот на этом симпозиуме давал мастер-класс американский коллега, у которого на Бродвее был Театр снов. Для демонстрации метода был нужен доброволец. А тут я — с не отпускающим меня сновидением. Мы театрализовали мой сон, но к вечеру мне стало как-то совсем плохо. Еле-еле дождавшись утра, ни с кем не попрощавшись, я уехала в Москву первой же электричкой.

Дома никого не было. Лето — дочь гостит у бабушки, муж в командировке. Сутки прошли в каком-то помрачении ума. Я металась на постели, не находя себе места. Душа болела физически, как будто в груди была рана, огромная, как котлован, какой остается, когда из земли с корнем вырвано дерево. Время тянулось мучительно…

Но вдруг — осознание всегда происходит вдруг — я поймала себя на мысли, что такое со мной уже было однажды. Я также лежала лицом к стене, не желая никого видеть, сцепив зубы, сквозь которые иногда помимо моей воли прорывался стон. И было это четырнадцать лет назад! Да-да, именно так я чувствовала себя после развода.

В суде и по дороге домой я не плакала, держалась "достойно". Взяла себя в руки — так это называется. Крепко взяла, *зажав все чувства внутри* так, что казалась сама себе мраморной статуей. И вот в августе 91-го я вдруг, неожиданно для себя, оказалась в том же болезненном состоянии, в котором была при разводе. Оказывается, мои чувства никуда не делись и все эти годы хранились под спудом, а сон, а главное театрализация сна, снова их всколыхнули. Почему? По принципу *подобия*.

Двойственность чувств и отношения к происходящему, которая была во мне при разводе, подобна моей двойственности во сне. Я убила мужчину во сне не случайно. Это был реальный человек из моей прошлой жизни, с которым я — следуя голосу разума — *решила* расстаться и рассталась, продолжая испытывать к нему сильные чувства. Устранила его из своей жизни, что по смыслу равносильно убийству.

Но что не давало мне выбраться из накатившего на меня морока? *Крик*. Крик, который не вырвался из моей груди, когда я по живому резала свою любовь. "Не-е-е-т!!! — должна была кричать я. — Я не хочу этого!" Но я молчала. Потому что не позволяла себе выразить то, чего требовала одна половина моей души наперекор другой — рассудочной, которая говорила мне: "Ты всё делаешь правильно!" Так вот где отгадка! Кричи, кричи, моя душа! Сделай сейчас то, что не позволила себе тогда. И вот, наконец, слезы — долгожданные — потоком из глаз, как весенний ливень после грозы. Душа, умытая этим ливнем, умиротворилась...

Спустя многие годы я по-прежнему считаю, что правильно поступила, разведясь. Но чувства не всегда в ладу с головой. И чтобы они подружились, а не были врагами, и чувствам, и рассудку надо дать право голоса. Право выражать себя. Диктат рассудка также вреден, как и диктат чувств. *Разум*, а не рассудок — вот что необходимо человеку. Чем они отличаются? А вот чем. Разум — это когда чувства и рассудок ладят между собой, уравновешивают друг с друга. И ни одной нашей половине не приходится жертвовать собой.

м.к. Не всё здесь понятно, но очень уж личная тема, даже боязно уточнять и спрашивать. Поэтому лучше сами расскажите, о чем же эта история? О неизжитом чувстве вины перед "убитым", бывшим мужем?

т. б. Боязно спросить, почему мы развелись? *Love story*, закончившуюся разводом, в двух словах не расскажешь — может, напишу когда-нибудь об этом книжку. Шутка! Впрочем, история моя такая же банальная, как и тысячи других. И все подводные камни отношений, о которых мы говорим, известны мне не понаслышке.

Рассказ же мой о том, что чувства, не выраженные нами в острых ситуациях (развод, потеря близких, насилие), годами могут держать нас "в плену". И могут вернуться в любой момент.

По принципу подобия — через ощущения или ассоциации — любая ситуация может спровоцировать возврат к этим болезненным переживаниям, а их истинную причину мы далеко не всегда можем понять.

О чем еще эта история? О том, что избавиться от власти "скелетов в шкафу" можно, вернувшись — мысленно — в ту ситуацию, в которой мы эти скелеты оставили. Увидеть, *что именно* мы забыли там, в прошлом, *что* не смогли выразить. Скелетов в шкафу удерживают невыраженные нами когда-то чувства. Пережить ситуацию и выразить — пусть запоздало — не нашедшие выхода чувства значит освободиться от них.

М.К. Эти ребята в шкафу — обычно малоприятные существа. Я хочу сказать, подальше в шкаф мы отправляем то, о чем нам тяжко вспоминать, а тяжко вспоминать нам не только, как унижали, обижали, "убивали" словом и делом нас; гораздо тяжелее вспоминать, как обижали и убивали мы. Вот что вынести нельзя. Муки совести жгут! Не знаю, как поступают с ними те, кто не может сходить на исповедь, снять грех с души. Хотя даже исповедь не всегда спасает… Если я верно поняла, примерно то же предлагаете и вы, мы уже касались этого, когда говорили про фрейдовскую "прочистку труб" — человеку помогают прожить прошлое, выкрикнуть и выплакать давнюю боль, освободиться, вот только не обязательно с "Господи, прости!" Не все же верующие. Кстати, люди забывают в нижнем ящике шкафа, наверное, не только вину, гнев, но и другие чувства — какие?

т. б. Любые. Хотя гнев, ненависть и обиду чаще всего. Человек скрывает свой страх и стыд, смущение, беспомощность и отчаяние, презрение, отвращение. Скрывает желание заплакать. Но также скрывает свою любовь и нежность. Любые чувства, выразить которые человеку страшно. И не важно, действительно ли его осудят или на самом деле оттолкнут, человек боится самой возможности этого. И потому никак не проявляет себя. Не обнимает, когда хочет обнять. Не кричит, когда ему больно. Не просит о помощи, когда в ней нуждается. Скрывает свою потребность быть любимым, свое желание ласки и сочувствия. И импульсы, посылаемые чувствами телу, чтобы оно действовало, остаются в теле, образуя мышечные блоки, если действия не было.

Микронапряжение мышц удерживает эту энергию действия в теле до тех пор, пока жизненные ситуации, которые их породили, не будут осмыслены и внутренне разрешены, а эмоции не найдут выхода.

"Законсервированные" в мышечных блоках эмоции, зажатые человеком в защитных целях, создают ограничения и проблемы в нынешней жизни. Тревожность, страхи, навязчивые сны, уныние, низкая самооценка и другие эмоциональные проблемы уходят корнями в предыдущий опыт.

м.к. Какова цель заготовления этих мышечных "консервов", ради чего человек зажимается?

т. б. Не цель, а причина. Любое живое существо, и человек не исключение, стремится к безопасности. А точнее, к ощущению безопасности, *как он ее понимает*. И все его действия, так или иначе, подчинены этому стремлению, контролируются им. У всех людей свои представления о безопасности, вытекающие из их картины мира. Для одних безопасность увеличивается, если ничего не тратить — ни деньги, ни силы. И ничего не брать у других, чтобы не быть "обязанным". Для других тратить, чтобы заслужить любовь и одобрение, есть действия, направленные на увеличение безопасности, поскольку для них самое важное — быть кому-то нужным, любимым. "Я в опасности, если меня не любят", — бессознательно заключает человек на основании опыта детства.

Но энергия, зажатая в теле, ищет выхода, буквально рвется наружу. И у человека есть две возможности — продолжать удерживать ее дальше или дать ей выход, разрядиться. Как? Бессознательно — найдя благовидный предлог. "Сорваться" на детях, жене, собаке, соседке или кассирше в супермаркете. Совсем недавно, например, я была свидетельницей такой "разрядки", стоя в очереди в кассу.

Мужчина лет тридцати, не успев отойти от кассы, выронил из рук бутылку пива, пытаясь положить ее в пакет. Невольно поставив себя на его место, я ощутила неловкость, как будто это я была виновницей происшедшего, как будто за мной кто-то должен теперь убирать осколки в этой луже. Но мужчина, которому я невольно посочувствовала, не смутился, не стал извиняться, а бешено — иначе не скажешь — заорал на кассиршу: "Дур-р-ра!!! Идио-о-тка!!! Ничтожество!!!" Я обомлела. Распаляясь от собственного крика, мужчина продолжать яростно орать, осыпая ни в чем не повинную кассиршу все новыми ругательствами. Казалось, еще секунда — и он набросится на нее с кулаками. Стоявший рядом охранник отвернулся. Кассирша, видимо привыкшая к "наездам", благоразумно молчала. Побледнев, но не утратив самообладания, она продолжала пробивать товар следующему покупателю. Прооравшись, в полной тишине — никто не сказал ни слова — мужчина резко развернулся и пошел к выходу.

м.к. В любом боевике супергерой разрядил бы в такого обойму. Особенно мил в этой ситуации охранник. Даже не сделал жеста. Про мужчин, которые тоже наверняка стояли в очереди, я молчу. Никто не вышел, не взял психа за грудки. И, главное, не сомневаюсь, он же — трус. Так орут на женщин, которые не могут им ответить, исключительно трусы. И воспитываем таких мы. Ну да отложим проблему воспитания наших мужчин. Что делать с энергией, зажатой в теле? Как ее выпускать? Не каждый же раз орать на беззащитных.

т. б. Да их может и не оказаться под рукой! Шутка! Тем более что многие не считают возможным так себя вести. Люди бессознательно находят подходящие для них способы разрядки. Некоторые, например, ходят для этого на футбол или бокс, особенно — бои без правил. Их, кстати, любят не только мужчины, но и женщины — посмотрите, сколько болельщиц приходит полюбоваться на этот безудержный мордобой. Отождествляясь с боксером, человек вовлекается эмоционально и буквально вкладывает свою энергию в удары, которые наблюдает на ринге или на экране. Даже если он внешне спокоен и "болеет" молча, его тело все равно реагирует так, как будто дерется он — напряжением соответствующих мышц и эмоциональной разрядкой, когда удар достигает цели.

Этот способ разрядки — через отождествление — известен людям с незапамятных времен. Вспомните кровавые бои гладиаторов у римлян или эмоционально невероятно насыщенные театральные представления у древних греков, вызывающие эффект катарсиса — эмоциональной разрядки и приходящего за ней умиротворения. Термином "катарсис" мы, кстати, обязаны Аристотелю, считавшему, что трагедия, вызывая сострадание и страх, заставляет зрителя сопереживать, тем самым очищая его душу, а механизмом катарсиса объясняется во многом "волшебная сила искусства".

Но множество людей живет в постоянном напряжении мышц, ставшем настолько привычным, что уже не замечается ими. Нарушая кровообращение, этот мышечный панцирь приводит к повышенной утомляемости, болям в мышцах и суставах, которые человек уже не может игнорировать. Ухудшается сон. Растет тревожность. Возникает депрессия. Прием транквилизаторов или релаксантов не решает проблемы. Потому что нужно не просто расслабить мышцы, а выразить эмоцию, которая в них "застряла" и держит их в напряжении.

В наше время, особенно в большом городе, стойкое мышечное напряжение — проблема практически всех людей. Мы называем агрессивной, как сейчас принято говорить, нашу среду потому, что воспринимаем ее как угрозу разрушения себя. Все, даже самые мелкие, не отмечаемые сознанием ситуации представляются нам угрожающими нашей безопасности. Мы входим в вагон метро, и каждый наш попутчик — соперник. За возможность сесть, а иногда и просто за место в вагоне. Эти медленно выходят — не успею войти, эти заслоняют выход — не успею выйти. Останавливаемся на светофоре — не важно, мы за рулем или мы пешеходы — и напрягаемся: когда же загорится зеленый, я ведь опаздываю. Стоим в очереди в кассу, а кто-то норовит пристроиться впереди, и тут же совершенно неконтролируемо внутри возникает знакомое: "Мужчина, вас тут не стояло!" Со всеми сопутствующими ощущениями и мышечным напряжением. Мы можем говорить себе, что не стоит из-за такого пустяка ссориться с человеком, но все же злимся и напрягаемся. И так бесконечно.

Проблема мышечного напряжения и вытекающих из этого проблем стала в последнее время столь очевидной, что удельный вес телесно-ориентированных практик на рынке психотерапевтических услуг существенно увеличился, вытесняя собой психотерапию, ориентированную на "рацио". Работать с собственным телом, слушать и слышать его — сегодня такая же необходимость, как принимать душ или чистить зубы.

Но вернемся к эмоциям, хранящимся в нашем теле годами. И вот история на эту тему моей пациентки.

Ирина, назовем ее так, изменила мужу. Нечаянно, заигравшись. Это второй ее брак. Удачный. Они с мужем любят друг друга и просто светятся счастьем. Но вот решили они разнообразить свою сексуальную жизнь, сделать ее еще лучше. Как? А фантазиями. Например, на тему измены Ирины, о которой она потом рассказывает мужу, а его это как-то вдохновляет. И не то чтобы совсем измены, а так... некоторого флирта и маленьких шалостей, не представляющих угрозы браку. И вроде бы всё продумали — случиться это должно в командировке, в другой стране, пересечений по жизни с "приглашенным на роль соблазнителя" человеком никаких, пошалили — и до свидания! Но вот беда. Реализуя этот план, Ирина не смогла вовремя остановиться, и случилось то, что по замыслу произойти не должно было.

Любовником этот мужчина оказался не бог весть каким, нисколько не лучше мужа, но, разговаривая с мужем по скайпу, Ирина не смогла рассказать мужу все и поделилась впечатлениями только о том, что должно было произойти по сценарию. Сильные, смешанные чувства по поводу случившегося захватили ее.

На поверхности было чувство вины, что было неожиданно и странно — да, они вместе продумали этот сценарий, но хотел этого смелого эксперимента муж. А еще глубже был страх, что случившееся навсегда отравит ее нынешнее благополучие. Но самое главное — муж перестал казаться ей таким замечательным, как прежде. Она боялась думать эту мысль дальше, потому что на этом пути вполне можно было додуматься до самого страшного — а вдруг она его больше не любит?

Вернувшись домой, она заболела. Вроде ничего особенного — на грипп не похоже, но ломает. Температуры нет, а внутри всё горит. Лежит в постели и мучается, сама не зная отчего. А главное — она вдруг почувствовала себя отброшенной на годы назад, когда она была первый раз замужем, была несчастна и изменяла мужу, чтобы как-то компенсироваться, мстить ему за унижение. Она вновь почувствовала себя несчастной.

Ирина пролежала в постели неделю, но это не помогло. Прошла еще одна неделя, но депрессия, чувство вины и собственной несчастности не проходили. Ирина не решалась открыть обеспокоенному ее состоянием мужу, что происходит с ней. Они с мужем старались строить искренние, полные доверия отношения. И вот теперь ей приходится обманывать мужа, потому что она понимает — ее "сверхплановые" действия его не порадуют. И чувство вины только усугубляло ее состояние.

Осознав, наконец, что не может сама выбраться из этого состояния, Ирина пришла на прием.

Историй про то, как прошлое не отпускает человека, предостаточно в моей практике.

м.к. Почему вы всё же вспомнили именно ее?

т.б. Ну, во-первых, она недавняя. Во-вторых, она прекрасно иллюстрирует тезис, что *любая* ситуации может "запустить" тяжелое эмоциональное состояние из прошлых, не изжитых психотравмирующих переживаний. Вместо удовольствия от игры в измену Ирина скатилась в депрессию. Связка "подавленность — измена" (я подавленна, а потому изменяю) в данном случае сработала в обратную сторону.

В-третьих, измена мужу в первом браке защищала Ирину от полного разрушения себя.

Властный муж не считался с нею ни в чем. Ирина полностью зависела от него и дать отпор не решалась. Но она могла мстить. Измена была местью. И она наслаждалась ею. Тем более что мужчины, с которыми она изменяла мужу, относились к ней иначе, поднимали ей самооценку. И на короткое время она переставала чувствовать себя ничтожеством.

Согласившись поиграть в измену, Ирина, сама того не желая, оказалась в ловушке. Она не видела в этой игре никакой опасности, ведь в прошлом измена "шла ей на пользу" — состояние подавленности уменьшалось. Но сейчас все произошло с точностью до наоборот. Она была счастлива до измены и стала несчастна после. "Почему?" — недоумевала она. Всему виной оказалась та самая связка, "склеенность" несчастности, депрессии и измены как средства спасения от нее. Ситуация измены сработала как пусковой механизм для развития депрессии.

Как вы догадываетесь, история эта для Ирины и ее мужа закончилась благополучно. Но во всякой сказке есть намек, добрым девицам урок…

м.к. Намек, по-моему, очевидный: не стоит играть с огнем.

Танцы в камере

Гоги попал в "Черный дельфин" за убийство двух девочек-подростков, дочек его сожительницы. Девочки любили повеселиться, устраивали дома танцы под музыку. В тот вечер матери их дома не было, Гоги хорошо принял, захотел тоже потанцевать с девочками, им это сильно не понравилось, но Гоги к возражениям не привык и вспылил. Вот так всё и вышло. Хотя он и сам до конца не понимал, что на него тогда нашло и как такое могло случиться. Людей он до этого никогда не убивал. Но тут очень уж разозлился.

После следствия, СИЗО, суда, приговора, сначала это была смертная казнь, потом по указу Ельцина ее заменили на пожизненное, уже в "Дельфине" у Гоги "брызнула фляга". Он всё время улыбался. Били — улыбался, кормили — улыбался, выводили на прогулку — улыбался. Но в остальном был как все.

Времена становились мягче, и даже в эту самую страшную колонию допустили священника. Он исповедовал и причащал желающих. Ему первому Гоги и открыл свое горе: девочки.

Как только он поступил сюда, убитые девочки начали приходить и танцевать с ним рядом. Беззвучно, ему музыки не было слышно, но им — явно да, и танцевали они под что-то такое же, что и дома — ритмичное, резкое, те же прыжки, жесты. Прыгали девочки где хотели, в коридоре, камере, душе, проходили сквозь стены. Гоги они в упор не замечали, веселились сами по себе, но словно ему назло. Им-то он все время и пытался улыбнуться, хоть как-то обратить на себя внимание, зацепить, задобрить — но девочки не реагировали.

Выслушав исповедь Гоги, батюшка велел ему поусерднее каяться и попросить прощения у матери убитых. Гоги послушно написал ей покаянное, жалостливое письмо и через два месяца получил короткий ответ. "Сдохни, мразь", слова были подчеркнуты тройной чертой. Гоги это не смутило, он все равно каялся, читал, какие батюшка повелел, молитвы.

Девочки танцевали по-прежнему, только незаметно переоделись в другое: из обычного своего — джинсы, футболки — нарядились в воздушное, белое, как балерины. Изменились и танцы. Теперь они танцевали парочкой, что-то плавное, возвышенное, даже музыка стала сквозь беззвучие проступать, вроде скрипки. Но на Гоги, который по-прежнему изо всех сил им улыбался, девочки по-прежнему не глядели. Сокамерник Гоги, дед-рецедивист Пахомов, только пальцем крутил у виска и требовал отселить психа в психушку. Его не слушали. Тем более Гоги был не буйный.

Священник, тот же самый, пришел снова только через полгода. Гоги взмолился: не могу больше, ни спать не дают, ни жить. Всё танцуют, летают, теперь еще и под музыку, сколько я каялся, сколько плакал, матери написал, вот какой ответ получил, сам погляди — все по-прежнему.

И священник дал Гоги новый совет: у Бога ты прощенья попросил, у матери попросил, теперь попроси у них, брат. Вставай на колени и проси. Нельзя вставать, не положено, значит, вставай и проси мысленно — ори, кричи, моли про себя, чтобы простили тебя, окаянного, они бестелесны, они услышат. И как простят, пусть перестанут приходить к тебе. Это и будет знак.

Так Гоги и сделал. Он молил и просил прощения у убиенных неотступно и очень долго — получилось еще около двух лет. И вот наступила очередная Пасха. Ночью в тюремном храме прошла служба, всю службу Гоги беззвучно проплакал. Еще и потому, что не видел, но чувствовал: здесь они, рядом, никуда не делись, не отступают даже на Пасху.

Но наутро девочки к нему не пришли. И на следующий день тоже, и никогда.

И Гоги перестал, наконец, улыбаться.

Глава пятнадцатая
ОДИНОЧЕСТВО

———

м.к. Когда мы говорим "одинокий", мы обычно имеем в виду человека, с которым рядом нет близких, родных. Он живет один в своей квартире, и разве что любимый Тузик встречает его у порога, когда он возвращается домой.

Тема одиночества мучила меня чуть не с детства. Хотя я росла в полной семье, при папе и маме. Тогда еще живы были те, у кого мужей и любимых отняла война — бабушки. Одиноких бабушек было гораздо больше, чем неодиноких. Но это было данностью и не слишком меня волновало, а вот что ранило, так это одинокие, брошенные или никогда не вышедшие замуж молодые женщины. И действительно: у стольких моих одноклассников не было пап! Или никогда не было, или они растворились. Слово "алименты" стояло в воздухе колом. Кто-то их платил, но в основном не платил никто. И это обсуждалось

———

взрослыми, и такие папаши осуждались. Времена были довольно консервативные, косные — и как-то не очень было принято, чтобы матери-одиночки занимались своей личной жизнью. "Принесла в подоле или осталась одна, мужа не удержала — что ж, теперь занимайся только ребенком, о себе и думать не смей!" — вот какая тогда царствовала установка.

И вот пройдись по улице, по школе, по двору, сядь в трамвай, да вообще куда ни глянь — всюду они, одиночки, разведенки с печатью страдания на лице, почти никогда — вдовы.

Мне хотелось наполнить их жизнь светом, счастьем. Эти взрослые печальные женщины и ведать не ведали, что вот эта длинная девочка в очках разрабатывает план их спасения. Варианты были разные. Самый устойчивый такой: я придумала для них героя, человека бесконечной доброты и исключительного ума. Мужчин вокруг действительно явно не доставало, так что приходилось придумывать одного на многих. Он опекал сразу несколько одиноких женщин, об интимной стороне вопроса, само собой, я не задумывалась, нет, это просто был такой Дед Мороз, который приходил ко всем одиноким мамам, соседкам по лестничной клетке и по дому, каждой дарил цветы, конфеты, каждой восхищался, каждую согревал, а согрев одну, спешил к следующей. И все были счастливы, все утешены. Что-то в этом роде.

Словом, вы понимаете... Мне уже тогда очень хотелось с этим разобраться, решить эту проблему, в конце концов.

Кажется, отчасти эту проблему решило изменившееся время. Нравы стали свободнее, возможностей познакомиться появилось больше, а одиноких женщин, в больших городах во всяком случае, — меньше. Как бы то ни было, став старше, я узнала, что прежде замечала лишь самое очевидное, на самом деле всё еще сложнее: можно выйти замуж и остаться одинокой. Одиночество запросто возможно в семье. Живет человек рядом со своей женой или мужем, внешне всё у них благополучно, дети, машина-квартира, внутренне — она одна-одинешенька, ей поговорить не с кем, да и он не торопится домой, потому что не она разрушает его одиночество... И никак им друг до друга не добраться. Вот с этого я бы хотела начать. С одиночества в семье.

т. б. Да мы уже, в общем-то, касались этого — разбирая, как люди утрачивают контакт друг с другом, перестают друг друга замечать. Отгораживаются, замыкаются, делаются чужими. Становятся *внутренне* одинокими. То есть одиночество — это не отсутствие людей рядом, а феномен внутренней жизни человека, состояние души.

Не так давно я посмотрела небольшой фильм, снятый психологами в середине прошлого века в Англии про мальчика, который провел семь дней в доме ребенка, куда его поместили на время, пока мама была в роддоме. Фильм о влиянии разлуки с матерью.

Джону чуть меньше полутора лет, он ходит, но еще не умеет говорить. Он из вполне благополучной семьи, у него прекрасный эмоционально насыщенный контакт с мамой, с которой он никогда до этого не разлучался.

Родители поместили Джона в хороший детский дом — на восемь детей в группе были две няни, которые не только кормили, одевали и купали детей. Они — и это самое удивительное — были с малышами в постоянном телесном контакте, как это делают любящие бабушки и мамы. Например, няня могла сидеть на полу, позволяя малышам ползать по ней, как котятам по кошке. И дети, бывшие в этом детском доме с рождения, очень даже неплохо себя чувствовали. И вели себя как все дети в этом возрасте — прижмутся к няне, обнимутся с ней, получат свою порцию любви, прикосновений, ласки и вновь займутся своими игрушками. Няни никого не выделяют и никому в ласке не отказывают — кто подполз, тот и получил свою порцию внимания. Но Джон — мальчик домашний, и он не привык внимания *добиваться*. Не умеет это делать. Да и учиться этому не было необходимости — мама всегда была рядом и всегда устремлялась навстречу Джону *сама*.

И вот, находясь в комнате, полной детишек и готовых приласкать его нянь, Джон почувствовал себя *одиноко*. К нему никто не обращался, не брал на руки. Он ходил по комнате, обнимая свое любимое домашнее одеяльце, которое мама догадалась дать ему с собой, утыкался в огромного плюшевого мишку, сосал свой палец, пытаясь найти утешение, но безуспешно. На третий день Джон отказался от еды. Кормить насильно его не стали. И только когда он горько, безутешно заплакал, не вмешиваться в происходящее уже было нельзя — няня взяла его на руки. Она ласково прижала его к себе, гладила по голове, но горе Джона было столь велико, что он не мог успокоиться, а другие дети настойчиво требовали внимания няни.

Няни в детском доме были вовсе не жестокосердные, но они не могли нарушать естественный ход событий — это ведь было исследование. А когда мама вернулась через семь дней за Джоном, он не бросился к ней в объятья, как можно было бы ожидать, а прижался к няне, от которой его практически нельзя было оторвать. Он перестал доверять своей матери, потому что в его детском сознании — она его предала, она его бросила.

Почему я вспомнила этот фильм? Он демонстрирует, как возникает то состояние оставленности, брошенности, которое мы называем одиночеством. И это состояние знакомо каждому, потому что каждый из нас был ребенком, был — хотя бы ненадолго — оставлен своей мамой и не мог ее вернуть, потому что был беспомощен. Мы ничего не могли сделать, только ждать, когда мама придет, обнимет нас, накормит, обогреет, приласкает. Любовь всегда приходила к нам *извне*.

Каждый из нас может, будучи взрослым, "впасть в детство" — оказаться в детском состоянии Я. Со всеми вытекающими из этого последствиями — в нас оживут ощущения, которые мы испытывали в детстве, будучи оставленными на время мамой. Что может их вызвать? Любое обстоятельство — пустая комната, например. Я столько слышала рассказов о том, как запускается это состояние. Возвращается человек с работы и представляет себе, как он входит в пустой дом, где никто не выйдет ему навстречу, не обнимет, не проявит внимания. И только представит себе эту картинку, как тут же ощущения, которые он испытывал в детстве, оставшись один, оживут. И он начнет жалеть себя — одинокого, беспомощного, потерянного, никому не нужного. И еще больше усугубит это состояние, потому что именно эти чувства удерживают человека в детском состоянии Я.

Можно сказать, что одиночество — это такое эмоциональное дежавю.

Однако человек, живущий один, может вовсе *не ощущать* себя одиноким. И даже в одиночной камере не страдать от одиночества, как вождь пролетариата, например. Пишет письма на волю тайнописью — молочком — и чувствует себя не просто связанным с миром, а в гуще политической борьбы. Какое уж тут одиночество?!

м.к. Вождь был человеком одержимым — идеями, целями, фантазиями. А если речь идет о ком-то вполне обыкновенном, не вожде?

т. б. Мне довелось однажды встретиться в ивановской глубинке с одной старушкой, у которой не было ни детей, ни мужа, ни родственников. Дело было так.

На последнюю электричку в Москву мы с дочерью опоздали, до ближайшей станции — километров восемь. А на пути к ней — деревня, в которой мы и решили попроситься на постой. И вот представьте — зима, мороз, кругом заснеженные поля, окантованные темной кромкой леса. Небольшая деревушка, темные окна изб — зимой в деревне спать ложатся рано. Но одно окошечко светилось. Немного робея, мы постучали, приготовившись объяснять, кто мы, откуда... Идем, мол, от батюшки из соседнего села, к которому приезжали за духовным наставлением. Но хозяйка впустила нас без всяких выяснений.

В избе было нетоплено, еды никакой. Это было время такое — перестройка, на канун в храме бабушки приносили не буханку, не полбуханки, а кусочек черного хлеба. У Татьяны, так звали старушку, не было даже хлеба, зато был огурчик солененький, который она берегла на случай, если зайдет этот самый батюшка. В избе было чисто, на пустых полочках вырезанные из бумаги салфеточки. И что же она делала в этот поздний час в пустом доме в заметенной снегом, спящей деревне? Она читала Евангелие. И была она совсем не одинокой, потому что с ней были святые. В очень хорошей компании была. И святые, с которыми она общалась, для нее были живыми, и ей с ними было тепло.

Воспоминание об этой старушке я храню много лет как одно из самых сильных, повлиявших на меня впечатлений. Как пример того, что находясь объективно — физически и социально — в одиночестве, человек может одиноким не быть. Конечно, вы правы, гораздо больше случаев, когда полна горница людей — и дети, и родные, и близкие рядом, а человеку всё же одиноко. И находясь в компании, мы можем почувствовать себя как Джон, если никто не обращает на нас внимания. То есть одиночество — это ощущение потери контакта.

Контакт — это наличие связи. Чувственное подтверждение, что ты не один — есть еще кто-то на "другом конце провода". А если мне не к кому примкнуть, то я в пустоте, даже если кругом люди.

Я думаю, что люди, ощущающие себя одинокими, не могут устанавливать контакт — как ребенок, которому остается только ждать, что мама придет и "подключится" к нему. И пока человек находится в этом беспомощном, детском состоянии Я, он обречен испытывать одиночество, если внимания извне нет. Но осознав это, человек может перейти во взрослое состояние Я, в котором люди способны сами устанавливать контакт с другими людьми, способны не только получать, но и давать. Мне думается, способность давать другим людям любовь — самое надежное средство не быть одиноким.

м.к. Наверное, всё это так. Но и не так. Всё же, мне кажется, чтобы не ощущать себя одинокой — давать мало. Пять лет я пила эту чашу, чашу почти чистого одиночества, и знаю: эту пустоту до конца не заполнить. Ничем и никем, кроме другого человека.

Ясно помню это состояние. Впервые я испытала его в Америке. После университета я поехала учиться в Калифорнию, в аспирантуру, снимала в Лос-Анджелесе студию, комнатку с кухней, познакомилась по ходу дела с прекрасными людьми, которые с тех пор мои близкие друзья. Мы общались, постоянно куда-то ездили, я преподавала в воскресной школе детям русский язык, головы не поднимая училась — моя жизнь была необычайно насыщенной. Это не нарушало ощущения, что я одна. Потом я вернулась в Россию и поселилась в маленькой квартирке. Тут уж с "отдавать" стало совсем удобно, я преподавала в школе и очень любила своих учеников, возилась с ними, как умела. Кое с кем мы до сих пор поддерживаем отношения, хотя мой педагогический опыт был недолгим. Несмотря на это, и в Москве мне было пусто. Хотя кто-нибудь ко мне постоянно приходил — друзья, поклонники. Помню, как-то полночи мы проиграли с друзьями в мафию, но под утро все всё равно разошлись — гора невымытой посуды и пустота. Одиночество стало частью меня, я всегда существовала в таком тонком скафандре одинокого бытия. Слой прохладного, слегка разреженного воздуха, облегающий тебя как костюм. Чувствуешь себя свободно, но всегда немного прохладно. Лишь выйдя замуж, я поняла, как устала от этой прохлады. И вот наконец-то! рядом с тобой человек. Его голос, его слова, его тепло, его куртка, ботинки. Первые месяцы супружества я пила как сладкое и в самом деле медовое снадобье еще и оттого, что стала не одинока — мне нравилось простое: завтракать, слушать радио, гладить, просыпаться не одной. Я и сейчас не вижу иного (чем жизнь с кем-то вдвоем) выхода из этой довольно безнадежной, на мой взгляд, ситуации. Но всякое бывает. Если всё-таки не сложилось жить с другим человеком рядом, есть ли способ не ощущать это как трагедию?

т. б. Конечно! Ведь что характерно для трагедии? Ощущение страха и беспомощности — ты ничего не можешь сделать, ты щепка в волнах бушующего моря. Именно ощущение бессилия, беспомощности есть самый главный признак того, что человек находится в детском состоянии Я — его внутренняя пустота может быть восполнена только кем-то извне. Но восполнять себя человек должен учиться сам.

Наш первый опыт узнавания себя и ощущения — Я *есть* — был связан с прикосновениями. Прикосновения давали нам знать, что мы не одни в этом мире. Но по мере взросления ребенка функцию прикосновений начинают выполнять *слова*. Ласковые слова поглаживают, грубые — причиняют боль.

Постепенно слова начинают заменяться *мыслью*. Ребенок один дома, но он не чувствует себя брошенным, если может подумать — "мама меня любит, она тоже скучает обо мне". Устойчивый образ матери — *мама есть* — во внутреннем мире ребенка позволяет ему сохранять ощущение, что он не один. Контакт между ним и матерью есть, связующая их невидимая нить просто растянулась, удлинилась.

Некоторые люди настолько плохо осознают себя, что отсутствие внимания — прикосновений и замещающих их слов — приводит их в состояние *потери себя*. "Меня словно нет", — говорят они в такой ситуации.

Мне думается, что человеку важно *знать*, что он любим, даже если тот, кто его любит, не может быть рядом. Сознание, что ты любим, делает человека защищенным, даже если подтверждения этой любви чрезвычайно редки, если тот, кто тебя любит, за тысячи верст от тебя, в другой стране.

м.к. Давайте всё же заострим ситуацию. А когда даже в другой стране у тебя тоже никого? Когда ты и правда один, дети выросли, муж ушел к другой или просто умер, родителей тоже нет на свете.

т. б. Даже если тот, кто тебя любит, уж на небесах, мысль о нем есть установление контакта. Знаете, многие женщины живут так, будто их ушедшие в мир иной мужья рядом. Они разговаривают с ними мысленно, спрашивают совета. Конечно, теплых рук и любящих глаз все равно не хватает, но всё же — это не ледяной холод, в котором живут те, кто утратил контакт с любимым, а та самая легкая прохлада, о которой вы говорили. Прохлада вовне, тепло и любовь внутри.

м.к. То есть те, кто когда-то тебя любил, — годятся. В крайнем случае, можно позвать их к себе в гости, в свою одинокую квартиру. Так что получается, одиночество — это нелюбимость? К этому всё сводится?

т. б. Но ведь не любим *никем*, это и значит, я — *один*. Никого *другого* — нет. Вот откуда пустота. Чтобы ощущение жизни, наполненности было, нужны два полюса: Я — и *тот*, или *то*, с кем у меня установлена внутренняя связь. В отношения с *кем* или *с чем* я вовлечена.

м.к. Да, пожалуй. Например, когда человек сочиняет повесть или симфонию, пока он вовлечен в этот процесс, ощущения одиночества у него точно нет. Творчество распахивает воротца нашего "я", позволяет соприкоснуться с *Иным*, бездонным.

т. б. Человек может полностью сливаться с тем, что он делает, а слияние, единение — и есть отсутствие одиночества. Описывая такое единение, один японский художник сказал: "Это не я рисовал гору, гора Фудзияма сама водила моей кистью". Любое творчество — сущностная альтернатива одиночеству. Это процесс, в котором человек выходит навстречу миру, отдает себя ему и получает в этом слиянии ощущение полноты.

Когда мы устремляемся к Богу и у нас есть ощущение, что Он нас слышит, — мы не одиноки. Как не была одинока та ивановская старушка. Но и природа — когда мы сливаемся с ней — тоже исцеляет наше внутреннее одиночество, заполняет пустоту. Вот, например, сидит человек у костра, неподвижно глядя на огонь. Ничего вроде бы не происходит, но кажется, можно сидеть так вечно. И выходить из этого состояния погруженности в нечто неизъяснимое не хочется — жаль терять ощущение слияния с миром, растворенности в нем.

Я думаю, всё, что выводит человека из замкнутого на самом себе мирка *во вне* — к другому человеку или к высшему, большему, чем он сам, —
вызволяет его из темницы одиночества. Ведь
человек вообще призван к трансцендирова-
нию — выходу за пределы самого себя. И счастлив он может быть только тогда.

м.к. Что ж, попробуем найти героя, которому удалось выйти за пределы самого себя. Вот последний в этой книге рассказик, нет, даже рассказ,
после которого, думаю, все наши читатели обязательно послушают восьмую симфонию Шостаковича.

Восьмая

Впервые за два года я проснулся другим.
Февральское утро медленно расправляло мышиные
крылья, к свинцу подмешивалась плавленая медь, пахло
сыростью, слегка гарью, грохотала мусорная машина —
сегодняшний день не отличался от предыдущих ничем,
вот только раздвигавшая сердце боль исчезла.

На этот раз отсутствовал и туман в голове, значит,
то была не анестезия, не действие обезболивающих
средств, к которым, что там, я прибегал в эти беско-
нечные дни не раз и не два: курил гашиш, напивался
до беспамятства, нырял в купленные объятья ночной
Москвы — и внутренний крик стихал, пытка прекраща-

лась. Внутри вставала белая мутная завеса бесчувствия. Ненадолго, вскоре всё возвращалось снова, только с примесью вины и тошноты. Но вчера ничего такого не было, ни вредных, ни безвредных способов отвлечься. Тем не менее. Боль ушла.

Я вслушивался в себя и различал... музыку.

Ту же, что звучала во сне. Ба! Мне же сегодня приснилось что-то, не просто доброе — необыкновенное, что вывезло эти неподъемные санки с каменным углем прочь. Я ходил по освобожденной квартире, исполнял привычные утренние дела, душ, кофе, слегка качаясь на волнах звуков, и не понимал. Что случилось? И что это за музыка?

Это была симфония, очень знакомая, но чья? Не из самых заезженных, неужто Шостаковича?

Я подошел к шкафчику с дисками — пыль запустения лежала на когда-то любимой коллекции. Вот и он, умыл, протер его рукавом — вечный гимназист в круглых очках, с глазами, обожженными ужасом — куда он смотрит, что видит? — пятая, седьмая, девятая... И уже глядя на обложки, я медленно вспомнил: восьмая. Конечно, восьмая, с ее чуть навязчивой трагедийностью, так мне казалось прежде. Пока представления о трагедии были исключительно литературными. Теперь, когда я выслушал ее от начала и до конца во сне, и сейчас слушал снова, музыка так и звучала внутри — всё в ней, каждый жест и поворот казались мне безукоризненно точными, трагедия такая и есть, и зло такое, гром ударных, вопль духовых — да, и беззвучная надежда в финале. Но пока поднимался скудный рассвет адажио.

———

Я поставил диск и понял: нужно обязательно вспомнить, что именно мне снилось, что я видел, я, которому ничего не снилось все эти тысячи лет, только серь и гарь; вспомню — спасусь.

Я сел поближе к колонкам и начал собирать свой сон, перепрыгивая по обрывкам воспоминаний новыми легкими ногами, отнимая у памяти картину за картиной, пока не восстановил всё.

Итак. Сначала я двигаюсь в почти кромешной тьме, хорошо мне знакомой, и оттого двигаюсь уверенно. Поднимаюсь по невидимым каменным, гладким ступеням, нащупываю деревянную резную дверь, жму на прохладную ручку и вхожу. Концертный зал Чайковского, амфитеатр. Здесь всё как всегда — серебрятся трубы органа, мелкие лампочки сверкают на потолке, поблескивают аккуратные колонны лож. Зал пуст. Я — один. И скорбь вот она, опять лежит черной собачкой, привычно грызет сердце. Внезапно в зале тсмнеет, свет озаряет лишь сцену, она по-прежнему пуста, однако невидимые музыканты, очевидно, всё же вышли — слышится какофония начала, настраиваются инструменты. Я усаживаюсь прилежным зрителем, жду. После краткой паузы начинается музыка. Что-то болезненное, трудное, разорванное, совсем незнакомое, вскоре вступает и хор — тоже невидимый — многоголосый, огромный. Поют по латыни; никаких сомнений — это песнь смерти.

Приговорены и молят Творца о милости, о пощаде, я слушаю и улыбаюсь: никого Он не пощадит. Его же нет, есть случайность, рок, нетерпеливая злоба двадцатипятилетнего уроженца города Луцк Волынской области Головко Василия Олеговича, решившего объехать пробку по встречке, и — пустота.

Хор смолкает, но музыка остается. Звучит порывистое торжество клавесинного барокко. Это совсем старые записи, кое-какие я даже узнаю, дирижеры сменяют один другого, слышится легкий шип иглы.

Я окончательно понимаю: людей больше нет. Все пропали, убиты. Ни единого в городе и на всей планете. Человечество сгинуло в одночасье. Я остался один.

Но не испытываю ужаса. Всего лишь еще один черный камешек подброшен к грузу, что я волоку на себе с того дня, как узнал о гибели сразу всех — все пять человек, вся моя маленькая семья погибла — отец, мать, Нина, Дашенька, Антон, потому что все пятеро уместились в машину. Лобовое столкновение с грузовиком, дольше всех прожил Антоша, еще неделю качался на качельках между жизнью и смертью. Неузнаваемое перебинтованное тельце в трубочках. Один раз он даже пришел в сознание, каким-то чудом разглядел меня, произнес по слогам одними губами: "Па-па". Он едва научился говорить, мы так радовались, была небольшая задержка в развитии, и вот, наконец, наш мальчик начал выговаривать первые слова…

После этого что мне потеря человечества?

Музыка все длилась, начались заслушанные до дыр, впрочем, никогда не надоедавшие баховские кончерто гроссо; после шестого я поднялся и двинулся прочь.

Застывшие посреди дороги машины с полуоткрытыми окнами, серая поземка по Садовому, ветер, качающий рекламный щит с социальной рекламой — "Родите ли?" Никогда. Странное дело, музыка продолжалась, Бах сменился Скрябиным, "Божественной поэмой", она оборвалась, зазвенела вторая Брамса, я не возражал.

Свернул на Тверскую и двинулся направо, к центру. Везде царило то же прохладное тепло недавно оставленных жилищ, замерли автобусы и такси, за высоким стеклом кафе на столе стояли две белые чашечки с недопитым эспрессо, на витринах стыдливо замер полуголый манскєн, не успели закончить, переодеть; кое-где в домах еще горел свет, но я знал: там тоже никого. Гибель Помпеи, только, кажется, без катастрофы, все были изъяты из жизни в одночасье, по чьей-то игривой воле. Уж не моей ли? — догадка сверкнула, но я тут же погасил ее, растер каблуком шипящий бычок в снегу.

Я шагал все дальше, отмечая, что даже собаки исчезли, а вот вороны и голуби — нет, летали как ни в чем не бывало, что-то склевывали на асфальте. И желтая синичка присела на крышу автобусной остановки, посидела и упорхнула.

И тут меня осенило: это же мое состояние все эти месяцы, десятки и сотни дней. Мое одиночество, обретшее плоть, и сейчас утратившая последний стыд моя голая пустота растеклись по всему городу, в котором я не люблю больше ни единого человека, захватила землю, на которой я никого больше не знаю и не желаю знать.

У красного особняка музея истории меня ждал сюрприз. Вишнево-гнедой оседланный конь был привязан к чугунной решетке запертых ворот, пофыркивал, а заметив меня, начал переступать тонкими темными ногами и застучал копытом! Тонкий пар поднимался из широких ноздрей. В темной гриве сверкал иней. Я нащупал в кармане куртки яблоко — протянул, черные губы мягко ткнулись в ладонь. Я отвязал уздечку, вставил ногу в стремя, оттолкнулся и вскочил с неожиданной для себя ловкостью (в юности я ездил верхом, но с тех пор пролегла вечность!). Я не знал, куда хочу, и предоставил выбирать путь моему новому другу. Он пошел резвой рысью, явно радуясь движению, пофыркивая и чуть подергивая от возбуждения головой, повернул на Тверской бульвар, миновав пустынный Макдональдс, поскакал к Знаменке и вскоре уже цокал по Волхонке. Мне стало вдруг весело — как всегда, когда смотришь на мир чуть сверху да еще скачешь на таком красавце. У входа в Пушкинский музей конь остановился. Я дернул поводья, он только сердито тряханул башкой и не двинулся с места. Что ж, понятно. Через несколько мгновений я уже поднимался по ковру парадной лестницы.

Дальше в воспоминаниях зиял провал, кажется, я еще долго бродил по залам, но бессистемно, ничего не чувствуя, — смутно помнились скульптуры, сумрак египетского зала, чьи-то смазанные полотна, просвет вспыхнул внезапно. У картины Питера де Хоха "Больное дитя". Я внимательно вглядывался в потемневшие лица. Мать в красной юбке сидела у колыбели, служанка стояла с кринкой, яркий солнечный свет из окна падал на фаянсовую стену. В глубине комнаты теплился розовый камелек. Зазвучал Шостакович.

Обе женщины оставались спокойны, ребенок спал, разметавшись в колыбели, — его почти не было видно. Я глядел на эту мирную, чуть озаренную тревогой картину и физически ощущал: связь с этими еще недавно неведомыми мне голландками упрочняется, делается неразрывной. Откуда-то я уже знал, у этой муж — скучный лавочник, коллекционер гульденов, у этой — столяр и любит на праздник пропустить чарку-другую неразбавленного джина с можжевеловой ягодой и миндалем. Они не смотрят па меня, но я запросто могу войти в их дом, собственно, я уже там, я даже знаю, что эту болезнь дитя перенесет, зато следующая его похитит. Но ни эта, ни даже собственная смерть им не страшна — благодаря живописцу все, включая невидимого дитятю, останутся живы.

В вечности их задержал Питер Хох, о котором я не знал ровным счетом ничего, кроме того, что он родился в Голландии триста с лишним лет назад, а судя по второй картине, висевшей рядом и во многом напоминавшей первую, любил оттенки золотого и неброский домашний быт.

Золотой свет проник в меня и стал разрастаться, оделяя душу новой зоркостью, даря ей новый медленно складывающийся смысл. Смысл этот был подхвачен и окончательно раскрыт симфонией, той самой, восьмой Шостаковича, зазвучавшей как раз в эти минуты, перед Хохом. Я шел по залам дальше, и она распускалась во мне жутким, освобождающим гимном.

Я вышел на улицу, вдохнул морозного воздуха, пахло точно в деревне, свежо, объемно, вот что значит жить без машин, уже стемнело, поглядел наверх — боже! небо вглядывалось в меня тысячью звезд. В щеку ткнулось что-то мокрое, горячее и немного вонючее. Я обнял моего друга за шею и замер.

В ушах уже гремели духовые и ударные, отрезанные человеческие уши, кисти художников, музыкантов, плотников, детские ботиночки, человеческие кости текли в густой реке крови, машина зла работала всё упоеннее, всё быстрей; боль, что я нес в себе, становилась сильнее, снесла кое-как склоченную за два этих года плотину и вскипела. Черный поток отчаяния накрыл меня с головой.

Я очнулся от того, что в окно скреблось робкое зарево рассвета, маленький зеленый стебель пробился сквозь выгоревшую землю и тянулся вверх. Где мой конь? — успел подумать я и окончательно проснулся.

Вот какой мне приснился сон.

Восьмая симфония на диске кончилась, прозвучали последние аккорды тишины, несмелой надежды. Я поднялся, поглядел на стеллажи с нечитанными томами, собрался и вышел из дома.

Город жил привычной суетливой жизнью — по тротуару сновали пешеходы, водители хмуро сигналили друг другу, трамваи позвякивали, девушки слушали что-то в наушниках, молодые люди без шапок, энергичные красногубые дамы, школьники с рюкзаками — и все спешили. Я улыбнулся. Сел на маршрутку, доехал до работы, извинился за опоздание, покружил необходимое число часов по таблицам и поспешил домой.

О, теперь я всегда буду спешить домой.

———

Восьмая ведет меня. Шостакович, Бах, Брамс, Моцарт ждут меня! Арки сонетов Петрарки тянутся прозрачной чередой! Зеленый снег Брейгеля с тихим жужжанием тает под ногами, охристый воздух Тёрнера напоминает о рае.

Больше я никогда не останусь один, каждый — мой собеседник; Сократ, Ариосто, апостол Павел, Шопен, Кранах, но и все мои близкие, живые и мертвые, всякий, чью книгу я готов открыть, в чью мысль вдуматься, чьей живописной фантазией увлечься, чье письмо перечитать.

Сотни людей оставили мне в дар себя, творенья своего духа, да-да, бессмертного и свою страсть — к звуку, цвету, форме, цветку, просто к жизни. Я был богачом, я владел сокровищами. Вот что я увидел в моем сне, вот куда принес меня мой гнедой жеребец!

Благодарность торкнулась в грудь и стала расти, поднималась все выше, шире, точно река в половодье, глядящая в ярко-голубое весеннее небо. Только бы успеть поговорить с каждым, кого я могу расслышать, каждому успеть кивнуть и улыбнуться в ответ хотя бы одними глазами.

ВМЕСТО ЭПИЛОГА

м.к. Татьяна Борисовна, мы проговорили с вами много часов, много месяцев о разном, но было в этих наших прогулках несколько точек, сквозь которые мы проходили, куда бы ни двигались, чего бы ни касались. Реальность, любовь и счастье. Давайте начнем с первого. Вы не раз к этому возвращались, повторяя, что жить надо не в иллюзиях, не в сладких мечтах о себе, мире, людях. Не стоит требовать от них реализации твоих идей и фантазий, жить надо в реальности, здесь и сейчас. Только реальность нас не обманет. Но если мы посмотрим, как устроен наш мир, мы увидим знаете что?

т.б. Что же?

м.к. Мы увидим, что необыкновенно развитая сегодня, изощренная индустрия развлечений всеми силами пытается от реальности человека увести. Тонкими и грубыми способами. Экстремальные виды спорта, массовое искусство, туристический бизнес — всё это существует для того, чтобы облегчить человеку невыносимое бремя "здесь и сейчас". Отвлечь его сильными переживаниями, рассказать ему уютную киносказку, или заморозить кровь жуткими загадками в каком-нибудь триллере, или взбудоражить фильмом-катастрофой, не говоря уже о поездках в другие страны, которые тоже, в сущности, призваны не только расширить его кругозор, но, быть может, в первую очередь отвлечь его от рутины ежедневного существования. А что такое религия, вера? Это уверенность в невидимом, как сказал апостол. Это убежденность человека в том, что существует мир небесный, в котором нет ни болезней, ни печали, ни воздыхания, но царствует жизнь бесконечная. Уверенность в этом должна облегчить каждому и несение его креста, сделать этот крест легким. В реальности человек хрипит от тяжести, потеет, ноги болят, не идут, на спину давит, солнце палит, дышать нечем, зато... там будет иначе, жуть реальности уравновешивается существованием невидимого мира.

А мы с вами предлагаем человеку не смотреть по сторонам, не мечтать, а идти с этой ношей на плечах, его жизнью, собственно, — его обязанностями, долгом, ответственностью, не говоря уж о физических немощах, идти и смотреть под ноги, чтобы не оступиться, идти и не отвлекаться, не так ли?

т. б. Ну почему же? Мне кажется, мы говорили как раз о том, что волочить этот груз вовсе не обязательно. Да и Христос не требовал этого — говорил: "Возложи на меня печаль свою". Передай Мне часть твоей ответственности. Нет в заповедях ничего, что призывало бы человека смотреть себе под ноги.

Мне думается, что быть "здесь и сейчас" тяжело человеку потому, что он находится вовсе не здесь, не в реальности, а в пространстве, искаженном его представлениями о ней. Как Дон Кихот, который борется со страшными чудищами, а на самом деле воюет с мельницами. Мы не видим грабли, на которые по сотому разу наступаем, натыкаемся на препятствия, которые не замечаем, — от этого нам так больно и плохо. Боль — реальна, но относительно причины, ее вызывающей, мы часто заблуждаемся.

Что касается веры, то христианство, как мне кажется, человека от "здесь и сейчас" тоже не уводит. Заповеди даны нам, чтобы к лучшему изменилась *эта* — реальная — жизнь. Потому что загробная рассматривается как продолжение жизни земной — от чего страдала и мучилась наша душа здесь, от того же будет страдать и там. Но как наша жизнь может изменяться к лучшему? Только в том случае, если изменяется наша душа. Чем здоровее, чище, цельнее душа, тем лучше она видит реальность. В первую очередь, духовные законы, которые реальностью правят, и нарушая которые, человек испытывает боль.

м.к. Видя реальность, различая особенности ее рельефа, существовать в ней, понятно, легче.

т.б. Да. И христианство — это лучшая психотерапия, если оно правильно понято. Хотя мы по своей слабости и скудоумию используем и религию для своих корыстных целей, прикрываясь ею, чтобы проблемы не решать.

м.к. С ее помощью пытаясь убежать от проблем. Заболел ребенок, к врачу ехать далеко и сложно, помолимся в соседнем храме о его исцелении. Жить в мире, жестком, требовательном тяжко — укроемся среди братьев и сестер, которые нас хотя бы обижать не будут. Создадим свою православную субкультуру, которая нас ото всего убережет.

т.б. Но это уже недостатки наши, а не религии как таковой.

м.к. Значит, от бегства в реальность отказываться не будем. Согласились. Следующая наша станция — любовь. Кажется, это аксиома: счастье возможно, только если любишь. Но есть тысячи людей на земле, которые так никого и не полюбили. Потому что, насколько меня во всяком случае убеждает мой опыт, любовь — это дар. Любовь нечаянно нагрянет, хотя вы против этого возражали, но давайте все же допустим, что это так, что она дар, а дар — не плата, не зарплата, его нельзя заслужить. В таком случае, как мы можем рассчитывать на любовь, на ту, что от нас так мало зависит, а зависит от Бога, судьбы, стечения обстоятельств! Мы не можем взять и поселить в своем сердце любовь к другому человеку, она должна быть нам дана.

т. Б. Да, любовь — это жизнь, и если не любишь, не живешь. Вопрос только в том, что мы под любовью понимаем.

Мы часто принимаем за любовь чувства, знакомые нам по той самой первой любви, которую мы познали, — в любви к маме. Но можно ли называть детскую любовь любовью в полном смысле этого слова? Любовь ребенка эгоистическая по своей сути. И от этого полюса эгоизма мы всю жизнь идем к полюсу другому — альтруизму, самоотречению. И чем ближе мы к этому полюсу, тем больше способны любить. Вот почему любовь не может нагрянуть. Нагрянуть может только влюбленность, кредо которой — вот человек, в котором я нуждаюсь, который может дать мне то, чего я жду. Как когда-то мама — самый нужный человек на свете.

Но любовь вовсе не дар, а результат внутренней работы души.

м. к. Работы, очевидно, строительной? Вот, например, не любит женщина гладить. На гладильной доске незаметно вырастают горы. Но она не любит. Тягомотно так, даже под телевизор. Муж сердится, но куда денешься, гладит сам, только страшно сердится. А однажды приходит домой — все переглажено. Жена решила сделать ему сюрприз. На следующий день приходит — снова ни одной неглаженой рубашки. А жена ему: так теперь и будет, потому что я придумала, чем в это время заняться. Глажу и слушаю аудиокурс "Как жить с мужем счастливо", в 32 частях, так что еще надолго хватит.

т. б. Когда люди решаются привычке изменить, не только они сами меняются, меняется и тот, к кому они отнеслись по-другому. И эта награда — полные благодарности глаза, например, вызывает такой прилив нежности и тепла в душе, что в следующий раз тебе уже совсем не трудно опять человеку навстречу пойти.

Но вот на чем я хочу еще остановиться — на даре любви. Если любовь должна быть нам дана извне, свыше, то почему она не дается всем? В христианстве есть ответ на этот вопрос. Любовь не может поселиться в нас *против* нашей воли. Вот почему Христос говорит: "Се, близ дверей стою и толкусь" — стучу в закрытую дверь каждой души. Любовь приходит к тому, кто открывается навстречу Богу, она результат и признак того, что контакт с Богом есть. Отвернулся человек от Бога, разомкнул контакт — ушла любовь, перестал человек ощущать в себе Жизнь. Повернулся к Богу лицом, восстановил контакт — опять в душе свет и тепло.

м.к. Встряну. Бывает все же и по-другому, когда Сам Бог не выходит с человеком на связь, богооставленность, по разным это случается причинам, не всегда разберешь — то "суды Божии", как сказано было одному подвижнику. В этом же смысле, думаю, Бог может кому-то подарить любовь, кому-то нет.

т. б. Я думаю, богооставленность — это испытание, и почему оно дается людям — непонятно, это как раз "суды Божии". Но хочу обратить ваше внимание, что оставленность человека Богом означает, что Бог *был* с ним! Бог был с ним на связи, но *оставил* его, отошел "на минутку" — и человек ощущает себя так же, как в младенчестве, когда мама вышла из комнаты. Ушла мама — и нет потока любви, на него направленного. Холодно, пусто. И вернется ли мама — неизвестно. Остается только ждать, тоскуя...
Мне кажется, что говорить о даре любви как об особой способности человека можно в том смысле, что некоторым людям повезло, и они, что называется, с молоком матери впитали в себя обра-

зец подлинной любви. И получив этот образец, они научаются относиться к людям с любовью сами, мы ведь снимаем "кальку" с поведения своих родителей — бессознательно копируем их.

И вот в каком еще смысле можно говорить о даре любви.

Была я как-то в Сергиевом Посаде. Привезла туда свою соседку в надежде, что она получит духовную помощь в очень сложной ситуации. И приехали мы в Лавру в такой день, что не смогли ни к мощам Сергия Радонежского попасть, ни с батюшками поговорить. Колокол устанавливали на колокольню. Огромный. С вертолета. И народу было столько — яблоку негде упасть. Конечно, и патриарх там был, и все церковные иерархи. Я очень расстроилась: как же мы остались без того, ради чего приехали? А соседке моей завтра заграницу уезжать. И вот уже на выходе решила я хотя бы иконочку ей подарить, купленную здесь, в Лавре, чтобы не совсем пустыми отсюда уезжать. В иконной лавке у ворот, в киоске, нес послушание пожилой мужчина — послушник, видимо, не монах. Глянул он на меня и спрашивает:

— А как ваше имя, матушка?

— Татьяна.

А он в ответ:

— Что-то ты грустная, матушка Татьяна! Съешь яблочко!

И дает мне яблоко. С улыбкой, полной света и тепла. Столько лет прошло, а этот дар любви я помню…

———

Мы дарим друг другу любовь. И чем больше дарим, тем больше к нам возвращается. Иногда любовь не возвращается к нам сразу, а передается — как олимпийский факел — еще кому-то, вызывая цепную реакцию любви. Но обязательно возвращается к нам. Часто — когда мы этого не ждем и откуда получить не ожидали…

м.к. Да, такую любовь проявить можно. Но я говорила, скорее, о том, что кому-то оказывается подарен именно тот человек, а кому-то нет, и что же делать тем, кто остался без подарка? Вы отчасти ответили, что подарок этот мы сами можем себе сделать. Возможно. Любовь — это отношения, движение навстречу другому, которое от наших усилий зависит, успокоимся на этом?

т. б. Мне думается, что каждому подарен именно тот, которого ему и надо полюбить. Полюбить, а не получить с него то, что тебе самому мама недодала. Но не все своими подарками довольны. Некоторые отказываются и ропщут — не того дали! И от подарка отказываются. А потом говорят: "Почему мне никого не подарили?!"

м.к. Наша третья остановка, она же конечная — счастье. Итоги понятны и почти банальны: путь к счастью труден, и *happy*, извините за каламбур, *end* отнюдь не гарантирован. Людей счастливых в мире единицы, несчастных или не слишком счастливых — подавляющее большинство. Возникает вопрос: да может быть это оттого, что человек все-таки рожден не для счастья?

т. б. Не думаю, что людей счастливых мало и что счастье — так уж труднодостижимо. Счастье — не обязательно восторг и упоение! Не наслаждение или удовольствие, к которым люди так стремятся. Это *вовлеченность* в происходящее, которую мы ощущаем как поток энергии, протекающей через нас. Это происходит, когда мы отдаемся происходящему, говорим миру — ДА. А сказав миру НЕТ, мы замыкаемся и оказываемся в пространстве, в котором холодно, пусто и одиноко. В этом состоянии счастья точно нет.

Но если *так* понимать счастье, то думаю, человек призван к нему — к выходу за пределы своей ограниченности, к единению с миром, гармоничному слиянию с ним. Размыкая темницу своей души, мы делаем шаг навстречу счастью.

м. к. Думаете, нам удалось объяснить, как ее разомкнуть?

т. б. Не знаю. Да и нужны ли непременно объяснения? Ребенку вот никто не объяснял, как надо ходить. Он видел, как ходят другие, и *хотел* ходить! Он пробовал. Падал, вставал и снова пытался. Всему, чему научился человек, он научился именно так. Можно сколько угодно объяснять человеку, что руль надо держать так, а не иначе, но пока он не поймал равновесия, ездить на велосипеде не научится. И так — во всем.

м.к. Значит, тренироваться надо быть счастливым?

т. б. Можно сказать и так. По крайней мере, нужно захотеть изменить свою жизнь и двигаться в эту сторону... Счастье, я думаю, не цель, а показатель, свидетельство того, что с нами, с нашей жизнью всё в порядке.

м.к. Последний вопрос. Реальность, любовь, счастье — это то, что показалось важным в нашей книге мне. Что было самым важным в нашей книге для вас?

т. б. Так получилось, что наш разговор был так или иначе о том, что делает человека несчастным. О том, какие завалы, пропасти и обрывы могут лежать на его пути к счастью. Не обо всех удалось рассказать, но если получилось показать, что преодолеть эти завалы можно, то свою задачу я бы считала выполненной.

Счастье — не дар, а награда. И путь к счастью — это поиск ключиков к решению собственных проблем. Ключи эти — вовсе не на дне моря, а в глубинах собственной души.

ПРОЩАЛЬНАЯ ПЕСНЯ

Лето. Тот же, что и в Прологе, парк. Но теперь всё распустилось, всё в яркой зелени, жасминовые кусты сыплют белый цвет.

т. б. и м. к. плывут в лодке по пруду. В зеленой воде плещутся утки, цветут кувшинки. Слышится щебет птиц, вдали кукует кукушка.

м. к. гребет.

м. к.   Хорошо-то как! Птицы. Сиренью пахнет и липой и немного сыростью — чувствуете? Точно будет дождь! Как же долго мы с вами разговаривали, некогда было и вдохнуть, оглянуться вокруг.

т. б.   Девять месяцев разговоров! Кто-то уже успел ребеночка родить.

м. к.   Может, и двух. Если двойня.

т. б.   А мы — нашу книжку.

м.к. Сколько всего за это время со мной произошло!

т. б. Хорошего?

м.к. И хорошего. Всякого. Экспериментов, ошибок, озарений. Даже счастье заглядывало в гости. А у вас?

Слышны далекие раскаты грома.

т. б. Слышите? Не гроза ли? У меня вот внучка за это время выросла, осенью в школу пойдет.

м.к. А у меня дочка. Тоже окончила детский сад. Еще, пока слушала вас, поверила в поток жизни. В его правоту, тайный свет. У жизни — своя логика, своя правда, если расслышать ее и отпустить весла… Раньше я думала, тут же и потонешь, засосет — нет! Все получается очень…

т. б. Осторожно!

Едва не сталкиваются с другой лодкой, в которой те же самые парень и девушка, что дурачились в осеннем парке. Девушка улыбается рассеянно, у нее — животик. Парень делает извиняющиеся жесты.

м.к. *(аккуратно меняя направление лодки).* Поглядывать по сторонам, тоже, конечно, не лишнее. Плыть лучше с открытыми глазами.

———

т. б. Плыть и петь. Знаете, мы с вами столько говорили о счастье, но теперь, я думаю, всё еще проще. Счастье — это когда душа поет. А петь она может разные песни — веселые, горькие, быстрые, плавные. Главное — поет.

м. к. Споём?

т. б. Какую же песню?

м. к. Прощальную, конечно. Книжка-то кончается. И берег — уже вот. Вам цветочек (*срывает кувшинку, дарит* т. б.).

т. б. А вам желудь. Так и храню его с осени — помните, как мы познакомились? Вот из этого желудя и выросло наше с вами творение.

м. к. О, да это реликвия! Сберегу.

Лодка упирается в берег, т. б. *и* м. к. *выходят, начинает звучать музыка.*
Это, безусловно, первые такты "Лета" Вивальди, полные грусти.
т. б. *и* м. к. *идут в зрительный зал, навстречу зрителям.*
Гремит гром, обрушивается ливень. Вдали раздается младенческий плач, и тут же — с другой стороны — детский смех, птицы пытаются перекричать и шум дождя, и Вивальди, пока все звуки не сливаются в общую торжественную симфонию.

Занавес.

Литературно-художественное издание

Кучерская Майя Александровна
Ойзерская Татьяна Борисовна

"СГЛОТНУЛА РЫБА ИХ..."

Беседы о счастье

16+

Заведующая редакцией ЕЛЕНА ШУБИНА
Ответственный редактор АЛЛА ШЛЫКОВА
Младший редактор ВЕРОНИКА ДМИТРИЕВА
Корректоры ВАЛЕРИЯ МАСЛЕНИКОВА, СВЕТЛАНА ВОЙНОВА
Компьютерная верстка КОНСТАНТИНА МОСКАЛЕВА

Общероссийский классификатор продукции
ОК-005-93, том 2; 953000 — книги, брошюры

Подписано в печать 18.04.2016. Формат 84x108/32.
Бумага офсетная. Гарнитура "Orginal GaramondC".
Печать офсетная. Усл. печ. л. 23,52.
Доп. тираж 2000 экз. Заказ № 8691/16

 http://facebook.com/shubinabooks

 http://vk.com/shubinabooks